Der Product-by-process-Anspruch im System des deutschen Patentrechts

Europäische Hochschulschriften

European University Studies

Publications Universitaires Européennes

Reihe II	**Rechtswissenschaft**
Series II	Law
Série II	Droit

Band/ Volume **6054**

Katharina Brandt

Der Product-by-process-Anspruch im System des deutschen Patentrechts

PETER LANG

Bibliografische Information der Deutschen Nationalbibliothek
Die Deutsche Nationalbibliothek verzeichnet diese Publikation in der Deutschen Nationalbibliografie; detaillierte bibliografische Daten sind im Internet über http://dnb.d-nb.de abrufbar.

Zugl.: Münster (Westf.), Univ., Diss. der Rechtswissenschaftlichen Fakultät, 2018

D 6
ISSN 0531-7312
ISBN 978-3-631-77345-1 (Print)
E-ISBN 978-3-631-77405-2 (E-PDF)
E-ISBN 978-3-631-77406-9 (EPUB)
E-ISBN 978-3-631-77407-6 (MOBI)
DOI 10.3726/b14902

Diese Publikation wurde begutachtet.

www.peterlang.com

Vorwort

Die vorliegende Arbeit wurde von der Rechtswissenschaftlichen Fakultät der Westfälischen Wilhelms-Universität zu Münster im Wintersemester 2017 als Dissertation angenommen.

Während der Entstehung dieser Arbeit haben mich viele Menschen begleitet, denen ich an dieser Stelle aufrichtig danken möchte.

Mein Dank gilt meinem Doktorvater Herrn Prof. Dr. Thomas Hoeren, der mich bei meinem Promotionsvorhaben unterstützend betreut hat. Ebenfalls danken möchte ich meinem Zweitgutachter Herrn Prof. Dr. Jochen Bühling.

Mein Partner Lukas hat mich während des Studiums und beim Entstehen dieser Arbeit bestärkt und unterstützt. Meinen Eltern danke ich für ihren Einsatz und ihr aufrichtiges Interesse; Großmutter und Patenonkel standen mir stets mit gutem Rat zur Seite. Mein besonderer Dank gilt Marie, die mit unermüdlichem Einsatz das mühevolle Korrekturlesen übernommen hat.

Danken möchte ich auch der Kanzlei Kather Augenstein Rechtsanwälte PartGmbB, die mich während der Promotionsphase als Arbeitgeber besonders unterstützt und gefördert hat.

Katharina Brandt
Düsseldorf, im Juni 2018

Inhaltsverzeichnis

1. Teil: Einleitung – Aufgabe und Lösung

Ursprünglich in den USA entwickelt und seit 1971 auch in Deutschland anerkannt, gesellt sich der Product-by-process-Anspruch zu den Ansprüchen des Patentrechts und sorgt nicht selten für Aufsehen.

Schon der Name und die Sonderstellung des Anspruchs innerhalb des Patentrechts bergen das Potential, mit Sicherheit den Studierenden, vereinzelt sogar den Fachmann abzuschrecken. Zumindest hinsichtlich der Anzahl der Patentansprüche scheint das Patentrecht doch zurückhaltend gewesen zu sein. Die Unterscheidung von Erzeugnis- und Verfahrensanspruch gelingt – gerade in der Theorie – schnell. Warum muss es also einen weiteren Anspruch geben und warum sollte man sich mit diesem beschäftigen?

Der Product-by-process-Anspruch wird oftmals wie ein ungebetener Gast behandelt. So werden dem Anspruch meist nur wenige Zeilen gewidmet. Dabei geht es überwiegend um den Umfang des Schutzbereichs, über den seit Jahren Uneinigkeit herrscht. Viele weitere Aspekte des Product-by-process-Anspruchs bleiben jedoch oftmals unkommentiert.

A. Die Aufgabe

Auch wenn nur spezielle Erfindungen – insbesondere solche auf den Gebieten der Chemie und Biologie – auf den Product-by-process-Anspruch angewiesen sind, vervollständigt doch erst dieser Anspruch das Patentsystem. Er ermöglicht es auch den Erfindern auf diesen Gebieten, Erzeugnisschutz für ihre Erfindungen zu erlangen. Dies erreicht der Anspruch, indem er dem Anmelder die Möglichkeit gibt, seine Erzeugniserfindung nicht nur mittels körperlicher Merkmale zu kennzeichnen, sondern hierfür das Herstellungsverfahren zu verwenden. Damit schließt er eine Schutzlücke, die unter anderem durch die Abschaffung des Stoffschutzverbots entstanden ist.

Gleichzeitig führt die mittelbare Kennzeichnung durch das Verfahren zu scheinbaren Überschneidungen des Erzeugnis- und Verfahrensanspruchs. Dabei gewinnt das Zusammenspiel von Erzeugnis und Herstellungsverfahren besondere Bedeutung. Entscheidend ist die Bedeutung des Herstellungsverfahrens insbesondere für den Schutzbereich des Product-by-process-Anspruchs.

Der Anspruch ist im Patentgesetz nicht normiert. Der BGH hat entschieden, dass der Product-by-process-Anspruch im deutschen Recht zulässig ist. Bis heute hat der Gesetzgeber eine Normierung des Anspruchs unterlassen.

Rechtsprechung und Literatur arbeiten jedoch seit Jahren an der weiteren Ausformung des Anspruchs und der Reduzierung der verbleibenden Unklarheiten.

Diese Überlegungen werden aufgenommen und weitergeführt. Dabei werden insbesondere diejenigen Aspekte des Anspruchs näher betrachtet und bewertet, die in den vergangenen Jahren vermehrt diskutiert wurden. Damit wird zur Beseitigung der bestehenden Unklarheiten beigetragen. Darüber hinaus ist es Ziel dieser Arbeit, dem Leser einen umfassenden Überblick über die unterschiedlichen Aspekte des Product-by-process-Anspruchs zu verschaffen und so insgesamt zu seinem besseren Verständnis beizutragen.

B. Die Lösung

Hierzu begleitet diese Arbeit den Product-by-process-Anspruch von der Erteilung bis hin zu seiner Durchsetzung. Dabei bildet insbesondere die Schutzbereichsbestimmung einen Schwerpunkt, in deren Rahmen die verschiedenen Stimmen aus Rechtsprechung und Literatur genauer betrachtet werden. Darüber hinaus wird ein Lösungsvorschlag unterbreitet, der einen Weg aufzeigt, die Rechtsunsicherheiten um den Product-by-process-Anspruch zu minimieren. Doch auch die verschiedenen Verletzungsformen bedürfen einer umfassenden Analyse. Dabei wirft insbesondere die äquivalente Verwirklichung des Product-by-process-Anspruchs Fragen auf. Auch diese Fragen werden mit Hilfe systematischer Überlegungen beantwortet. Schließlich widmet sich die Arbeit dem Nachweis der Verletzung eines Product-by-process-Anspruchs.

Für eine umfassende Betrachtung bedarf es auch eines Blicks auf Patente auf Pflanzen aus im Wesentlichen biologischen Züchtungsverfahren. Nachdem nicht nur ein Patent auf eine Tomate erteilt wurde, die ohne zu verderben an der Tomatenpflanze dehydriert, sondern auch ein besonders gesunder Brokkoli mit dem Monopolrecht belohnt wurde, entbrannte eine lebhafte Diskussion. Die Ansprüche auf die besagte Tomate und den Brokkoli waren als Product-by-process-Ansprüche formuliert worden. Entscheidend in diesem Bereich sind insbesondere die Vorschriften des Europäischen Patentübereinkommens und der Biopatentrichtlinie der EU. Maßgebend ist dabei das Patentierungsverbot für im Wesentlichen biologische Züchtungsverfahren. Dabei soll der Fokus der Untersuchung auf dem deutschen Patenrecht verbleiben. Jedoch sieht auch der deutsche Gesetzgeber besondere Normen für das Biopatent vor. Durch die Umsetzung der Biopatentrichtlinie wurde mitunter das Patentierungsverbot für im Wesentlichen biologische Züchtungsverfahren auch in das deutsche Recht übernommen. Um das Bild vom Product-by-process-Anspruch zu vervollständigen, muss also die Frage beantwortet werden, ob der Anspruch im Bereich der

Biopatente rechtlich anders behandelt werden muss. Dies könnte aus den additionalen Rechtsnormen hervorgehen. Dabei wird der aktuelle Diskurs untersucht und dargelegt, um abschließend den Product-by-process-Anspruch auch im Bereich der Biopatente beurteilen zu können.

Schließlich gehört zu der umfassenden Bearbeitung des Product-by-process-Anspruchs auch dessen Einsatz im Gebrauchsmusterrecht.

Das Augenmerk liegt dabei immer auf dem Anspruch selbst.

2. Teil: Die Einordnung des Product-by-process-Anspruchs in das Patentrecht

Damit eine wissenschaftliche Auseinandersetzung mit dem Product-by-process-Anspruch gelingen kann, muss zunächst ein Überblick über dessen rechtliches Umfeld geschaffen werden. Der Product-by-process-Anspruch ist hierbei im Prinzip nicht auf das Patentrecht beschränkt. Eine solche Anspruchsformulierung ist auch im Gebrauchsmusterrecht denkbar.[1] Dabei soll sich diese Arbeit zunächst nicht mit dem Gebrauchsmustergesetz beschäftigen. Der Product-by-process-Anspruch wirft innerhalb der patentrechtlichen Systematik mehrere Fragen und Probleme auf. Aus diesem Grund wird er im Rahmen des Patentrechts grundlegend aufgearbeitet. Im Anschluss kann eine gezielte Einordnung in das Gebrauchsmusterrecht erreicht werden. Damit muss der Anspruch zunächst in die patentrechtliche Systematik eingeordnet werden.

Das Patentrecht kennt verschiedene Arten von Patenten. Darüber hinaus gibt es im deutschen Patentrecht verschiedene Patentansprüche. Durch die kurze Behandlung der verschiedenen Arten von Patenten soll die Basis geschaffen werden, um schließlich auf nationaler Ebene im Rahmen des deutschen Patentrechts den Product-by-process-Anspruch einordnen zu können. Einer tieferen Auseinandersetzung mit den verschiedenen Patenten bedarf es für das Forschungsziel dieser Arbeit nicht. Der Überblick über die Patente soll lediglich die Einordnung in den Gesamtzusammenhang des Patentrechts ermöglichen.

A. Die verschiedenen Patente

Patent ist nicht gleich Patent. Ein Erfinder hat mehrere Möglichkeiten, seine Erfindung schützen zu lassen. Dies ist auf europäischer und nationaler Ebene möglich. Für eine Erfindung kann damit ein europäisches oder nationales Patent erteilt werden. In Zukunft kann für europäische Patente zudem einheitliche Wirkung beantragt werden, was zu der Bezeichnung als Einheitspatent führt.

---

1 BPatG BeckRS 2008, 08927; BPatG BeckRS 2009, 88284; BPatG BeckRS 2010, 16260; OLG Düsseldorf, BeckRS 2014, 21755; Benkard/*Goebel*/*Engel*, GebrMG, § 1 Rn. 9; Bühring/*Braitmayer*, § 1 Rn. 157, 177; *Fitzner*/Lutz/Bodewig, GebrMG, § 2 Rn. 18; Loth/*Pantze*, § 4 Rn. 34; *Mes*, GebrMG, § 1 Rn. 7, § 12a Rn. 9; Haedicke/Timmann/*Stief*/*Bühler*, § 13 Rn. 42; *Scharen*, FS Mes, 319 (321); *Tronser*, GRUR 1991, 10 (14).

I. Das europäische Patent

Das europäische Patent ist gemäß Art. 2 Abs. 1 EPÜ das nach dem Europäischen Patentübereinkommen (EPÜ) erteilte Patent. Grundlage für alle zwischenstaatlichen Patentübereinkommen und damit auch für das EPÜ ist die Pariser Verbandsübereinkunft (PVÜ).[2] Mit dem Ziel, das Anmeldesystem sowie das Verfahren zur Erlangung und zur Sicherung des grenzüberschreitenden Patentschutzes zu vereinfachen, wurden verschiedene Übereinkommen getroffen.[3] Neben dem EPÜ zählen hierzu insbesondere das Straßburger Patentübereinkommen (StraÜ) sowie der Vertrag über die internationale Zusammenarbeit auf dem Gebiet des Patentwesens (PCT).[4] Die materiell-rechtlichen Regelungen des StraÜ wurden weitgehend durch das EPÜ in das Recht der Mitgliedstaaten übernommen, sodass das StraÜ an Bedeutung verloren hat.[5] Zu den unterschiedlichen Übereinkommen gehören zudem mehrere Protokolle und Ausführungsordnungen. Mit dem EPÜ und seiner Ausführungsordnung sowie den Protokollen wurde, mitunter als Teil der Europäischen Patentorganisation (EPO), das Europäische Patentamt (EPA) geschaffen.[6]

Das europäische Patent entsteht mit seiner Erteilung durch das EPA als Bündelpatent mit europäischen und nationalen Schutzwirkungen.[7] Ein europäisches Patent hat gemäß Art. 2 Abs. 2 EPÜ für jeden Vertragsstaat, für den es erteilt wurde, die Wirkung eines nationalen Patents, soweit die nationalen Vorschriften nicht durch spezifische materiell-rechtliche Bestimmungen im EPÜ verdrängt werden. Das europäische Patent bündelt mithin nationale Patente, untersteht jedoch zusätzlich den spezielleren europäischen Regelungen des EPÜ.

---

2 Benkard/*Grabinski/Adam*, EPÜ, Vor Präambel Rn. 7; *Gruber/von Zumbusch/Haberl/Oldekop*, Kap. 1 Rn. 1.04; Kraßer/*Ann*, § 7 Rn. 11.

3 Benkard/*Grabinski/Adam*, EPÜ, Vor Präambel Rn. 8; *Osterrieth*, Rn. 131.

4 Benkard/*Grabinski/Adam*, EPÜ, Vor Präambel Rn. 8; *Osterrieth*, Rn. 165.

5 Benkard/*Ullmann/Tochtermann*, PatG, Internationaler Teil Rn. 80; *Haedicke*/Timmann, § 1 Rn. 45; *Osterrieth*, Rn. 153.

6 Kraßer/*Ann*, § 8 Rn. 32 f.; *Osterrieth*, Rn. 166.

7 Benkard/*Jestaedt/Kolle*, EPÜ, Art. 2 Rn. 2; *Gruber/von Zumbusch/Haberl/Oldekop*, Kap. 1 Rn. 1.04 f.

II. Das Einheitspatent

Schon seit vielen Jahren bestand der Wunsch, ähnlich wie im Marken- und Designrecht einen einheitlichen und europaweit gültigen Patentschutz zu schaffen.[8] Auf EU-Ebene wurde zu diesem Zweck das Europäische Patentpaket beschlossen, das aus dem Übereinkommen über ein einheitliches Patentgericht (EPGÜ), der Verordnung (EU) 1257/2012 über die Schaffung eines einheitlichen Patentschutzes sowie der Verordnung (EU) 1260/2012 über die anzuwendenden Übersetzungsregelungen besteht.[9] Bei der Schaffung des neuen Systems erzielten die EU-Mitgliedstaaten jedoch nicht zu allen inhaltlichen Fragen eine Einigung.[10] Deshalb schlossen sich nur die Mitgliedstaaten zusammen, die an der Schaffung des neuen Systems tatsächlich mitwirken wollten.[11] Diese Möglichkeit eröffnen die Art. 326–334 AEUV über die verstärkte Zusammenarbeit. Hierdurch wird eine Gruppe von Mitgliedstaaten in die Lage versetzt, einheitliche Regelungen zu treffen, ohne dass ein Konsens aller Mitgliedstaaten erreicht werden muss.[12] Deshalb handelt es sich beim Einheitspatent nicht um ein Unionspatent, sondern um ein europäisches Patent mit einheitlicher Wirkung. Dabei sollen die Schwierigkeiten, die sich beim europäischen Patent durch dessen Zerfall in nationale Patente ergeben, vermieden werden.[13] Gemäß Art. 9 Abs. 1 lit. a (EU) 1257/2012 und Regel 5 der Durchführungsordnung zum einheitlichen Patentschutz ist das EPA für die Erteilung der einheitlichen Wirkung zuständig. Einheitliche Wirkung kann gemäß Art. 3 Abs. 1 (EU) 1257/2012 für europäische

---

8 Fitzner/Lutz/Bodewig/*Augenstein/Haertel/Kiefer*, EPGÜ, Einheitliches Patentrecht und Gemeinsames Patentgericht Rn. 3; *Hüttermann*, Kap. 1 Rn. 1; *Osterrieth*, Rn. 183; *Eck*, GRUR Int. 2014, 114 (114).

9 Fitzner/Lutz/Bodewig/*Augenstein/Haertel/Kiefer*, EPGÜ, Einheitliches Patentrecht und Gemeinsames Patentgericht Rn. 6; *Eck*, GRUR Int. 2014, 114 (115).

10 Problematisch war insbesondere die Sprachenregelung, da Italien und Spanien auf der Berücksichtigung ihrer Landessprache in dem neuen System bestanden, *Osterrieth*, Rn. 193; Italien hat sich schließlich zur verstärkten Zusammenarbeit entschlossen. Allerdings weigern sich bis heute Spanien und Kroatien, das Sprachenregime zu akzeptieren, Fitzner/Lutz/Bodewig/*Augenstein/Haertel/Kiefer*, EPGÜ, Einheitliches Patentrecht und Gemeinsames Patentgericht Rn. 5.

11 Fitzner/Lutz/Bodewig/*Augenstein/Haertel/Kiefer*, EPGÜ, Einheitliches Patentrecht und Gemeinsames Patentgericht Rn. 7; *Osterrieth*, Rn. 193.

12 Fitzner/Lutz/Bodewig/*Augenstein/Haertel/Kiefer*, EPGÜ, Einheitliches Patentrecht und Gemeinsames Patentgericht Rn. 5; Haedicke/Timmann/*Verhauwen*, § 11 Rn. 931; *Hüttermann*, Kap. 1 Rn. 9; *Osterrieth*, Rn. 194.

13 Haedicke/Timmann/*Verhauwen*, § 11 Rn. 928; *Osterrieth*, Rn. 189; *Tochtermann*, GRUR Int. 2016, 721 (723).

Patente eingetragen werden, die mit den gleichen Ansprüchen für alle teilnehmenden Mitgliedstaaten erteilt wurden. Es bietet einheitlichen Schutz und hat gemäß Art. 3 Abs. 1 (EU) 1257/2012 die gleiche Wirkung in allen teilnehmenden Mitgliedstaaten. Damit kann das Einheitspatent nur für alle Mitgliedstaaten beschränkt, übertragen oder für nichtig erklärt werden.

Zudem wird mit dem Einheitspatentgericht ein eigenes supranationales europäisches Gerichtssystem geschaffen.[14] Das Einheitspatentgericht wird gemäß Art. 1 EPGÜ nicht nur für europäische Patente mit einheitlicher Wirkung, sondern auch für die klassischen europäischen Patente zuständig sein. Dabei hat es den Status eines nationalen Gerichts, da es in die Gerichtssysteme der teilnehmenden Mitgliedstaaten eingebunden wird. Damit hat es auch die Pflicht, Fragen zur Auslegung des Gemeinschaftsrechts dem EuGH vorzulegen.[15]

Das Gericht besteht nach Art. 6 Abs. 1 EPGÜ aus einem Gericht erster Instanz, einem Berufungsgericht und einer Kanzlei. Das Gericht erster Instanz umfasst Zentral-, Regional- und Lokalkammern, sodass es generell in jedem Mitgliedstaat angerufen werden kann. Die ersten sieben Jahre sind als Übergangsphase ausgestaltet, in der Klagen wegen Verletzung oder auf Nichtigerklärung gemäß Art. 83 Abs. 1 EPGÜ weiterhin bei den nationalen Gerichten oder den national zuständigen Behörden erhoben werden können. Nach Ablauf dieser Übergangsphase ist das Einheitspatentgericht ausschließlich zuständig.

Die Umsetzung des Einheitspatentsystems wurde 2016 mit der Ankündigung Großbritanniens, es werde aus der EU austreten, starken Unsicherheiten ausgesetzt. Die Verordnungen können erst in Kraft treten, wenn das EPGÜ in Kraft tritt, was jedoch gemäß Art. 89 Abs. 1 EPGÜ die Ratifizierung durch mindestens dreizehn Vertragsstaaten unter zwingendem Einschluss von Deutschland, Frankreich und Großbritannien voraussetzt.[16] Großbritannien wird zwar aus der EU austreten, hat jedoch im April 2018 das Übereinkommen ratifiziert.[17]

---

14 Fitzner/Lutz/Bodewig/*Augenstein/Haertel/Kiefer*, EPGÜ, Art. 1 Rn. 1.

15 Fitzner/Lutz/Bodewig/*Augenstein/Haertel/Kiefer*, EPGÜ, Art. 1 Rn. 6; *Osterrieth*, Rn. 290.

16 Fitzner/Lutz/Bodewig/*Augenstein/Haertel/Kiefer*, EPGÜ, Einheitliches Patentrecht und Gemeinsames Patentgericht Rn. 8; Grabitz/Hilf/Nettesheim/*Stieper*, Art. 118 Rn. 36; *Haberl/Schallmoser*, GRUR-Prax 2017, 70 (70); *Weiden*, GRUR 2017, 780 (780); Redaktion beck-aktuell v. 13.06.2017, becklink 2006931.

17 https://www.gov.uk/government/news/uk-ratifies-the-unified-patent-court-agreement (zuletzt abgerufen am 22.06.2018).

Die Ratifizierung des Übereinkommens verzögert sich jedoch weiter. In Deutschland wurde am 31. März 2017 Verfassungsbeschwerde erhoben.[18] Die Verfassungsbeschwerde richtet sich gegen die Ratifikationsgesetze zum einheitlichen Patentgericht sowie gegen das Abkommen selbst.[19] Das Bundesverfassungsgericht bat den Bundespräsidenten daraufhin am 03. April 2017, die Umsetzungsgesetze nicht auszufertigen.[20] Das Präsidialamt teilte mit, das Bundesverfassungsgericht habe seine Bitte damit begründet, dass die Verfassungsbeschwerde nicht von vornherein aussichtslos sei.[21] Bundespräsident Frank-Walter Steinmeier entsprach der Bitte des Bundesverfassungsgerichts und setzte die Ausfertigung bis zur Entscheidung in Karlsruhe aus.[22]

Solange Deutschland nicht ratifiziert, kann das neue System nicht in Kraft treten.[23] Dabei wird die Verfassungsbeschwerde die Ratifikation erheblich verzögern. Gleichwohl dürfte sie nur einen weiteren Stolperstein auf dem Weg zu einem einheitlichen Patentschutz darstellen.

III. Das nationale Patent

Neben dem europäischen Patent und dem Einheitspatent gibt es die klassischen nationalen Patente.

Das Patentrecht basiert auf dem Territorialitätsprinzip.[24] Hiernach entfalten Patente ihre Wirkung lediglich in dem Territorium des Staats, für den sie erteilt wurden.[25] Patente werden auf Grund eines staatlichen Hoheitsakts erteilt, in

---

18 *Weiden*, GRUR 2017, 780 (780); https://www.unified-patent-court.org/news/progress-unified-patent-court-project-21-september-2017 (zuletzt abgerufen am 22.06.2018).

19 *Leistner/Simon*, GRUR Int. 2017, 825 (825); *Weiden*, GRUR 2017, 780 (780); www.unified-patent-court.org/news/progress-unified-patent-court-project-21-september-2017.

20 *Weiden*, GRUR 2017, 780 (780); *Bausch*, Breaking News, 13.06.2017; Redaktion beck-aktuell v. 13.06.2017, becklink 2006931.

21 *Weiden*, GRUR 2017, 780 (780); *Bausch*, Breaking News, 13.06.2017; Redaktion beck-aktuell v. 13.06.2017, becklink 2006931.

22 *Weiden*, GRUR 2017, 780 (780); Redaktion beck-aktuell v. 13.06.2017, becklink 2006931.

23 Fitzner/Lutz/Bodewig/*Augenstein/Haertel/Kiefer*, EPGÜ, Einheitliches Patentrecht und Gemeinsames Patentgericht Rn. 8; Grabitz/Hilf/Nettesheim/*Stieper*, Art. 118 Rn. 36; *Haberl/Schallmoser*, GRUR-Prax 2017, 70 (70); *Weiden*, GRUR 2017, 780 (780); Redaktion beck-aktuell v. 13.06.2017, becklink 2006931.

24 *Mes*, PatG, § 9 Rn. 9; *Osterrieth*, Rn. 127; *Pitz*, Rn. 24a.

25 *Mes*, PatG, § 9 Rn. 9; *Osterrieth*, Rn. 127; *Pitz*, Rn. 24a.

Deutschland durch Verwaltungsakt.[26] Der Erteilungsbeschluss ist ein rechtsgestaltender und begünstigender Verwaltungsakt.[27] Er schafft das Patent und legt dessen Inhalt fest.[28] Hieraus resultiert auch die territorial begrenzte Wirkung von Patenten.[29] Auf Grund der territorial beschränkten Hoheitsgewalt kann auch nur territorial beschränkter Schutz erreicht werden.[30] Auf europäischer Ebene werden Patente nicht durch die einzelnen nationalen Hoheitsakte erteilt, sondern durch eine Maßnahme, die das EPA kraft des nur für diese Behörde geltenden Sonderrechts trifft.[31] Trotzdem gilt gemäß Art. 2 Abs. 2 EPÜ das nationale Recht und damit das Territorialitätsprinzip, sodass dieses nicht durchbrochen wird.[32] Da die Hoheitsgewalt eines Staats auf das eigene Staatsgebiet beschränkt ist, können damit auch ausländische nationale Patente in Deutschland keinen Patentschutz genießen.[33]

In Deutschland erteilt das Deutsche Patent- und Markenamt (DPMA) die nationalen Patente.[34]

B. Das deutsche Patentrecht – Patentkategorien und Patentansprüche

Der Product-by-process-Anspruch ist ein spezieller Anspruch des Patentrechts. Seine Formulierung ist mithin unabhängig von der Art des erteilten Patents. Die Erteilung eines Product-by-process-Anspruchs ist somit, abhängig von der Zulässigkeit, in allen nationalen und übernationalen Patentrechtssystemen denkbar. Die weitere Einordnung des Product-by-process-Anspruchs richtet sich nach dem deutschen Recht. Damit erfolgt sie also auf der oben dargestellten nationalen Ebene von Patenten.[35] Über die deutsche Anspruchssystematik im Patentrecht ist eine genauere Bestimmung des Product-by-process-Anspruchs möglich.

---

26 Benkard/*Bacher*, PatG, § 1 Rn. 2a; Pitz, Rn. 24a; *Mes*, PatG, § 1 Rn. 5; *Ann*, Mitt. 2016, 245 (246); vgl. *Hoeren*, FS Fezer, S. 1002.
27 BPatG GRUR 1992, 380 (381) – Sammeltasche; *Mes*, PatG, § 49 Rn. 4.
28 BPatG GRUR 1992, 380 (381) – Sammeltasche; *Mes*, PatG, § 49 Rn. 4.
29 *Mes*, PatG, § 9 Rn. 9; *Osterrieth*, Rn. 127; *Pitz*, Rn. 24a.
30 Benkard/*Jestaedt/Kolle*, EPÜ, Art. 3 Rn. 6; *Osterrieth*, Rn. 132.
31 Benkard/*Melullis*, EPÜ, Art. 52 Rn. 20.
32 Benkard/*Jestaedt/Kolle*, EPÜ, Art. 3 Rn. 6; *Singer/Stauder*, Art. 168 Rn. 1.
33 Benkard/*Grabinski/Zülch*, PatG, § 139 Rn. 3; *Osterrieth*, Rn. 130.
34 *Mes*, PatG, § 1 Rn. 5; Kraßer/*Ann*, § 1 Rn. 1; *Hoeren*, FS Fezer, S. 997.
35 S. III. Das nationale Patent.

I. Die Patentkategorien

Patente können für Erzeugnisse oder Verfahren erteilt werden.[36] Dementsprechend existieren zwei grundlegende Patentkategorien. Je nach Schutzgegenstand entfalten die Patente verschiedene Rechtswirkungen, denn den verschiedenen Kategorien sind spezifische Benutzungsarten zugeordnet, die sich unterscheiden können.[37] Für die Einteilung des Patents in eine der Kategorien ist der Inhalt der Erfindung maßgeblich, welcher sich aus dem sachlichen Offenbarungsgehalt der Anmeldungsunterlagen sowie dem Patentbegehren des Anmelders ergibt.[38] Der Anmelder kann die entsprechende Kategorie für seine Erfindung im Grundsatz frei wählen, solange er nicht nur Eigenschaften eines Erzeugnisses oder ein Verfahren kennzeichnende Merkmale offenbart.[39] Wird in der Patentschrift eine Erfindung offenbart, die sowohl ein Erzeugnis als auch ein Verfahren umfasst, kann der Anmelder auf alle in Betracht kommenden Erscheinungsformen seiner Erfindung einen Anspruch richten.[40] Er kann seine Erfindung als technische Lehre in Bezug auf das Erzeugnis oder in Bezug auf das Verfahren definieren und damit die Patentkategorie bestimmen.[41] Die Patentkategorie hängt also maßgeblich von dem Inhalt der Erfindung ab, welcher in Ansprüchen verschriftlicht wird.

Hierbei werden in einem Patent meist mehrere Ansprüche formuliert. Das deutsche Patentrecht kennt verschiedene Anspruchskategorien. Hierzu zählen Haupt-, Neben- und Unteranspruch, welche zunächst nichts über den Gegenstand der Erfindung aussagen.[42] Im Allgemeinen wird ein Hauptanspruch bestimmt, wobei das Patent durch weitere Neben- oder Unteransprüche ergänzt werden kann. Der Hauptanspruch ist derjenige Anspruch, der die Erfindung in ihrer Gesamttragweite erfassen soll.[43] Ein Nebenanspruch stellt eine vom Hauptanspruch unabhängige Erfindung unter Schutz, wobei ein Patent nur mehrere selbstständige Erfindungen erfassen kann, wenn die Einheitlichkeit gemäß § 34 Abs. 5 PatG gewahrt ist.[44] Unteransprüche hingegen beziehen sich auf

---

36 Vgl. § 9 PatG.

37 Benkard/*Bacher*, PatG, § 1 Rn. 4; Fitzner/Lutz/Bodewig/*Einsele*, PatG, § 1 Rn. 75.

38 Benkard/*Bacher*, PatG, § 1 Rn. 5; Fitzner/Lutz/Bodewig/*Einsele*, PatG, § 1 Rn. 74; Schulte/*Moufang*, § 1 Rn. 170; *Osterrieth*, Rn. 357.

39 Benkard/*Bacher*, PatG, § 1 Rn. 5; *Mes*, PatG, § 1 Rn. 117.

40 Benkard/*Bacher*, PatG, § 1 Rn. 5; Schulte/*Moufang*, § 1 Rn. 170.

41 Fitzner/Lutz/Bodewig/*Einsele*, PatG, § 1 Rn. 74; *Osterrieth*, Rn. 357.

42 Benkard/*Scharen*, PatG, § 14 Rn. 17; Busse/*Keukenschrijver*, § 1 Rn. 110.

43 Benkard/*Scharen*, PatG, § 14 Rn. 17.

44 Benkard/*Scharen*, PatG, § 14 Rn. 20; Kraßer/*Ann*, § 24 Rn. 30.

bestimmte Ausführungsarten der im Haupt- oder Nebenanspruch gekennzeichneten Erfindung und sind damit von dieser abhängig.[45]

So kann ein Patent unter Umständen sowohl einen Verfahrensanspruch als auch einen Erzeugnisanspruch umfassen. Gibt es mehrere Einordnungsmöglichkeiten, kann der Anmelder die Patentkategorie wählen.[46] Bei gleichzeitiger Anmeldung ist es auch möglich zwei eigenständige Patente, ein Verfahrens- und ein Erzeugnispatent, zu erhalten.[47] Die kumulative Gewährung von verschiedenen Ansprüchen findet dabei ihre Begrenzung im Rechtsschutzbedürfnis des Anmelders. Dieses entfällt spätestens, wenn die beanspruchten Ansprüche einen identischen Schutzbereich haben.[48]

Soweit ein Erzeugnis oder Verfahren klassisch mittels Erzeugnis- oder Verfahrensanspruch geschützt wird, entsprechen die Kategorien der Patentansprüche auch den Patentkategorien.[49] Dies äußert sich in den üblichen Bezeichnungen als Erzeugnis- oder Verfahrenspatent.[50] Wurde bei mehreren Einordnungsmöglichkeiten eine Kategorie gewählt, so ist diese Wahl bindend.[51]

II. Das Erzeugnispatent – Der Erzeugnisanspruch

Das Erzeugnispatent hat eine technische Lehre zum Inhalt, welche sich auf die Konstruktion, die Gestaltung oder den Entwurf eines Erzeugnisses bezieht.[52] Dabei richtet sich das Patent und damit das gewährte Monopolrecht allerdings nicht auf das genannte bestimmte Erzeugnis. Gegenstand des Erzeugnispatents ist stets die das Erzeugnis betreffende Erfindung und damit nicht das Erzeugnis selbst.[53]

Im Rahmen der Erzeugnispatente gibt es weitere Begriffe und Unterkategorien, die allerdings nur das patentierte Erzeugnis genauer beschreiben. Es wird von Sach-, Stoff-, Vorrichtungs- und Anordnungs- und Schaltungspatenten

---

45 Benkard/*Scharen*, PatG, § 14 Rn. 20; Kraßer/*Ann*, § 24 Rn. 31.

46 Fitzner/Lutz/Bodewig/*Einsele*, PatG, § 1 Rn. 74; *Mes*, PatG, § 34 Rn. 42; Schulte/*Moufang*, § 1 Rn. 170.

47 Benkard/*Bacher*, PatG, § 1 Rn. 5; *Mes*, PatG, § 34 Rn. 42.

48 Benkard/*Bacher*, PatG, § 1 Rn. 5; *Mes*, PatG, § 1 Rn. 202.

49 Benkard/*Schäfers*, PatG, § 34 Rn. 72b; vgl. Schulte/*Moufang*, § 1 Rn. 174.

50 Benkard/*Schäfers*, PatG, § 34 Rn. 72b.

51 Fitzner/Lutz/Bodewig/*Einsele*, PatG, § 1 Rn. 76.

52 Benkard/*Bacher*, PatG, § 1 Rn. 12; *Osterrieth*, Rn. 361.

53 Benkard/*Bacher*, PatG, § 1 Rn. 12; *Mes*, PatG, § 1 Rn. 178.

gesprochen.[54] Eine solche weitere Einteilung ist für die Einordnung des Product-by-process-Anspruchs jedoch unerheblich.

Entscheidend ist hingegen der Schutzbereich eines Erzeugnispatents. Dieser wird gemäß § 14 PatG – für deutsche Patente – und Art. 69 Abs. 1 EPÜ – für europäische Patente – durch die Patentansprüche bestimmt, wobei Beschreibung und Zeichnungen zur Auslegung heranzuziehen sind. Der dem klassischen Erzeugnispatent zugrunde liegende Anspruch ist der Erzeugnisanspruch. Der Schutzumfang bei einem Erzeugnispatent erstreckt sich danach auf jeden Gegenstand, der den gleichen Erfindungsgedanken verwirklicht, der hinter dem Erzeugnis steht.[55]

Das Erzeugnispatent bietet abstrakt einen umfassenden Schutz. Dem Patentinhaber sind sämtliche Herstellungs- und Verwendungsmöglichkeiten des Erzeugnisses vorbehalten.[56] Für eine Verletzung des Patents kommt es damit weder auf die Herstellungsart noch auf den Herstellungsweg an.[57] Erfüllt ein Erzeugnis alle Merkmale des unter Schutz gestellten Erzeugnisses, so verletzt es das Patent. Wie es zu dem verletzenden Erzeugnis kam, ist bedeutungslos. Der Schutz umfasst damit alle Funktionen, Wirkungen, Zwecke, Brauchbarkeiten und Vorteile.[58] § 9 S. 2 Nr. 1 PatG verbietet es einem Dritten daher, ohne Zustimmung des Berechtigten ein solches Erzeugnis herzustellen, anzubieten, in Verkehr zu bringen oder zu gebrauchen oder zu den genannten Zwecken entweder einzuführen oder zu besitzen.

III. Das Verfahrenspatent – Der Verfahrensanspruch

Das Verfahrenspatent hat eine Lehre zum technischen Handeln zum Gegenstand, die eine technische Anweisung im Sinne eines bestimmten erfinderischen technischen Handelns beinhaltet.[59] Zunächst werden Verfahrenspatente danach unterschieden, ob sie ein Herstellungsverfahren oder ein Arbeitsverfahren zum Gegenstand haben.

54 Benkard/*Bacher*, PatG, § 1 Rn. 12; Fitzner/Lutz/Bodewig/*Einsele*, PatG, § 1 Rn. 78–90.

55 Benkard/*Bacher*, PatG, § 1 Rn. 16; Fitzner/Lutz/Bodewig/*Einsele*, PatG, § 1 Rn. 78; *Mes*, PatG, § 1 Rn. 180.

56 Benkard/*Bacher*, PatG, § 1 Rn. 16; Fitzner/Lutz/Bodewig/*Loth*, PatG, § 14 Rn. 244.

57 Benkard/*Bacher*, PatG, § 1 Rn. 16a; Schulte/*Rinken/Kühnen*, § 14 Rn. 108.

58 Fitzner/Lutz/Bodewig/*Loth*, PatG, § 14 Rn. 244; *Mes*, PatG, § 1 Rn. 180.

59 Benkard/*Bacher*, PatG, § 1 Rn. 27; *Osterrieth*, Rn. 366.

Ein Herstellungsverfahren ist dadurch gekennzeichnet, dass der Anspruch die beiden eigentlichen Verfahrensmaßnahmen beschreibt.[60] Dies sind die Wahl der Ausgangsstoffe und die Art der Einwirkung auf diese.[61] Die Art der Vorgänge des Herstellungsverfahrens – ob mechanisch, biologisch oder chemisch – ist dabei weitgehend belanglos, soweit auf ein Substrat eingewirkt und ein Erzeugnis hervorgebracht wird.[62]

Arbeitsverfahren sind solche Verfahren, die nicht unmittelbar ein Erzeugnis hervorbringen oder ein schon bestehendes Erzeugnis ändern.[63] Das Verfahren wirkt gerade veränderungsfrei auf das Objekt ein.[64] Hierunter fallen bspw. Verfahren, die ordnen, zählen, messen, reinigen oder wenden.[65]

Für die Einordnung des Product-by-process-Anspruchs ist auch hier der Schutzbereich maßgeblich. Der Schutzbereich eines Herstellungsverfahrens umfasst nach § 9 S. 2 Nr. 2 PatG die Verfahrenslehre, erstreckt sich darüber hinaus gemäß § 9 S. 2 Nr. 3 PatG allerdings auch auf das unmittelbar hergestellte Erzeugnis.[66] § 9 S. 2 Nr. 2 PatG verbietet es einem Dritten, ohne Zustimmung des Patentinhabers ein Verfahren, das Gegenstand des Patents ist, anzuwenden. Darüber hinaus ist es einem Dritten untersagt, das Verfahren zur Anwendung im Geltungsbereich des PatG anzubieten, wenn er weiß oder es auf Grund der Umstände offensichtlich ist, dass die Anwendung des Verfahrens verboten ist. Dieser Schutzbereich ist gegenüber dem weiten Schutzbereich der Erzeugnisansprüche wesentlich enger. Bei Herstellungsverfahren behält § 9 S. 2 Nr. 3 PatG deshalb dem Patentinhaber vor, das durch das Verfahren unmittelbar hergestellte Erzeugnis anzubieten, in den Verkehr zu bringen, zu gebrauchen oder zu den genannten Zwecken entweder einzuführen oder zu besitzen.

Der Schutzbereich des reinen Arbeitsverfahrens ist mangels Hervorbringens eines Erzeugnisses auf den Schutz nach § 9 S. 2 Nr. 2 PatG beschränkt.

---

60 Benkard/*Bacher*, PatG, § 1 Rn. 28; *Mes*, PatG, § 1 Rn. 196; *Osterrieth*, Rn. 367; *Schickedanz*, S. 293.

61 Benkard/*Bacher*, PatG, § 1 Rn. 28; *Mes*, PatG, § 1 Rn. 196; *Osterrieth*, Rn. 367.

62 Benkard/*Bacher*, PatG, § 1 Rn. 28; Schulte/*Moufang*, § 1 Rn. 237.

63 *Mes*, PatG, § 1 Rn. 197; *Osterrieth*, Rn. 368; *Schickedanz*, S. 293.

64 Benkard/*Bacher*, PatG, § 1 Rn. 35; *Mes*, PatG, § 1 Rn. 197; *Schickedanz*, S. 293.

65 Benkard/*Bacher*, PatG, § 1 Rn. 35; *Mes*, PatG, § 1 Rn. 197.

66 Benkard/*Bacher*, PatG, § 1 Rn. 34; *Mes*, PatG, § 1 Rn. 196.

IV. Das Verwendungspatent – Der Verwendungsanspruch

Schließlich besteht mit dem sogenannten Anwendungs- oder Verwendungspatent eine weitere Art von Patent.[67] Gegenstand dieser Patente ist die spezielle Verwendung einer Sache oder einer Vorrichtung zur Erreichung eines bestimmten Zustands.[68] Anwendungs- oder Verwendungspatente beziehen sich auf die Anwendung, Brauchbarkeit oder Verwendung eines Verfahrens oder einer Sache.[69] Im Gegensatz zu Zweckangaben bei Erzeugnispatenten ist die bestimmte Verwendung der Sache wesentlicher Inhalt des Patents, sodass diese auch den Schutz des Patents beschränkt.[70]

Der Schutzbereich wird durch die Verwendungsangabe begrenzt.[71] Voraussetzung der Benutzung eines Verwendungspatents ist neben der objektiven Eignung des Mittels für die neue Verwendung, dass der Zweck zumindest angestrebt oder zielgerichtet erreicht wird.[72]

C. Der Product-by-process-Anspruch und dessen Einordnung in die aufgezeigte Systematik

Der Product-by-process-Anspruch zeichnet sich dadurch aus, dass er dem Anmelder die Möglichkeit gibt, zur Kennzeichnung eines Erzeugnisses das Herstellungsverfahren zu verwenden.

Zur Einordnung in die Systematik des deutschen Patentrechts bedarf es daher eines Blicks auf die übliche Kennzeichnung von Erzeugnissen im Patentanspruch sowie der näheren Bestimmung des Product-by-process-Anspruchs selbst.

---

67 Benkard/*Bacher*, PatG, § 1 Rn. 38; Haedicke/Timmann/*Stief/Bühler*, § 7 Rn. 131; sie werden teilweise auch als Verfahrenspatente eingestuft: *Mes*, PatG, § 1 Rn. 200; Schulte/*Moufang*, § 1 Rn. 169; *Osterrieth*, Rn. 369.

68 Benkard/*Bacher*, PatG, § 1 Rn. 38; Fitzner/Lutz/Bodewig/*Einsele*, PatG, § 1 Rn. 97; Haedicke/Timmann/*Stief/Bühler*, § 7 Rn. 129; Schulte/*Moufang*, § 1 Rn. 241; *Osterrieth*, Rn. 369.

69 Benkard/*Scharen*, PatG, § 14 Rn. 49; *Mes*, PatG, § 1 Rn. 200.

70 Benkard/*Bacher*, PatG, § 1 Rn. 38a; *Mes*, PatG, § 1 Rn. 200; Haedicke/Timmann/*Stief/Bühler*, § 7 Rn. 134; *Osterrieth*, Rn. 369.

71 Benkard/*Bacher*, PatG, § 1 Rn. 38a; *Mes*, PatG, § 1 Rn. 200; Haedicke/Timmann/*Stief/Bühler*, § 7 Rn. 134; *Osterrieth*, Rn. 369.

72 Benkard/*Bacher*, PatG, § 1 Rn. 38a; Haedicke/Timmann/*Stief/Bühler*, § 7 Rn. 134.

I. Übliche Kennzeichnung eines Erzeugnisses im Patentanspruch

Die Erfindung ist im Patentanspruch eindeutig zu kennzeichnen.[73] Zum einen müssen im Rahmen des Gebots der Rechtssicherheit Schutzrechte eindeutig bestimmt und deren Inhalt und Schutzbereich identifizierbar sein.[74] Zum anderen muss der Fachmann[75] das Erzeugnis vom Stand der Technik abgrenzen können.[76] Eine Patentanmeldung muss in jedem Fall gemäß § 34 Abs. 3 Nr. 2, 4 PatG eine kurze und genaue Bezeichnung der Erfindung sowie eine Beschreibung der Erfindung enthalten. Sie muss außerdem gemäß § 34 Abs. 3 Nr. 3 PatG einen oder mehrere Patentansprüche umfassen, in denen angegeben ist, was als patentfähig unter Schutz gestellt werden soll. Die Beschreibung muss den Gegenstand klar und eindeutig schildern und dabei klare technische Bezeichnungen gebrauchen.[77] Dies dient insbesondere dem Zweck, die Erfindung so deutlich und vollständig zu offenbaren, dass ein Fachmann diese ausführen kann, wie es § 34 Abs. 4 PatG verlangt. Die Kennzeichnung des Erzeugnisses im Patentanspruch kann auf verschiedene Weise erfolgen. Dies hängt auch maßgeblich vom Gegenstand der Erfindung ab. Der Patentanmelder verwendet hierzu üblicherweise physikalisch-chemische Merkmale, strukturelle Merkmale oder sonstige Darstellungen.[78] Die physikalisch-chemischen Merkmale werden hierbei mittels innerlicher oder äußerlicher Analyse mit fachüblichen Methoden erkannt.[79] Chemische Stoffe können bestenfalls durch ihre Strukturformel eindeutig gekennzeichnet werden.[80] Andere Stoffe können durch die Art ihrer inneren Zusammensetzung umschrieben werden, indem die Ausgangsstoffe, aus denen das Erzeugnis hergestellt wird, nach ihrer Art und Menge genau angegeben werden.[81] Allerdings kann selbst die Strukturformel den Stoff im Einzelfall nicht hinreichend kennzeichnen.[82] Soweit sie hinreichend eindeutig ist, kann hilfsweise oder zusätzlich die Summenformel angegeben werden. Gleichzeitig darf die

---

73 Benkard/*Bacher*, PatG, § 1 Rn. 15; *Mes*, PatG, § 1 Rn. 179.

74 Benkard/*Bacher*, PatG, § 1 Rn. 15; *Schrell/Heide*, GRUR 2006, 383 (383).

75 S. zum Durchschnittsfachmann b) Neuheit.

76 Benkard/*Bacher*, PatG, § 1 Rn. 15; *Mes*, PatG, § 1 Rn. 179; *Schrell/Heide*, GRUR 2006, 383 (383).

77 Benkard/*Schäfers*, PatG, § 34 Rn. 84f; Kraßer/*Ann*, § 24 Rn. 57.

78 Fitzner/Lutz/Bodewig/*Loth*, PatG, § 14 Rn. 269; *Schrell/Heide*, GRUR 2006, 383 (383).

79 Fitzner/Lutz/Bodewig/*Loth*, PatG, § 14 Rn. 269; *Schrell/Heide*, GRUR 2006, 383 (383).

80 Benkard/*Bacher*, PatG, § 1 Rn. 15a; Haedicke/Timmann/*Stief/Bühler*, § 7 Rn. 96.

81 Benkard/*Bacher*, PatG, § 1 Rn. 15b.

82 Haedicke/Timmann/*Stief/Bühler*, § 7 Rn. 97.

Summenformel nicht verlangt werden, soweit der Anmelder andere zuverlässig feststellbare Parameter wählt und dadurch das Erzeugnis kennzeichnen kann.[83]

Sind eindeutige Merkmale verfügbar, müssen diese verwendet werden.[84] Kann ein Erzeugnis nicht durch wahrnehmbare innere oder äußere Merkmale umschrieben werden oder erweist sich dies als völlig unpraktikabel, kann es auch durch Parameter seiner Eigenschaften gekennzeichnet werden.[85] Eine solche Kennzeichnung ist davon geprägt, dass das unmittelbare Merkmal des Erzeugnisses mittelbar durch einen Rückschluss von den Parametern auf eine bestimmte körperliche Eigenschaft identifiziert wird.[86] Diese Parameter sind also charakteristische Werte, die durch bestimmte Messverfahren ermittelt werden können, wobei sie aber in jedem Fall eindeutig unterscheidbar und zuverlässig feststellbar sein müssen.[87]

> Parameter können als Wert einer direkt messbaren Eigenschaft – wie die Biegefestigkeit eines Stahls oder der Widerstand eines elektrischen Leiters – oder als die in Form einer Formel dargestellte komplizierte mathematische Kombination verschiedener Variablen definiert werden.[88]

II. Der Product-by-process-Anspruch

Grundsätzlich hat der Patentanmelder also räumlich-körperliche, physikalisch-chemische oder strukturelle Merkmale sowie sonstige Darstellungen zu verwenden, um sein Erzeugnis zu kennzeichnen.[89] Damit hat die Kennzeichnung mittels innerer oder äußerer unmittelbar wahrnehmbarer Merkmale – also körperlicher Merkmale – der Sache zu erfolgen.[90] Dies resultiert aus dem Erfordernis, eine klare Abgrenzung der Erfindung vom Stand der Technik zu gewährleisten und

---

83 BGH GRUR 1972, 80 (84) – Trioxan; BPatG GRUR 1979, 629 (631) – Gardimycin; Benkard/*Bacher*, PatG, § 1 Rn. 15a.

84 Schulte/*Moufang*, § 34 Rn. 140.

85 BGH GRUR 1972, 80 (84) – Trioxan; Benkard/*Bacher*, PatG, § 1 Rn. 15d; *Schrell/Heide*, GRUR 2006, 383 (383).

86 BGH NJW 1985, 493 (494) – Acrylfasern; Benkard/*Bacher*, PatG, § 1 Rn. 15d.

87 BGH GRUR 1972, 80 (84) – Trioxan; Fitzner/Lutz/Bodewig/*Cimniak*, EPÜ, Art. 84 Rn. 104 ff.; *Schrell/Heide*, GRUR 2006, 383 (383).

88 Richtlinien für die Prüfung im EPA, Teil F, Kap IV, 4.11.

89 BGH GRUR 2001, 1129 (1134) – Zipfelfreies Stahlband; BGH GRUR 2005, 749 (750) – Aufzeichnungsträger; Benkard/*Scharen*, PatG, § 14 Rn. 40; *Mes*, PatG, § 1 Rn. 179; Schulte/*Moufang*, § 34 Rn. 157.

90 BGH NJW 1979, 1607 (1608) – Farbbildröhre.

im Sinne der Rechtssicherheit Schutzrechte eindeutig bestimmbar zu machen.[91] Der Erfinder nutzt also üblicherweise die erörterten Merkmale in seiner Anspruchsformulierung und kennzeichnet damit seine Erfindung.

In bestimmten Technologiefeldern ist es allerdings unter Umständen nicht möglich, die Erfindung durch solche erkennbaren und feststellbaren Merkmale zu kennzeichnen.[92] Hier ist es oft sogar unmöglich, das Erzeugnis hinreichend mit Hilfe von Parametern zu charakterisieren. Dies kann bspw. in Ermangelung bestimmter oder nicht hinreichend sensitiv arbeitender Analysemethoden der Fall sein.[93]

> Ein Fall, den das OLG Düsseldorf zu entscheiden hatte, veranschaulicht die Situation.[94] Der Anmelder beanspruchte ein Schmiermittel für die Züge von Posaunen. Dieses zeichnete sich dadurch aus, dass es aus zwei Schichten bestand, die nacheinander auf den Zug der Posaune aufgetragen werden mussten. Dabei war ein Gemisch von zwei Komponenten gerade nicht anspruchsgemäß, da sich die vorteilhaften Wirkungen des Schmiermittels durch den zweischichtigen Aufbau ergaben. Das Merkmal, dass es sich um einen zweischichtigen Aufbau handelt, wobei die eine Komponente zwingend vor der anderen aufgebracht werden muss, kann nicht anders beschrieben werden als durch das Verfahren des nacheinander erfolgenden Aufbringens.

Für einen solchen Fall sieht die deutsche Rechtsprechung den sogenannten Product-by-process-Anspruch vor. Dieser erlaubt es dem Erfinder, seine Erfindung ganz oder teilweise durch das jeweilige Herstellungsverfahren zu kennzeichnen.[95] Dabei gibt er die exakten Herstellungsbedingungen sowie die genauen Ausgangsstoffe an und kennzeichnet so seine Erfindung.[96] Das Herstellungsverfahren, das im Normalfall gerade nicht Teil der Anspruchsformulierung von Erzeugnisansprüchen ist, dient hier mangels anderer greifbarer Merkmale und Parameter der Definition und Konkretisierung des Erzeugnisses. Der Voraussetzung des § 34 PatG, die Erfindung eindeutig identifizieren zu können, kann in solchen Fällen nicht anders entsprochen werden.[97] § 9 Abs. 4 PatV schreibt die Vollständigkeit und Deutlichkeit der Offenbarung, sowie Knappheit der Ansprüche vor.

---

91 BGH GRUR 1972, 80 (82) – Trioxan; Benkard/*Bacher*, PatG, § 1 Rn. 15; Schulte/*Moufang*, § 34 Rn. 80, 157.

92 Fitzner/Lutz/Bodewig/*Loth*, PatG, § 14 Rn. 270; *Schrell/Heide*, GRUR 2006, 383 (383).

93 *Schrell/Heide*, GRUR 2006, 383 (383).

94 OLG Düsseldorf, BeckRS 2008, 04705.

95 BGH GRUR 1972, 80 – Trioxan; Schulte/*Moufang*, § 34 Rn. 153; *Kühnen*, Kap. A Rn. 104.

96 Fitzner/Lutz/Bodewig/*Loth*, PatG, § 14 Rn. 270; Schulte/*Moufang*, § 34 Rn. 158.

97 BGH GRUR 1972, 80 (88) – Trioxan.

Dies ist ohne zur Verfügung stehende, mittels fachüblicher Methoden erkennbare, physikalisch-chemische Merkmale, strukturelle Merkmale oder sonstige Darstellungen wie Formeln – einschließlich entsprechender Parameter –, nicht zu erreichen. Der Anmelder ist damit darauf angewiesen, zur Kennzeichnung auf das Herstellungsverfahren zurückzugreifen.

Das Herstellungsverfahren wird demnach zur Kennzeichnung der Erfindung im Patentanspruch verwendet. Der Product-by-process-Anspruch zeichnet sich also dadurch aus, dass ein Erzeugnis mittels seines Herstellungsverfahrens ganz oder teilweise konkretisiert wird.

III. Die Einordnung in die Systematik der Patentansprüche

Trotz der Verwendung des Herstellungsverfahrens zur Kennzeichnung handelt es sich bei dem Product-by-process-Anspruch um einen Erzeugnisanspruch.[98] Damit führt die Erteilung eines Product-by-process-Anspruchs nicht zum Entstehen einer eigenen Patentkategorie. Gegenstand des Anspruchs ist ein Erzeugnis, das mittels seines Herstellungsverfahrens gekennzeichnet wird. Das Herstellungsverfahren wird dabei ausschließlich zur Kennzeichnung verwendet und findet keinen Eingang in den Gegenstand des Anspruchs.[99] Der Product-by-process-Anspruch fällt damit nicht aus der aufgezeigten Systematik, sondern ordnet sich als spezieller Fall des Erzeugnisanspruchs unter diese Art der Ansprüche ein. Das Herstellungsverfahren ist nicht Gegenstand des Anspruchs, auch wenn es sicherlich nicht gänzlich außer Acht gelassen werden kann.[100]

---

98 Schulte/*Moufang*, § 34 Rn. 153; *Uhrich*, S. 174; S. hierzu 4. Teil: Die Bestimmung des Schutzbereichs.

99 Fitzner/Lutz/Bodewig/*Loth*, PatG, § 14 Rn. 282; Schulte/*Moufang*, § 34 Rn. 153; *Kühnen*, s. Fußnote 23 zu Kap. J Rn. 17.

100 S. hierzu 4. Teil: Die Bestimmung des Schutzbereichs.

3. Teil: Allgemeines zum Product-by-process-Anspruch

Der Product-by-process-Anspruch ist ein spezieller Fall des Erzeugnisanspruchs. Er ist im Gesetz nicht ausdrücklich normiert, sodass seine Rechtsnatur und Existenzberechtigung genauer zu betrachten sind. Weiter sind auch die Formulierung im Patent und die Anwendungsbereiche des Product-by-process-Anspruchs von Interesse.

Schließlich gilt es die Voraussetzungen zu beachten, unter denen eine solche Anspruchsformulierung überhaupt zulässig ist.

A. Rechtsnatur – Historische Entwicklung

Der Product-by-process-Anspruch ist nicht ausdrücklich im Patentgesetz normiert. Dies ist allerdings nicht verwunderlich, da es sich in Deutschland bei diesem Anspruchstyp um einen Unterfall des normierten Erzeugnisanspruchs handelt. Trotzdem muss zum allgemeinen Verständnis die Rechtsnatur des Product-by-process-Anspruchs näher beleuchtet werden. Angesichts der Tatsache, dass dieser im Gesetz keine Erwähnung findet, gilt es festzustellen, wie dieser Anspruch Eingang in die deutsche Rechtsprechung und Erteilungspraxis gefunden hat. Handelt es sich dogmatisch um eine Analogie? Um eine richterliche Rechtsfortbildung? Oder gar um einfache Auslegung?

Der Product-by-process-Anspruch stammt ursprünglich aus den USA und wurde dort 1891 im Rahmen der *Painter*-Entscheidung entwickelt und anerkannt.[101] In den USA bestand schon früh das Problem, dass der Patentschutz für ein Verfahren nicht das hierdurch gewonnene Erzeugnis umfasste.[102] So konnte, soweit Erzeugnisschutz nicht zu erlangen war, nur der Product-by-process-Anspruch Abhilfe schaffen. Allein dieser gab dem Erfinder die Möglichkeit, sich gegen Erzeugnisse zu wehren, die mit dem erfindungsgemäßen Verfahren hergestellt wurden. Den Grundgedanken hinter der Einführung des Product-by-process-Anspruchs bringt die genannte Entscheidung des US-amerikanischen *Commissioner of Patents* zum Ausdruck. Er führte aus, dass das Vorliegen des Rechts auf ein Patent auf eine Erfindung nicht durch die Beschränkungen der

101 Decision of the Commissioner of Patents 1891, 200 – Ex parte Painter; *Fabry*, GRUR Int. 2009, 803 (805).

102 *Meyer-Dulheuer*, GRUR Int. 1985, 435 (435).

Sprache bestimmt werden könne.[103] Dies ist ein maßgeblicher Gedanke der Product-by-process-Ansprüche.

In Deutschland umfasste der Verfahrensschutz schon seit 1888 nach der *Methylenblau*-Entscheidung des Reichsgerichts[104] auch das unmittelbar durch das Verfahren hergestellte Erzeugnis.[105] Hier bestand ein anderes Problem. Bis zur Neufassung des Patentgesetzes 1968 sah das Gesetz in § 1 PatG vor:

> „(1) Patente werden erteilt für neue Erfindungen, die eine gewerbliche Verwertung gestatten.
> (2) Ausgenommen sind:
> 1. Erfindungen, deren Verwertung den Gesetzen oder guten Sitten zuwiderlaufen würde;
> 2. Erfindungen von Nahrungs-, Genuß- und Arzneimitteln sowie von Stoffen, die auf chemischem Wege hergestellt werden, soweit die Erfindungen nicht ein bestimmtes Verfahren zur Herstellung der Gegenstände betreffen."[106]

Gemäß § 1 Abs. 2 Nr. 2 PatG a.F.[107] war damit der Stoffschutz für chemische Erzeugnisse generell ausgeschlossen. Dies stellte eine klare Diskriminierung chemischer Erfindungen dar[108], auch wenn die ursprüngliche Einführung des Stoffschutzverbotes 1877 auf Drängen der deutschen chemischen Industrie stattfand.[109] Damit konnte der Chemiker für seine Erfindungen lediglich Verfahrensschutz beanspruchen, sein Erzeugnis hingegen war schutzlos. Diese Diskriminierung erkannte auch der Gesetzgeber und änderte mit Gesetz vom 04. September 1967 (in Kraft getreten am 01. Oktober 1968; Aufhebung des Stoffschutzverbotes schon mit Wirkung zum 01. Januar 1968[110]) das Patentgesetz dahingehend, dass § 1 PatG nun lautete:

---

103 Decisions of the Commissioner of Patents 1891, 200 (201) – Ex parte Painter.

104 RGZ 22, 8 – Methylenblau; seit 1891 dann gesetzliche Verankerung.

105 *Beil*, GRUR 1977, 289 (289); *Meyer-Dulheuer*, GRUR Int. 1985, 435 (435); *Frhr. von Pechmann*, GRUR 1977, 377 (377).

106 PatG vom 05.05.1936 RGBl. II 1936, S. 117.

107 PatG vom 05.05.1936 RGBl. II 1936, S. 117.

108 Vgl. *Haedicke*, GRUR 2010, 94 (94); *Kunczik*, GRUR 2003, 845 (846); *Meibom/Nack*, FS Reimann, 551 (552); *Moser v. Filseck*, GRUR 1971, 51 (51).

109 *Uhrich*, S. 25 f.; *Beil*, GRUR 1977, 289 (289, 292); *Haedicke*, GRUR 2010, 94 (94); *Meibom/Nack*, FS Reimann, 551 (551); *Frhr. von Pechmann*, GRUR 1977, 377 (377).

110 BGBl. 1967 I S. 962; Benkard/*Rogge/Melullis*, PatG, Einleitung Rn. 41; *Uhrich*, S. 66 f.; *Beil*, GRUR 1977, 289 (293).

„(1) Patente werden erteilt für neue Erfindungen, die eine gewerbliche Verwertung gestatten.

(2) Ausgenommen sind Erfindungen, deren Verwertung den Gesetzen oder guten Sitten zuwiderlaufen würde, soweit es sich nicht um Gesetze handelt, die nur das Feilhalten oder Inverkehrbringen des Gegenstands der Erfindung oder, wenn Gegenstand der Erfindung ein Verfahren ist, des durch das Verfahren unmittelbar hergestellten Erzeugnisses beschränken."[111]

Im neuen Patentgesetz von 1968 findet sich keine Sonderstellung der Chemieerfindungen mehr. So wurde der Chemieerfinder mit allen anderen Erfindern gleichgestellt. Hieraus liest ein Teil der Literatur ab, dass der Gesetzgeber die Diskriminierung gesehen hatte und diese mit der neuen Fassung des PatG abzuschaffen gedachte.[112] Zunächst stand jedoch ein anderer Gedanke im Vordergrund.

Im ursprünglichen Gesetzentwurf vom 16. Juni 1966 war die Änderung des § 1 PatG noch nicht vorgesehen.[113] Diese wurde erst durch einen Antrag des Rechtsausschusses vom 13. April 1967 eingebracht.[114] Dieser begründete seinen Antrag jedoch mit der erheblichen Belastung des Patentamts, die durch diese Änderung verringert werden sollte.[115] Das Stoffschutzverbot habe dazu geführt, dass die Stofferfinder versuchten sich alle denkbaren Verfahren schützen zu lassen, um faktischen Stoffschutz zu erreichen.[116] Daraus folge, dass das Patentamt mit Anmeldungen belastet werde, die möglicherweise nicht eingereicht werden würden, wenn die Möglichkeit bestünde für den Stoff selbst Schutz zu erlangen.[117] Dabei müsse jede Entlastungsmöglichkeit des Patentamts wahrgenommen werden.[118] Der Ausschuss erwähnt hier nur in einem Nebensatz, dass er das Verbot des Stoffschutzes in der gegenwärtigen Situation der Wirtschaft auch sachlich für nicht mehr gerechtfertigt hält.[119] Hierzu wird lediglich angeführt, dass die Möglichkeit des Stoffschutzes schon in vielen Industriestaaten bestehe und Deutschland sich durch Unterzeichnung des Europäischen Übereinkommens über die Vereinheitlichung gewisser Begriffe des materiellen Patentrechts vom 27. November 1963 ohnehin schon dazu verpflichtet habe, den Stoffschutz

111 PatG vom 02.01.1968 BGBl. 1968 I S. 2.
112 *Bühling*, GRUR 1974, 299 (300); *Eggert*, GRUR 1972, 453 (459).
113 BT-Drucksache V/714, S. 2.
114 BT Drucksache V/1631, S. 2.
115 BT zu Drucksache V/1631, S. 5 f.; *Uhrich*, S. 68; *Haedicke*, GRUR 2010, 94 (94).
116 BT zu Drucksache V/1631, S. 5; *Uhrich*, S. 69.
117 BT zu Drucksache V/1631, S. 5 f.
118 BT zu Drucksache V/1631, S. 6; *Uhrich*, S. 69.
119 BT zu Drucksache V/1631, S. 6; *Uhrich*, S. 69.

einzuführen.[120] Der Ausschuss betont jedoch eindeutig, dass er die Einführung wegen der möglichen Entlastung des Patentamts für geboten hält.[121] Weitere Ausführungen finden sich im Protokoll zur 114. Sitzung des Bundestages am 13. Juni 1967, in der die vom Ausschuss vorgeschlagenen Änderungen und damit auch die Einführung des Stoffschutzes angenommen wurden. Mehrere der Beteiligten begründeten noch einmal die Änderungen des ursprünglichen Entwurfs. Ausdrücklich ging es bei der Änderung darum, die Geschäftslage beim Deutschen Patentamt endlich zu verbessern.[122] Nur einer der sich Äußernden nimmt überhaupt Bezug auf die Einführung des Stoffpatents. Hierzu wird lediglich bemerkt, dass dies ein wesentlicher Fortschritt sei, der auf internationalem Gebiet die Stellung der Wirtschaft wesentlich fördern könne und werde.[123] Damit wird in keiner der Materialien auf die Abschaffung der bestehenden Diskriminierung eingegangen oder diese als Motiv der Änderung ausgewiesen.

Dies ändert jedoch nichts daran, dass der Gesetzgeber mit der Änderung die formale Diskriminierung abgeschafft hat. Auch wenn hierzu nicht ausdrücklich Stellung genommen wurde, so ist die faktische Wirkung doch dieselbe. So muss von dem Willen des Gesetzgebers ausgegangen werden – wenn auch nicht als erste Motivation –, die Ungleichbehandlung von Chemieerfindern abzuschaffen. Eine Gleichstellung ist eine Gleichstellung. Dabei sind die Beweggründe hierfür insoweit unbeachtlich. Die Norm kann nach der Änderung nur noch so verstanden werden, dass alle Erfindungen, die nicht anderweitig vom Patentschutz ausgeschlossen sind, gleich behandelt werden. Damit war der Wille des Gesetzgebers, wenn auch nicht ausdrücklich geäußert, auch die Abschaffung der Diskriminierung von Chemieerfindern.

Die gewonnene Möglichkeit des Chemieerfinders, Stoffpatente zu erlangen, wurde jedoch schnell durch die Richtlinien des Präsidenten des Deutschen Patentamts für die Prüfung von Patentanmeldungen vom 16. Juni 1969 eingeschränkt.[124] Diese Richtlinien forderten zur Definition chemischer Stoffe die Angabe der Strukturformel und ließen nur als Behelf chemische oder physikalische Kennwerte zu.[125] Die Kennzeichnung des Stoffs durch sein Herstellungsverfahren wird in den Richtlinien nur als zusätzliche Charakterisierung und nur in Ausnahmefällen zugelassen, wenn der Anmelder hinreichend dargelegt hat,

---

120 BT zu Drucksache V/1631, S. 6; *Uhrich*, S. 69.

121 BT zu Drucksache V/1631, S. 6.

122 BT 114. Sitzung, 13.06.1967, S. 5642.

123 BT 114. Sitzung, 13.06.1967, S. 5645.

124 *Bühling*, GRUR 1974, 299 (299); *Eggert*, GRUR 1972, 453 (454).

125 *Bühling*, GRUR 1974, 299 (299).

dass eine etwaige andere Charakterisierung nicht möglich ist.[126] Zudem wurde der Stoffanspruch ausgeschlossen, wenn die Charakterisierung im Wesentlichen nur durch das Herstellungsverfahren möglich war.[127] Damit wurde vielen chemischen Erfindungen die Möglichkeit des Stoffschutzes praktisch abgeschnitten. Die Hürden waren so hoch, dass gerade den Bereichen der Chemie, die oft auf das Herstellungsverfahren zur Kennzeichnung angewiesen sind, der Stoffanspruch wieder versagt war. Die Erfinder, die auf alternative Kennzeichnungsmöglichkeiten angewiesen waren, konnten wieder keinen Stoffschutz erlangen. Dadurch wurde die Diskriminierung, die vor der Neuerung des Patentgesetzes bestand, faktisch wieder eingeführt. Den Chemieerfindungen wurde erneut eine Sonderstellung gegeben, die vielfach kritisiert wurde.[128]

Diese Entwicklung war zudem kaum überschaubar, da von dem Problem der fehlenden Möglichkeit der eindeutigen Kennzeichnung oft nur Teil- oder Spezialbereiche der Chemie betroffen waren.[129] Damit differenzierte sich immer weiter aus, welche Erfinder Erzeugnisschutz erlangen konnten und welche nicht.[130] Die Chemie war zwar nicht mehr generell vom Patentschutz ausgeschlossen, allerdings war faktisch der Erzeugnisschutz für viele Teilbereiche wieder versperrt.

Dies stand im klaren Widerspruch zum Willen des Gesetzgebers, der die chemischen Erfindungen gerade allen anderen Erfindungen gleichgestellt hatte. Diesen Widerspruch korrigierte 1971 schließlich der BGH mit seiner Entscheidung *Trioxan*, mit der er die Definition eines Erzeugnisses durch dessen Herstellungsverfahren ausdrücklich für zulässig erklärte und damit die gewollte Gleichstellung durchsetzte.[131] Insbesondere stellte der BGH klar, dass es sich bei einem Product-by-process-Anspruch um einen Erzeugnisanspruch handelt.[132]

Der BGH hatte sich schon 1956 mit einer im Anspruch angegebenen Herstellungsart zu beschäftigen.[133] Hierbei lag der Schwerpunkt allerdings auf der Ausführbarkeit der technischen Lehre, da im Patentanspruch kein Verfahren angegeben war.[134] Der Anspruch

126 *Bühling*, GRUR 1974, 299 (299).
127 *Bühling*, GRUR 1974, 299 (299).
128 *Bühling*, GRUR 1974, 299 (300); *Eggert*, GRUR 1972, 453 (459); *Moser v. Filseck*, GRUR 1969, 507 (507).
129 *Bühling*, GRUR 1974, 299 (300); *Eggert*, Anmerkungen zu BGH GRUR 1972, 80 – Trioxan.
130 *Bühling*, GRUR 1974, 299 (300); *Eggert*, GRUR 1972, 453 (454).
131 *Bühling*, GRUR 1974, 299 (300); *Meyer-Dulheuer*, GRUR Int. 1985, 435 (440).
132 BGH GRUR 1972, 80 (88) – Trioxan.
133 BGH GRUR 1959, 125 – Textilgarn.
134 BGH GRUR 1959, 125 – Textilgarn.

enthielt lediglich den Hinweis, dass der Gegenstand der Erfindung – ein Textilgarn – dadurch gekennzeichnet sei, dass in seinem Inneren Harz so verteilt sei, dass es praktisch unzerknitterbar oder unzerdrückbar sei.[135] Damit wurde in diesem Anspruch nur das Ergebnis einer Herstellungsart benannt und nicht das Verfahren selbst, sodass es sich hierbei nicht um einen Product-by-process-Anspruch handelte.

Damit wurde der Product-by-process-Anspruch 1971 durch die Rechtsprechung in das deutsche Patentrechtssystem integriert.

Hierbei führt der BGH in seiner Entscheidung insbesondere aus, dass das Patentgesetz dem Anmelder Spielraum gebe, welchen Schutz er für seine Erfindung beanspruchen will.[136] Dies entnimmt er § 26 Abs. 1 S. 5 PatG a.F.[137] (jetzt weitestgehend wortgleich § 34 Abs. 3 Nr. 3 PatG), welcher es dem Anmelder überlässt, mittels der Patentansprüche zu bestimmen, was als patentfähig unter Schutz gestellt werden soll.[138] Hierbei habe der Anmelder einen Spielraum, denn es müsse ihm überlassen werden, ob er seine Erfindung dort schützen lasse, wo der zu erzielende technische Fortschritt begründet werde (Herstellungsverfahren), oder wo der technische Fortschritt in Erscheinung trete (Endprodukt).[139]

Der Anmelder muss also wählen können, ob er sein Herstellungsverfahren und/oder sein Endprodukt schützen lassen will. Liegt eine Erfindung vor, welche die Zulässigkeitsvoraussetzungen erfüllt und auch zur Patenterteilung angemeldet wird, besteht gemäß § 6 PatG ein Rechtsanspruch auf Erteilung des Patents, welcher zudem unter den Eigentumsschutz nach Art. 14 Abs. 1 GG fällt.[140] Da ein öffentlich-rechtlicher Anspruch auf Patenterteilung für Erfindungen besteht, muss der Anmelder die Erteilung in der Ausgestaltung wählen können, die seiner Erfindung entspricht.[141] Diesem Grundsatz entspricht die oben genannte Regelung.[142]

Damit ist aber noch nicht festgestellt, welche Rechtsnatur die Einführung des Product-by-process-Anspruchs hatte. Der Anspruch wurde von der Rechtsprechung in das deutsche Patentsystem aufgenommen, sodass mehrere Möglichkeiten bestehen, auf welchem Wege der BGH den Anspruch integriert hat. Nach einer groben Einordnung besteht die Möglichkeit der Analogie, der Auslegung

135 BGH GRUR 1959, 125 – Textilgarn.
136 BGH GRUR 1972, 80 (88) – Trioxan.
137 PatG vom 02.01.1968 BGBl. 1968 I S. 7.
138 BGH GRUR 1972, 80 (88) – Trioxan.
139 BGH GRUR 1969, 265 (267) – Disiloxan; BGH GRUR 1970, 601 (602) – Fungizid; BGH GRUR 1972, 80 (88) – Trioxan.
140 Fitzner/Lutz/Bodewig/*Einsele*, PatG, § 1 Rn. 5; *Mes*, PatG, § 1 Rn. 5.
141 BGH GRUR 1970, 601 (602) – Fungizid.
142 BGH GRUR 1970, 601 (602) – Fungizid.

und der richterlichen Rechtsfortbildung. Dabei ist, sollte es sich vorliegend um Auslegung gehandelt haben, die Einordnung der Analogie als eigene Methode oder als Teil der Rechtsfortbildung unerheblich.[143] In jedem Fall sind jedoch Auslegung und richterliche Rechtsfortbildung voneinander zu unterscheiden.[144]

Die Abgrenzung zwischen Auslegung und richterlicher Rechtsfortbildung ist nicht unproblematisch. Die Rechtsfortbildung fordert nicht nur den Gesetzesvollzug, der durch die Auslegung in den Grenzen des Wortlauts vorgenommen wird, sondern zusätzlich eine Willensentscheidung des Gerichts außerhalb des Wortlauts.[145] Von einer Rechtsfortbildung ist zudem auszugehen, wenn es an einem Auslegungsobjekt fehlt.[146] Sie beginnt also dort, wo die Auslegung endet.[147] Erst wenn sich die normative Grundlage zur Entscheidung des Falls nicht hinreichend aus dem Gesetz ergibt, hat der Richter das Gesetz zwangsläufig zu konkretisieren, also Rechtsfortbildung zu betreiben.[148]

Nach dem oben Gesagten kann letztlich in der Einführung des Anspruchs nur eine Gesetzesauslegung der bestehenden Regeln des Patentgesetzes, insbesondere der formellen Anforderungen, gesehen werden. Der BGH weitete die Anwendung der Regelungen zu Erzeugnisansprüchen auf solche Ansprüche aus, die das Erzeugnis mittels des Verfahrens definieren. Dabei scheint es so, als schaffe der BGH eine neue Anspruchskategorie. Er eröffnet den allgemeinen Erzeugnisschutz allerdings nur für Stoffe, die nicht eindeutig gekennzeichnet werden können. Er weitet damit die Ansprüche und Erzeugnisse aus, die vom Wortlaut der Normen umfasst sein sollen. In *Trioxan* stellt er fest, dass der durch den Stoffanspruch gegebene Schutz weiter reicht als der des Verfahrensanspruchs und damit ein solcher Stoffanspruch auch für den Chemieanmelder zur Verfügung stehen muss.[149] Der BGH nimmt also nur Bezug auf den schon bekannten Stoffanspruch und weitet dessen Anwendungsbereich aus. Auch wenn er den „neu" zu den Stoffansprüchen zählenden Ansprüchen einen eigenen Namen gibt, so handelt es sich doch nach seinem Verständnis um klassische Stoff-, also Erzeugnisansprüche. Dabei ist der Ausgangspunkt der Gesetzesinterpretation und der Auslegung, wie ausdrücklich vom BGH ausgesprochen[150], immer der wahre Wille des

143 *Wiedemann*, NJW 2014, 2407 (2409).
144 Maunz/Dürig/*Jachmann*, Art. 95 Rn. 14; *Wiedemann*, NJW 2014, 2407 (2409).
145 Maunz/Dürig/*Jachmann*, Art. 95 Rn. 13; *Wiedemann*, NJW 2014, 2407 (2409).
146 *Wiedemann*, NJW 2014, 2407 (2408).
147 Maunz/Dürig/*Jachmann*, Art. 95 Rn. 14.
148 Maunz/Dürig/*Jachmann*, Art. 95 Rn. 14.
149 BGH GRUR 1972, 80 (88) – Trioxan.
150 BGH GRUR 1972, 80 (87 f.) – Trioxan.

Gesetzgebers.[151] Dieser ist für den Rechtsanwendenden auch dann verbindlich, wenn er keinen objektiven Ausdruck im Normtext selbst findet.[152]

Der BGH entsprach mit der Zulassung von Product-by-process-Ansprüchen dem Willen des Gesetzgebers, den Chemieerfinder mit allen anderen Erfindern gleichzustellen. Er hatte auch für eine solche Gleichstellung zu sorgen, nachdem der Gesetzgeber ausdrücklich die Diskriminierung abgeschafft hatte. Nachdem es also eine Verbotsnorm für Chemieerfindungen nicht mehr gab, galt es den neuen Grund der Diskriminierung zu finden und dort zu einer dem Willen des Gesetzgebers entsprechenden Auslegung zu kommen. Genau dies hat der BGH gemacht, indem er zum heutigen § 34 Abs. 3 Nr. 3 PatG ausführte, dass über den gesetzlich gewährten Spielraum des Anmelders im Zusammenspiel mit der geforderten Möglichkeit des Stoffschutzes die Auslegung eindeutig ergebe, dass der Product-by-process-Anspruch zuzulassen sei.[153] Um in allen Bereichen der Chemie einen Stoffschutz zu ermöglichen, muss das Gesetz so ausgelegt werden, dass generell alle Chemieerfindungen Stoffschutz erlangen können. Dabei ist insbesondere die Voraussetzung der eindeutigen Identifizierbarkeit an den patentrechtlichen Erfordernissen auszurichten, die dem Erfinder eine gebührende Belohnung für die Bereicherung der Technik zukommen lassen.[154]

Der Product-by-process-Anspruch ist damit Resultat der Gesetzesauslegung, wie sie dem Willen des Gesetzgebers entspricht.

B. Existenzberechtigung des Product-by-process-Anspruchs

Nach der Einordnung in das deutsche Patentrechtssystem stellt sich die Frage, ob das Patentrecht überhaupt Bedarf für einen ungeschriebenen Patentanspruch hat. Erzeugnisse und Verfahren werden schließlich über die allgemeinen Erzeugnis- und Verfahrensansprüche geschützt. Zudem erfasst der Schutz des Verfahrenspatents gemäß § 9 S. 2 Nr. 3 PatG das unmittelbar durch das Verfahren hergestellte Erzeugnis. Damit gibt es den reinen Erzeugnis- und Verfahrensschutz und zudem den derivativen Erzeugnisschutz. Die Existenzberechtigung des Product-by-process-Anspruchs im deutschen Patentrecht muss somit genauer betrachtet werden.

Der Product-by-process-Anspruch wurde durch die Rechtsprechung des BGH – namentlich die *Trioxan*-Entscheidung – in das deutsche Patentrechtssystem

151 MüKo/*Säcker*, BGB, Einleitung Rn. 124.
152 MüKo/*Säcker*, BGB, Einleitung Rn. 124.
153 BGH GRUR 1972, 80 (88) – Trioxan.
154 BGH GRUR 1972, 80 (83) – Trioxan.

integriert.[155] Dabei stand insbesondere die Feststellung der Notwendigkeit einer solchen Integration im Vordergrund der Entscheidung. Das Bundespatentgericht hatte in der Vorinstanz zu der *Trioxan*-Entscheidung gerade damit argumentiert, dass es keine Veranlassung und Notwendigkeit gebe, einen solchen Anspruch zuzulassen.[156]

In einem ersten Schritt beschäftigte sich der BGH in seiner Entscheidung – zunächst nicht auf Product-by-process-Ansprüche bezogen – mit den Anforderungen der eindeutigen Identifizierung der zum Patent angemeldeten Erfindung im Sinne von § 26 Abs. 1 S. 3, 5 PatG a.F.[157] (jetzt § 34 Abs. 3 Nr. 2, 3 PatG).[158] Dabei stellte er fest, dass mit Rücksicht auf die Handlungsfreiheit nach Art. 2 GG und auf das Gebot der möglichst klaren und eindeutigen Verhaltensnormen für die von der Patenterteilung Betroffenen eindeutig erkennbar sein muss, welche Lehre unter Schutz gestellt wird.[159] Diesem Grundsatz diene die genannte Norm. Allerdings könne nur ein solcher Grad an Genauigkeit verlangt werden, der noch als tragbar erscheine. Dies äußere sich in diesem ersten Schritt darin, dass dem Anmelder gestattet werden müsse sein Erzeugnis auch durch andere Parameter zu kennzeichnen, soweit eine zuverlässige Unterscheidung hierdurch möglich sei.[160]

Des Weiteren stellte der BGH fest, dass nicht nur eine Kennzeichnung mit Hilfe von Parametern möglich sein müsse, sondern auch die Definition mittels des Herstellungsverfahrens zulässig sei. Das BPatG hatte ausgeführt, dass im Hinblick auf § 6 S. 2 PatG a.F.[161] (jetzt § 9 S. 2 Nr. 3 PatG) keine Notwendigkeit für derartige Ansprüche bestehe. Ferner bestehe weder die Veranlassung noch die Möglichkeit solche Ansprüche zuzulassen.[162] Damit verneinte der Beschwerdesenat das Rechtsschutzinteresse für Product-by-process-Ansprüche.

Der BGH lehnte diese Rechtsauffassung ab und führte aus, dass zwar niemand die Gerichte und Behörden unnütz bemühen solle, dies aber überhaupt nur dann der Fall sei, wenn keinerlei Interesse des Anmelders an einer solchen Patentanmeldung zu erkennen sei oder das Verlangen missbräuchlich erscheine.[163]

---

155 BGH GRUR 1972, 80 – Trioxan; zu Details der historischen Entwicklung und Integration ins deutsche Patentrecht s. A. Rechtsnatur – Historische Entwicklung.

156 BPatG FHZivR 17, Nr. 5221.

157 PatG vom 02.01.1968 BGBl. 1968 I S. 7.

158 BGH GRUR 1972, 80 (83) – Trioxan.

159 BGH GRUR 1972, 80 (83) – Trioxan.

160 BGH GRUR 1972, 80 (84) – Trioxan.

161 PatG vom 02.01.1968 BGBl. 1968 I S. 3.

162 BGH GRUR 1972, 80 (87) – Trioxan.

163 BGH GRUR 1972, 80 (88) – Trioxan.

§ 6 S. 2 PatG a.F.[164] (§ 9 S. 2 Nr. 3 PatG) beschränke den Schutz auf die unmittelbar hergestellten Erzeugnisse, damit nicht etwa Gegenstände, die mit dem Erzeugnis zusammen verarbeitet werden, von dem Patent umfasst seien.[165] Nachdem jedoch das Stoffschutzverbot beseitigt sei[166], sei auch eine derartige Beschränkung nicht mehr gewollt.[167] Der allgemeine Erzeugnisanspruch reiche deutlich weiter als der Stoffschutz über das Verfahren, sodass dem Anmelder ein Interesse an dem Erzeugnisanspruch für sein chemisches Produkt nicht abgesprochen werden könne.[168]

Zudem begründet eine weitere Überlegung die Notwendigkeit des Product-by-process-Anspruchs. Hierzu äußert sich der BGH in seiner Entscheidung *Acrylfasern*.[169]

Dem Anmelder ist es gestattet, gewisse Parameter und Merkmale zu wählen, um seine Erfindung hinreichend zu kennzeichnen. Dabei wird diese Kennzeichnung zugelassen, soweit die Kennzeichnung durch die körperliche Beschaffenheit nicht möglich ist. Dies dient dem Ziel, dass der Schutz solcher Erfindungen nicht schon an dem auch auf andere Weise erfüllbaren rechtsstaatlichen Erfordernis der eindeutigen und klaren Identifizierung der Erfindung scheitert.[170] Diese Regelung kann jedoch in einen Widerspruch mit einem Grundprinzip des Patentrechts geraten.

Das wäre der Fall, wenn als Parameter solche Eigenschaften zugelassen würden, die das der Erfindung zugrundeliegende Problem ausmachen.[171] Soweit die Aufgabe der Erfindung bspw. darin besteht, ein Produkt in einer bestimmten Weise zu verbessern und der Anmelder die Eigenschaften des Produkts angibt, die gegenüber anderen Produkten verbessert wurden, so würden dem Patentinhaber durch die Patenterteilung alle Produkte vorbehalten, die diese Eigenschaften aufweisen, also die Aufgabe lösen.[172] Hierbei wäre es dann unerheblich, auf welche Weise die Herstellung des Produkts stattfindet.[173] Die Aufnahme eines

---

164 PatG vom 02.01.1968 BGBl. 1968 I S. 3.
165 BGH GRUR 1972, 80 (88) – Trioxan.
166 S. hierzu A. Rechtsnatur – Historische Entwicklung.
167 BGH GRUR 1972, 80 (88) – Trioxan.
168 BGH GRUR 1972, 80 (88) – Trioxan.
169 BGH NJW 1985, 493 – Acrylfasern.
170 BGH NJW 1985, 493 (494) – Acrylfasern.
171 BGH NJW 1985, 493 (495) – Acrylfasern; Fitzner/Lutz/Bodewig/*Loth*, PatG, § 14 Rn. 273.
172 BGH NJW 1985, 493 (495) – Acrylfasern.
173 BGH NJW 1985, 493 (495) – Acrylfasern.

solchen Parameters in den Patentanspruch wäre dann nichts anderes als eine Umschreibung der Aufgabe, die der Erfindung zugrunde liegt.[174] Dann würde jede andere Lösung des Problems, egal auf welchem Weg sie erreicht wurde, unter den Schutz des Patents fallen.[175] Dies ist demjenigen Erfinder, der seine Erfindung mit den körperlichen Merkmalen umschreiben kann, nicht gestattet und muss auch dem Erfinder, dem die übliche Kennzeichnung nicht möglich ist, untersagt sein. Ansonsten führe dies zu einer ungerechtfertigten Bevorzugung.[176]

Im deutschen Patentrecht darf sich die Kennzeichnung der Erfindung nicht auf die Umschreibung der Aufgabe beschränken.[177] Auch hieraus ergibt sich das Erfordernis, die Kennzeichnung des Erzeugnisses durch das Verfahren seiner Herstellung zuzulassen. Stehen dem Anmelder zwar Parameter zur Kennzeichnung zur Verfügung, die sich jedoch darin erschöpfen, die Aufgabe zu beschreiben, so muss er immer noch die Möglichkeit haben, sich durch ein Patent für seine Erfindung belohnen zu lassen. Er bereichert schließlich trotzdem den Stand der Technik, auch wenn er den Kennzeichnungserfordernissen, so wie sie normiert sind, nicht genügen kann. Damit verbleibt ihm die Möglichkeit, seine Erfindung durch das Verfahren zu deren Herstellung zu umschreiben.[178]

Dem liegt freilich der Gedanke zugrunde, der Patentschutz müsse auch solchen Erfindern zugänglich sein. Geht man richtigerweise[179] davon aus, dass jede Erzeugniserfindung, von den gesetzlichen Ausnahmen abgesehen, unbeschränkten Erzeugnisschutz erlangen kann, so ist die Kennzeichnung durch das Verfahren unumgänglich. Sonst müsste man in einem solchen Fall die Kennzeichnung mittels der genannten Parameter zulassen, um überhaupt Schutz gewähren zu können, was aber gegen das Grundprinzip verstieße, die Erfindung nicht mittels der Aufgabe zu kennzeichnen.

---

174 BGH NJW 1985, 493 (495) – Acrylfasern.

175 BGH NJW 1985, 493 (495) – Acrylfasern.

176 BGH NJW 1985, 493 (495) – Acrylfasern; Benkard/*Bacher*, PatG, § 1 Rn. 87; Fitzner/Lutz/Bodewig/*Loth*, PatG, § 14 Rn. 273.

177 BGH NJW 1985, 493 (495) – Acrylfasern; Benkard/*Bacher*, PatG, § 1 Rn. 87.

178 BGH NJW 1985, 493 (495) – Acrylfasern.

179 Vgl. BGH GRUR 1972, 80 (88) – Trioxan: Dem Anmelder wird gemäß § 34 Abs. 3 Nr. 3 PatG (§ 26 Abs. 1 S. 5 a.F. PatG vom 02.01.1968 BGBl. 1968 I S. 7.) ein Spielraum für die Formulierung des beanspruchten Schutzes eingeräumt. Eine Beschränkung auf den Verfahrensanspruch ist mit diesem Spielraum nicht zu vereinbaren. Erfüllt das Erzeugnis damit die Voraussetzungen der Patentierbarkeit, darf der Erfinder nicht auf den Verfahrensschutz verwiesen werden.

Dem Product-by-process-Anspruch stehen damit insbesondere § 9 S. 2 Nr. 3 PatG sowie § 34 Abs. 3 Nr. 2, 3 PatG nicht entgegen. Es gibt keine Rechtfertigung dafür, den Anmelder auf den Stoffschutz nach § 9 Nr. 3 PatG zu verweisen. Ein solcher Stoffschutz ist auf die Erzeugnisse beschränkt, die unmittelbar und exakt durch das angegebene Verfahren hergestellt werden. Der Erzeugnisschutz hingegen leistet einen absoluten Schutz, der damit auch Erzeugnisse umfasst, die mittels anderer Verfahren hergestellt wurden. Entscheidend ist hierbei immer nur, ob die Erzeugnisse die gleichen Eigenschaften haben. Welches Verfahren im Hintergrund steht, ist für das Vorgehen aus einem Erzeugnispatent unerheblich. Es besteht damit auch für solche Erzeugnisse ein Interesse an einem absoluten Schutz, bei denen sich Kennzeichnungsprobleme ergeben. Dies führt zu der Notwendigkeit des Product-by-process-Anspruchs im deutschen Patentrecht und damit zu seiner Existenzberechtigung.

Hieraus folgt auch, dass der Product-by-process-Anspruch nicht auf die Chemie beschränkt sein kann. Auch auf anderen technischen Gebieten ist es denkbar, dass sich Kennzeichnungsprobleme ergeben und es keinen anderen Weg gibt, als das Erzeugnis mittels seines Verfahrens zu beschreiben. Nachdem nun alle Erfindungen im Patentgesetz gleichgestellt sind, müssen auch alle Erfinder die Möglichkeit haben, Patentschutz, insbesondere Erzeugnisschutz, zu erlangen.[180] Scheitert es an mangelnder Neuheit oder anderen materiell-rechtlichen Voraussetzungen, so ist dies durch die Grundgedanken des Patentschutzes gerechtfertigt. Es soll kein Monopolrecht für Erzeugnisse oder Verfahren gewährt werden, die keine Erfindungen darstellen. Hingegen darf eine Anmeldung, gerade im Hinblick auf den öffentlich-rechtlichen Anspruch auf Patenterteilung, nicht generell an formellen Erfordernissen scheitern, deren Erfüllung dem Anmelder schlicht unmöglich ist.

C. Formulierung

Für Product-by-process-Ansprüche werden typischerweise zwei Formulierungen verwendet. Dabei wird das Erzeugnis benannt, welches dann als „hergestellt" bzw. „erhalten" oder „herstellbar" bzw. „erhältlich" durch das daraufhin genannte Verfahren bezeichnet wird.[181] Diese Formulierungen kennzeichnen einen Product-by-process-Anspruch. Es sind auch andere Formulierungen denkbar, da es letztlich darauf ankommt, ob ein Verfahren zur Kennzeichnung

180 Hiervon stets ausgeschlossen sind die bestehenden gesetzlichen Ausnahmeregelungen von der Patentierbarkeit.

181 Benkard/*Scharen*, PatG, § 14 Rn. 46; *Nieder*, Rn. 19; *Rogge*, Mitt. 2005, 145 (145).

eines Erzeugnisses genutzt wird. Die aufgeführten Ausdrücke sind allerdings die üblicherweise gewählten sprachlichen Mittel, um das Verfahren in den Anspruch einzubeziehen. Den genannten Formulierungen kann dabei unter Umständen eine gewichtige Rolle im Rahmen der Auslegung und damit bei der Schutzbereichsbestimmung zukommen.[182]

D. Anwendungsbereiche

Der ursprüngliche Anwendungsbereich des Product-by-process-Anspruchs ist die Chemie. Auf dem Gebiet der Chemie wurde der Anspruch das erste Mal durch den BGH im deutschen Patentrecht zugelassen. Nach dem Grundsatz, dass alle Erfindungen gleichzustellen sind, kann die Anwendung des Product-by-process-Anspruchs jedoch nicht auf den Bereich der Chemie beschränkt sein. Damit muss eine solche Formulierung in allen Bereichen der Technik möglich sein, soweit eine anderweitige Kennzeichnung nicht möglich ist.

Dies stellte auch der BGH in seiner Entscheidung *Farbbildröhre* fest, indem er in seinem zweiten Leitsatz formulierte, dass die Kennzeichnung mittels des Herstellungsverfahrens nicht auf chemische Erfindungen beschränkt sei.[183] Dazu wird ausgeführt, dass es keinen Grund gebe eine solche Beschränkung anzunehmen, soweit in anderen Bereichen Gegenstände ebenfalls nicht durch ihre körperlichen Merkmale beschrieben werden können.[184] Dies verdeutlicht noch einmal den Grundgedanken: Alle Erfinder sind gleichzubehandeln. Die Chemie soll keinerlei Sonderstellung haben, weder in Form einer Schlechter- noch in Form einer Besserstellung. Der Product-by-process-Anspruch darf damit nicht nur einzelnen, sondern muss vom Grundsatz her allen Erfindungen zugänglich sein.

Damit kommen Product-by-process-Ansprüche auch außerhalb der Chemie und Biologie in Betracht, wobei diese Bereiche wohl die Hauptanwendungsgebiete dieser Anspruchsformulierung bleiben, da gerade in diesen Bereichen der Erfindungsgegenstand oft nicht hinreichend definiert werden kann.[185]

---

182 S. hierzu III. Auswirkungen der Formulierungen „hergestellt"/„erhalten" und „herstellbar"/„erhältlich".

183 BGH NJW 1979, 1607 – Farbbildröhre.

184 BGH NJW 1979, 1607 (1608) – Farbbildröhre.

185 *Schickedanz*, S. 234; *Uhrich*, S. 173; *Wolfram*, GRUR-Prax 2012, 502 (502).

E. Zulässigkeitsvoraussetzungen im Erteilungsverfahren

Sowohl die deutsche Rechtsprechung als auch das DPMA und das EPA gehen von der allgemeinen Zulässigkeit von Product-by-process-Ansprüchen aus.[186]

Für die Patentierbarkeit gelten zunächst die allgemeinen Voraussetzungen. Bei dem beanspruchten Erzeugnis muss es sich demnach gemäß § 1 PatG um eine Erfindung auf einem Gebiet der Technik handeln, welche neu ist, auf einer erfinderischen Tätigkeit beruht und gewerblich anwendbar ist.

Weiterhin ist der Product-by-process-Anspruch sowohl auf deutscher als auch auf europäischer Ebene als subsidiär anerkannt.[187] Daraus folgt, dass diese Anspruchsformulierung nur gewählt werden darf, soweit es dem Patentanmelder unmöglich oder gänzlich unpraktikabel ist, das Erzeugnis hinreichend durch seine körperlichen Merkmale oder Parameter zu kennzeichnen.[188]

I. Allgemeine Voraussetzungen der Patentierbarkeit

Damit dem Anmelder das begehrte Patent erteilt werden kann, müssen die formellen sowie materiellen Voraussetzungen der Erteilung eines Patents vorliegen. Dies gilt auch für den Product-by-process-Anspruch. Hierbei kann es schon denklogisch keinen Unterschied zu den allgemeinen Anspruchsformulierungen geben. Die allgemeinen Voraussetzungen für die Erlangung eines Patents hängen nicht von der Anspruchskategorie ab. Entscheidend ist allerdings, dass es beim Product-by-process-Anspruch nur auf die Patentierbarkeit des Erzeugnisses ankommt.[189] Nur das Erzeugnis selbst, nicht das Verfahren, ist Gegenstand des Anspruchs, der technischen Lehre und schließlich des Patents.[190]

---

186 BGH NJW 1994, 199 (202) – Tetraploide Kamille; DPMA, Richtlinien für die Prüfung von Patentanmeldungen, Kap. 3.3.3.6; Richtlinien für die Prüfung im EPA, Teil F, Kap. IV, 4.12.

187 Busse/*Keukenschrijver*, § 1 Rn. 124; Fitzner/Lutz/Bodewig/*Loth*, PatG, § 14 Rn. 278; *Mes*, PatG, § 34 Rn. 38; *Schrell/Heide*, GRUR 2006, 383 (384).

188 BGH GRUR 1972, 80 (83 f.) – Trioxan; BGH NJW 1979, 1607 (1608) – Farbbildröhre; BGH NJW 1985, 493 (494) – Acrylfasern; BGH NJW 1994, 199 (202) – Tetraploide Kamille; Busse/*Keukenschrijver*, § 34 Rn. 103; Schulte/*Moufang*, § 34 Rn. 157; *Schrell/Heide*, GRUR 2006, 383 (384).

189 Fitzner/Lutz/Bodewig/*Loth*, PatG, § 14 Rn. 279; Schulte/*Moufang*, § 34 Rn. 156; *Uhrich*, S. 174.

190 Fitzner/Lutz/Bodewig/*Loth*, PatG, § 14 Rn. 282; Schulte/*Moufang*, § 34 Rn. 153; *Kühnen*, s. Fußnote 23 zu Kap. J Rn. 17; *Uhrich*, S. 174.

1. *Formelle Voraussetzungen der Erteilung*

Zunächst bestehen formelle Voraussetzungen, die erfüllt sein müssen, damit es zu der Erteilung eines Patents durch das Patentamt kommt. Hierzu bedarf es zunächst der schriftlichen Anmeldung der Erfindung beim Patentamt, und zwar unter Beachtung der in den §§ 34 ff. PatG normierten Verfahrenserfordernisse, wonach eine eindeutige Identifizierung der zum Patent angemeldeten Erfindung notwendig ist.[191] Die Normen des PatG werden im Hinblick auf die formellen Voraussetzungen der Anmeldung durch die Regelungen der PatV ergänzt. Die PatV stellt u.a. nähere Anforderungen an die Beschreibung. Die Voraussetzungen, die sich für die Beschreibung aus § 34 Abs. 4 PatG und § 34 Abs. 6 PatG i.V.m. der PatV ergeben, stehen hierbei selbstständig nebeneinander.[192] Diese Normen verlangen die klare und eindeutige Bezeichnung der Erfindung, wobei § 9 Abs. 4 PatV bestimmt, dass der Hauptanspruch nur die wesentlichen Merkmale der Erfindung angeben soll, sodass auf ein gewisses Maß an Kürze zu achten ist. Im Interesse der Rechtssicherheit und mit Rücksicht auf die Handlungsfreiheit sowie das Gebot möglichst klarer und eindeutiger Verhaltensnormen muss zudem das Erzeugnis im Patentanspruch eindeutig gekennzeichnet werden.[193] Hierzu ist es ausreichend, dass der Stoff auf Grund zuverlässig feststellbarer Parameter von anderen Stoffen unterschieden werden kann. Auch die Kennzeichnung durch die Angabe des Herstellungsverfahrens kann diese Voraussetzungen erfüllen.[194]

2. *Materielle Voraussetzungen der Erteilung*

Die materiellen Voraussetzungen für die Erteilung eines Patents richten sich nach § 1 PatG. Dies gilt auch dann, wenn ein Product-by-process-Anspruch formuliert wurde. Patente werden gemäß § 1 Abs. 1 PatG nur für Erfindungen auf einem Gebiet der Technik vergeben, welche neu sind, auf erfinderischer Tätigkeit beruhen und gewerblich anwendbar sind. Die ausnahmsweise zulässige Kennzeichnung der Erfindung mittels des Verfahrens ändert an diesen Voraussetzungen nichts.

Entscheidend hingegen ist, dass es sich bei dem Product-by-process-Anspruch um einen Erzeugnisanspruch handelt. Das Verfahren dient lediglich

---

191 BGH GRUR 1972, 80 (83) – Trioxan; Fitzner/Lutz/Bodewig/*Einsele*, PatG, § 1 Rn. 7; *Mes*, PatG, § 1 Rn. 6.

192 Benkard/*Schäfers*, PatG, § 34 Rn. 80c.

193 BGH GRUR 1972, 80 (84) – Trioxan; Benkard/*Bacher*, PatG, § 1 Rn. 15.

194 BGH GRUR 1972, 80 – Trioxan; BGH NJW 1994, 199 (202) – Tetraploide Kamille; s.o. B. Existenzberechtigung des Product-by-process-Anspruchs.

der Kennzeichnung des Erzeugnisses. Somit kommt es für die Patentfähigkeit des mittels eines Product-by-process-Anspruchs beschriebenen Erzeugnisses nicht auf die Patentfähigkeit des Verfahrens, sondern lediglich auf die Patentfähigkeit des beanspruchten Erzeugnisses an.[195]

Zur besseren Übersicht werden die allgemeinen Patentierungsvoraussetzungen im Überblick und ohne vertiefende Hinweise dargestellt.

a) Erfindung auf einem Gebiet der Technik

Der Begriff der Erfindung wird im Gesetz nicht definiert, und auch die Rechtslehre hat sich stets schwergetan, eine allgemeine Definition zu finden.[196] Das Gesetz selbst bestimmt in § 1 Abs. 3 PatG lediglich Negativbeispiele, was also gerade nicht als Erfindung angesehen werden kann. Der Gesetzgeber hat die Ausfüllung dieses unbestimmten Rechtsbegriffs dementsprechend der Rechtsprechung und Lehre überlassen.[197] Der BGH hat die Erfindung in seiner Entscheidung *Rote Taube* als „Lehre zum technischen Handeln" definiert, wobei technisches Handeln ein „planmäßiges Handeln unter Einsatz beherrschbarer Naturkräfte zur Erreichung eines kausal übersehbaren Erfolges" ist.[198] Über den Begriff der Naturkräfte sollte das Patentrecht auf die Gebiete der Technik beschränkt werden. Dies wurde 2007 durch die Änderung des § 1 Abs. 1 PatG hinfällig, der – im Gegensatz zu seinem Vorgänger – nun schon seinem Wortlaut nach eine entsprechende Beschränkung vorsieht.[199]

Die Gebiete der Technik sollen nicht statisch verstanden werden. Der BGH versuchte schon vor Änderung des § 1 PatG den Technikbegriff durch Nennung der Naturkräfte offen und flexibel zu halten, um auf neue Entwicklungen eingehen zu können.[200] Auch nach Änderung des § 1 PatG ist der Begriff so weit zu verstehen, dass neue Entwicklungen einbezogen werden können und eine statische Definition vermieden wird.[201]

---

195 BGH, NJW 1994, 199 (202) – Tetraploide Kamille; EPA, T 150/82 – Anspruchskategorien/IFF = GRUR Int. 1984, 525; *Reich*, Rn. 520; *Meier-Beck*, FS König, 323 (324).

196 Fitzner/Lutz/Bodewig/*Einsele*, PatG, § 1 Rn. 26; *Mes*, PatG, § 1 Rn. 8; Kraßer/*Ann*, § 11 Rn. 1.

197 Fitzner/Lutz/Bodewig/*Einsele*, PatG, § 1 Rn. 27; *Mes*, PatG, § 1 Rn. 9; Schulte/*Moufang*, § 1 Rn. 14; Kraßer/*Ann*, § 11 Rn. 1.

198 BGH GRUR 1969, 672 – Rote Taube.

199 Fitzner/Lutz/Bodewig/*Einsele*, PatG, § 1 Rn. 14; Kraßer/*Ann*, § 11 Rn. 3.

200 Fitzner/Lutz/Bodewig/*Einsele*, PatG, § 1 Rn. 27; *Mes*, PatG, § 1 Rn. 9; Kraßer/*Ann*, § 11 Rn. 2.

201 *Mes*, PatG, § 1 Rn. 9; Schulte/*Moufang*, § 1 Rn. 14.

Damit eine Erfindung vorliegt, muss also zunächst eine Lehre zum technischen Handeln gegeben sein. Dies bedeutet, dass nur eine Anweisung oder Regel zum Handeln eine Erfindung sein kann.[202] Durch diese Voraussetzung wird die Erfindung insbesondere von der Entdeckung abgegrenzt. Das reine Auffinden von Naturgesetzen oder in der Natur vorkommenden Stoffen rechtfertigt nicht die Belohnung mit einem Monopolrecht, das gewerbliche Tätigkeit fördern und belohnen soll.[203] Die Natur soll zudem allen zugänglich sein und nicht mit Monopolrechten behaftet werden können.[204] Sie ist die unumgängliche Grundlage für wissenschaftliche Entwicklung und technischen Fortschritt, sodass die freie Zugänglichkeit schon von der Wissenschaftsfreiheit nach Art. 5 Abs. 3 GG verlangt wird.[205] Die Lehre zum technischen Handeln besteht aus einer Aufgabe oder einem Problem und der Lösung.[206] Eine reine Idee, die nicht zu einem technischen Ergebnis führt, ist damit ebenfalls nicht patentfähig.[207]

Weitere Voraussetzung ist der Eintritt eines Erfolgs, welcher ebenfalls auf einem Gebiet der Technik liegen muss.[208] Erst mit Erreichung eines Erfolgs ist die Erfindung fertig und kann Gegenstand einer erfolgreichen Patentanmeldung sein.[209] Jedenfalls aber setzt eine fertige Erfindung die volle Kenntnis der Lösung voraus, sodass die Fertigstellung im Wesentlichen der Ausführbarkeit oder technischen Brauchbarkeit der Erfindung entspricht.[210] Die drei Begriffe werden teilweise gleichbedeutend gebraucht.[211] Die Erfindung ist ausführbar, wenn sie kausal den auf technischem Gebiet liegenden Erfolg herbeiführt.[212] Die Angaben zur Ausführung der Erfindung müssen sich für den Fachmann aus dem Inhalt der Patentschrift ergeben.[213] Der Fachmann muss die Lehre mithin ohne Weiteres erfinderisches Zutun ausführen, also die gestellte Aufgabe mittels der Erfindung

---

202 Benkard/*Bacher*, PatG, § 1 Rn. 44; Kraßer/*Ann*, § 11 Rn. 11.
203 Benkard/*Bacher*, PatG, § 1 Rn. 44; Schulte/*Moufang*, § 1 Rn. 9.
204 Benkard/*Bacher*, PatG, § 1 Rn. 44; Kraßer/*Ann*, § 11 Rn. 11.
205 Benkard/*Bacher*, PatG, § 1 Rn. 44.
206 Fitzner/Lutz/Bodewig/*Einsele*, PatG, § 1 Rn. 29; *Mes*, PatG, § 1 Rn. 12; Haedicke/Timmann/*Nack*, § 2 Rn. 85.
207 Fitzner/Lutz/Bodewig/*Einsele*, PatG, § 1 Rn. 30; vgl. Schulte/*Moufang*, § 1 Rn. 45.
208 Benkard/*Bacher*, PatG, § 1 Rn. 49; *Osterrieth*, Rn. 336.
209 Fitzner/Lutz/Bodewig/*Einsele*, PatG, § 1 Rn. 44; *Mes*, PatG, § 1 Rn. 76.
210 Fitzner/Lutz/Bodewig/*Einsele*, PatG, § 1 Rn. 54; Haedicke/Timmann/*Nack*, § 2 Rn. 96; *Osterrieth*, Rn. 341.
211 Benkard/*Bacher*, PatG, § 1 Rn. 51, 71; Haedicke/Timmann/*Nack*, § 2 Rn. 96, *Nägerl/Hartmann* 669.
212 *Mes*, PatG, § 1 Rn. 77; Kraßer/*Ann*, § 13 Rn. 14, 18.
213 Fitzner/Lutz/Bodewig/*Einsele*, PatG, § 1 Rn. 56; *Mes*, PatG, § 1 Rn. 78.

lösen können.[214] Zwischen Ausführbarkeit und Offenbarung besteht ein enger Zusammenhang. Die Erfindung muss zwangsläufig deutlich und vollständig offenbart sein, damit der Fachmann sie ausführen kann.[215] Dabei führt eine ausreichende Offenbarung jedoch nicht zwingend zur Ausführbarkeit, wenn bspw. der Erfolg unmöglich ist, weil Naturgesetzen widersprochen wird.[216] Die Lehre muss zudem wiederholbar sein, sodass eine planmäßige Herbeiführung möglich ist und der Eintritt des Erfolgs nicht vom Zufall abhängt.[217] Schließlich muss die Lehre für den Eintritt des Erfolgs kausal sein. Der Erfolg muss also unmittelbares Ergebnis der Ausführung der Lehre sein, ohne dass weitere zwischengeschaltete Betätigungen des menschlichen Geistes notwendig wären.[218]

b) Neuheit

Weitere materielle Voraussetzung für die Erteilung eines Patents ist die Neuheit. Gemäß § 3 Abs. 1 S. 1 PatG gilt eine Erfindung als neu, wenn sie nicht zum Stand der Technik gehört.

Damit geht das Gesetz generell von der Neuheit der Erfindung aus und lässt lediglich die Widerlegung im Einzelfall zu.[219] Die genaue Einordnung der Regelung ist dabei umstritten. Sie wird teilweise als gesetzliche Fiktion und damit als unwiderlegbare Festschreibung[220], als (in die Form einer Fiktion gekleidete) Legaldefinition[221] oder als unwiderlegbare oder widerlegbare Vermutung verstanden.[222] Abgesehen von der Annahme einer unwiderlegbaren Vermutung führen die Ansichten aber im Wesentlichen zu dem gleichen Ergebnis.[223] Hiernach mangelt es an der erforderlichen Neuheit, soweit die Erfindung bereits zum Stand der Technik gehört, was in jedem Einzelfall festgestellt werden muss.[224]

---

214 Haedicke/Timmann/*Nack*, § 2 Rn. 97; *Osterrieth*, Rn. 341.

215 Benkard/*Bacher*, PatG, § 1 Rn. 70; Kraßer/*Ann*, § 13 Rn. 11.

216 Haedicke/Timmann/*Nägerl*/*Hartmann*, § 2 Rn. 680; Kraßer/*Ann*, § 13 Rn. 12, 18.

217 Benkard/*Bacher*, PatG, § 1 Rn. 72; Fitzner/Lutz/Bodewig/*Einsele*, PatG, § 1 Rn. 59 f.; Kraßer/*Ann*, § 13 Rn. 18.

218 Benkard/*Bacher*, PatG, § 1 Rn. 50; *Osterrieth*, Rn. 336.

219 Benkard/*Melullis*, PatG, § 3 Rn. 5; *Fitzner*/Lutz/Bodewig, PatG, § 3 Rn. 6.

220 *Mes*, PatG, § 3 Rn. 4.

221 *Hövelmann*, GRUR 1999, 476 (477); *Rogge*, GRUR 1996, 931 (931); *Tönnis*, GRUR 1998, 345 (349).

222 Benkard/*Melullis*, PatG, § 3 Rn. 5.

223 Benkard/*Melullis*, PatG, § 3 Rn. 5.

224 Benkard/*Melullis*, PatG, § 3 Rn. 5; Haedicke/Timmann/*Nägerl*, § 2 Rn. 329.

Gemäß § 3 Abs. 1 S. 2 PatG umfasst der Stand der Technik alle „Kenntnisse, die vor dem für den Zeitrang der Anmeldung maßgeblichen Tag durch schriftliche oder mündliche Beschreibung, durch Benutzung oder in sonstiger Weise der Öffentlichkeit zugänglich gemacht worden sind". § 3 PatG bestimmt einen formellen und absoluten Neuheitsbegriff; formell, weil er nur das Wissen berücksichtigt, das der Öffentlichkeit tatsächlich objektiv bekannt ist[225]; absolut, weil die Erfindung gegenüber allen technischen Lehren neu sein muss, die bis zur Anmeldung der Öffentlichkeit zugänglich gemacht worden sind.[226] Diese Voraussetzungen entsprechen dem Gedanken, dass ein Patent zur Anerkennung einer besonderen Leistung auf den Gebieten der Technik verliehen wird.[227] Es soll ein Ansporn für neue Entwicklungen und Innovation gegeben werden, wobei das gewährte Monopolrecht aber nicht über den tatsächlich geleisteten Beitrag hinausgehen soll.[228]

Die Neuheitsprüfung besteht damit aus dem Vergleich der Erfindung mit dem Wissen, das der Stand der Technik der Fachwelt zum Prioritätstag vermittelt.[229] Maßstab für die Beurteilung der Neuheit ist der Durchschnittsfachmann auf dem maßgeblichen Gebiet.[230] Dieser ist auf dem technischen Gebiet der Erfindung tätig und verfügt über durchschnittliche Kenntnisse, Fähigkeiten und Erfahrungen.[231] Dabei ist insbesondere auf einen Techniker abzustellen, der üblicherweise mit der Entwicklungsarbeit auf dem entsprechenden Gebiet befasst ist, im Unterschied zum Wissenschaftler, der den Stand der Technik systematisch durchforscht, um nach einzelnen Ansatzpunkten zu suchen.[232]

Entscheidend ist, welchen Offenbarungsgehalt der fiktive Fachmann der technischen Lehre am Prioritätstag entnimmt und welchen Umfang des Stands der Technik er bestimmt.[233] Ein Stand der Technik, der vor dem Prioritäts- bzw.

---

225 Benkard/*Melullis*, PatG, § 3 Rn. 16; *Mes*, PatG, § 3 Rn. 6.

226 *Fitzner*/Lutz/Bodewig, PatG, § 3 Rn. 2; Kraßer/*Ann*, § 17 Rn. 2.

227 Benkard/*Melullis*, PatG, § 3 Rn. 6; *Fitzner*/Lutz/Bodewig, PatG, § 3 Rn. 2; Haedicke/Timmann/*Nägerl*, § 2 Rn. 327.

228 Benkard/*Melullis*, PatG, § 3 Rn. 6; *Fitzner*/Lutz/Bodewig, PatG, § 3 Rn. 2; Haedicke/Timmann/*Nägerl*, § 2 Rn. 327.

229 Benkard/*Melullis*, PatG, § 3 Rn. 14; *Fitzner*/Lutz/Bodewig, PatG, § 3 Rn. 128.

230 BGH, GRUR 1995, 330 (331) – Elektrische Steckverbindung; Benkard/*Melullis*, PatG, § 3 Rn. 40; *Fitzner*/Lutz/Bodewig, PatG, § 3 Rn. 8; *Mes*, PatG, § 3 Rn. 24.

231 BGH GRUR 1978, 37 (37 f.) – Börsenbügel; BGH BeckRS 1990, 06749 Tz. 52; BGH GRUR 2004, 1023 (1025) – Bodenseitige Vereinzelungseinrichtung; Benkard/*Asendorf/Schmidt*, PatG, § 4 Rn. 34.

232 Fitzner/Lutz/Bodewig/*Einsele*, PatG, § 4 Rn. 30 f.

233 Benkard/*Melullis*, PatG, § 3 Rn. 143, 151; *Fitzner*/Lutz/Bodewig, PatG, § 3 Rn. 8, 10.

Anmeldetag liegt, ist neuheitsschädlich, wobei Kenntnisse, die den gleichen Zeitrang haben, der Neuheit nicht schaden.[234]

Beim Product-by-process-Anspruch ist daran zu denken, dass es nur darauf ankommt, ob das Erzeugnis die Patentierungsvoraussetzungen erfüllt. Irrelevant ist damit, ob das Verfahren neu ist. Auch ein neues Verfahren kann zu bekannten Erzeugnissen führen.[235] Dabei führt ein bekanntes Verfahren auch zu bekannten Erzeugnissen, sodass hier die Neuheit verneint werden muss.[236]

c) *Erfinderische Tätigkeit*

Die Erfindung muss weiterhin auf einer erfinderischen Tätigkeit beruhen. Eine Erfindung gilt gemäß § 4 PatG als auf erfinderischer Tätigkeit beruhend, wenn sie sich für den Fachmann nicht in naheliegender Weise aus dem Stand der Technik ergibt. Die erfinderische Tätigkeit wird heute als Rechtsfrage behandelt, für die drei Kriterien wesentlich sind: der Stand der Technik, der Fachmann und die Frage des Naheliegens.[237] Während die Neuheitsprüfung für jede Entgegenhaltung einzeln stattzufinden hat, wird bei der erfinderischen Tätigkeit der Stand der Technik in seiner Gesamtheit gewürdigt.[238] Gegenstand der Beurteilung ist die Erfindung als Ganze und nicht ihre Einzelteile.[239] Maßgeblich für die Beurteilung der erfinderischen Tätigkeit und damit insbesondere des Naheliegens ist wiederum der Durchschnittsfachmann.[240] Die Erfindung darf für ihn nicht naheliegend sein. Damit sollen insbesondere solche Weiterentwicklungen vom Patentschutz ausgeschlossen werden, bei denen der üblicherweise vom Fachmann gewählte Weg genommen wurde – also der Weg, den der Fachmann normalerweise für die Lösung des Problems wählen würde.[241] Für die Annahme des Naheliegens verlangt die Rechtsprechung, dass dem Fachmann durch den Stand der Technik konkreter Anlass dazu gegeben wurde, zu der entsprechenden

---

234 *Fitzner*/Lutz/Bodewig, PatG, § 3 Rn. 10; Haedicke/Timmann/*Nägerl*, § 2 Rn. 482.

235 EPA, T 150/82 – Anspruchskategorien/IFF = GRUR Int. 1984, 525 (526); Schulte/*Moufang*, § 34 Rn. 156.

236 *Schulte*/Moufang, § 34 Rn. 159; *Meier-Beck*, FS König, 323 (328).

237 BGH GRUR 2006, 663 (665) – Vorausbezahlte Telefongespräche; Fitzner/Lutz/Bodewig/*Einsele*, PatG, § 4 Rn. 15; *Mes*, PatG, § 4 Rn. 6.

238 Benkard/*Asendorf*/*Schmidt*, PatG, § 4 Rn. 33; Fitzner/Lutz/Bodewig/*Einsele*, PatG, § 4 Rn. 6; *Osterrieth*, Rn. 539.

239 Fitzner/Lutz/Bodewig/*Einsele*, PatG, § 4 Rn. 22; *Osterrieth*, Rn. 539.

240 Benkard/*Asendorf*/*Schmidt*, PatG, § 4 Rn. 34; Fitzner/Lutz/Bodewig/*Einsele*, PatG, § 4 Rn. 28; *Osterrieth*, Rn. 534.

241 Fitzner/Lutz/Bodewig/*Einsele*, PatG, § 4 Rn. 38; *Mes*, PatG, § 4 Rn. 1.

technischen Lehre zu gelangen.[242] Damit die Erfindung nicht naheliegend ist, wird ein gewisser Überschuss verlangt, der dem Begriff der Erfindung innewohnt. Es ist eine erfinderische Leistung oder technische Kreativität erforderlich, die von einem Durchschnittsfachmann gerade nicht zu erwarten ist: eine geistig-schöpferische Leistung.[243]

d) *Gewerbliche Anwendbarkeit*

Die Erfindung muss letztlich auch gewerblich anwendbar sein. Eine Erfindung gilt gemäß § 5 PatG als gewerblich anwendbar, wenn ihr Gegenstand auf irgendeinem gewerblichen Gebiet, einschließlich der Landwirtschaft, hergestellt oder benutzt werden kann. Anders als Neuheit und erfinderische Tätigkeit ist das Kriterium der gewerblichen Anwendbarkeit nicht am Stand der Technik zu messen, sondern abstrakt-allgemein zu beurteilen.[244] Die Erforderlichkeit der gewerblichen Anwendbarkeit ergibt sich aus dem Zweck des Patentschutzes, den Erfindergeist auf dem gewerblichen Gebiet zu fördern und praktisch verwertbare Erfindungen zu honorieren, nicht jedoch die reine Theorie zu bereichern.[245] Das Erfundene muss seiner Art nach dazu geeignet sein, auf einem gewerblichen Gebiet hergestellt oder verwendet zu werden.[246] Ob die Anwendung auf dem Gebiet erlaubt ist, spielt für § 5 PatG keine Rolle.[247] Für Erfindungen, deren Anwendung gegen die öffentliche Ordnung oder die guten Sitten verstößt, schließt schon § 2 Abs. 1 PatG den Patentschutz aus. Für die gewerbliche Anwendbarkeit unschädlich ist es, wenn neben der gewerblichen auch eine nicht gewerbliche Anwendung möglich ist.[248] Der patentrechtliche Gewerbebegriff ist umfassend und meint jede auf eine gewisse Dauer angelegte und mit Gewinnerzielung betriebene selbstständige Tätigkeit, die

---

242 BGH GRUR 2009, 743 (745) – Airbag-Auslösesteuerung; BGH GRUR 2012, 475 (478 f.) – Elektronenstrahltherapiesystem; BGH GRUR 2012, 479 (481) – Transhydrogenase.

243 Fitzner/Lutz/Bodewig/*Einsele*, PatG, § 4 Rn. 40; Kraßer/*Ann*, § 18 Rn. 6; *Osterrieth*, Rn. 534.

244 Benkard/*Asendorf/Schmidt*, PatG, § 5 Rn. 3; Kraßer/*Ann*, § 13 Rn. 10.

245 BGH GRUR 1972, 80 (83) – Trioxan; Benkard/*Asendorf/Schmidt*, PatG, § 5 Rn. 4; *Osterrieth*, Rn. 547.

246 Benkard/*Asendorf/Schmidt*, PatG, § 5 Rn. 5; Kraßer/*Ann*, § 13 Rn. 4.

247 Benkard/*Asendorf/Schmidt*, PatG, § 5 Rn. 5.

248 Benkard/*Asendorf/Schmidt*, PatG, § 5 Rn. 6.

nicht zu den freien Berufen zählt.[249] Für die gewerbliche Anwendbarkeit kommt es zudem nicht darauf an, ob die Erfindung einen gewissen Wert hat oder ob sie tatsächlich angewendet wird.[250] Es handelt sich damit um einen sehr weiten Begriff. Dabei ist bei Erfindungen, die ein Erzeugnis betreffen, stets von der gewerblichen Anwendbarkeit auszugehen, da jedes Erzeugnis auf einem gewerblichen Gebiet hergestellt werden kann. Aus der gleichen Überlegung heraus ist die gewerbliche Anwendbarkeit auch für Herstellungs- und Arbeitsverfahren zu bejahen, die ihrer Art nach immer die Möglichkeit der gewerblichen Anwendung eröffnen.

II. Subsidiarität

Die Formulierung des Patentanspruchs als Product-by-process-Anspruch ist darüber hinaus nur dann zulässig, wenn die Kennzeichnung durch Merkmale oder Parameter unmöglich oder gänzlich unpraktikabel ist.[251]

In der *Trioxan*-Entscheidung ließ der BGH die Frage, ob der Anmelder die freie Wahl hat, sein Erzeugnis auch mittels des Verfahrens zu kennzeichnen, noch offen.[252] Er stellte lediglich fest, dass die Kennzeichnung mittels des Verfahrens zulässig ist, wenn jedenfalls die Strukturformel unbekannt ist und der Stoff auch nicht durch zuverlässig feststellbare Charakteristiken identifiziert werden kann.[253] Ob der Product-by-process-Anspruch auch zulässig ist, wenn bspw. die Strukturformel oder andere eindeutige Parameter zur Verfügung stehen, ließ der BGH ausdrücklich offen.[254]

249 *Mes*, PatG, § 5 Rn. 7; *Osterrieth*, Rn. 546; nach Verschiebung der Regelungen über chirurgische und therapeutische Behandlungen sowie der Diagnostiziermethoden in § 2a Abs. 1 Nr. 2 PatG kritisch bzgl. der freien Berufe: Benkard/*Asendorf/Schmidt*, PatG, § 5 Rn. 9; da im Wesentlichen nur für die ärztlichen Berufe von Relevanz. In Anbetracht der Tatsache, dass für das Patentrecht nur solche Berufe bedeutsam sind, die planmäßig Naturkräfte einsetzen, hat die gewerbliche Anwendbarkeit möglicherweise keine selbstständige Bedeutung mehr nach der Ausgliederung in § 2a Abs. 1 Nr. 2 PatG: Haedicke/Timmann/*Nack*, § 2 Rn. 308; Kraßer/*Ann*, § 13 Rn. 3.

250 Benkard/*Asendorf/Schmidt*, PatG, § 5 Rn. 12; Haedicke/Timmann/*Nack*, § 2 Rn. 303.

251 BGH NJW 1979, 1607 (1608) – Farbbildröhre; BGH NJW 1985, 493 (494) – Acrylfasern; BGH NJW 1994, 199 (202) – Tetraploide Kamille; BGH GRUR 2001, 1129 (1134) – Zipfelfreies Stahlband; Busse/*Keukenschrijver*, § 34 Rn. 103; Schulte/*Moufang*, § 34 Rn. 157; Haedicke/Timmann/*Nägerl*, § 2 Rn. 356; Schramm/*Kaess*, Kap. 6 Rn. 138; *Uhrich*, S. 173; *Fabry*, GRUR Int. 2009, 803 (804); *Rogge*, Mitt. 2005, 145 (145); *Schrell*, GRUR Int. 2015, 119 (119); *Schrell/Heide*, GRUR 2006, 383 (384).

252 BGH GRUR 1972, 80 (88) – Trioxan; *Meyer-Dulheuer*, GRUR Int. 1985, 435 (438).

253 BGH GRUR 1972, 80 (88) – Trioxan.

254 BGH GRUR 1972, 80 (88) – Trioxan.

In den folgenden Entscheidungen zum Product-by-process-Anspruch forderte der BGH dann jedoch ausdrücklich, dass sich eine andere Kennzeichnung als unmöglich oder gänzlich unpraktikabel erwiesen haben muss.[255] Die noch vagen Töne in *Trioxan* ließ er hinter sich und formulierte die Unmöglichkeit oder mangelnde Praktikabilität der anderweitigen Kennzeichnung als Zulässigkeitsvoraussetzung.[256]

In *Thermoplastische Zusammensetzung* kehrte der BGH überraschend zu seiner alten Formulierung aus *Trioxan* zurück. Hier hielt er die Angabe des Herstellungsverfahrens zur Charakterisierung „jedenfalls" für zulässig, wenn eine andere Kennzeichnung unmöglich ist.[257] Hierdurch sollte jedoch keine Verunsicherung entstehen. Der Entscheidung lassen sich keine weiteren Anhaltspunkte dafür entnehmen, dass der BGH von dem Erfordernis der Subsidiarität abrücken wollte. In dem Fall, der dem Urteil zugrunde liegt, war es unmöglich, das Merkmal anders als durch das Verfahren zu kennzeichnen.[258] Damit dürfte das „jedenfalls" so zu verstehen sein, dass jedenfalls bei Unmöglichkeit, aber eben auch dann, wenn eine andere Kennzeichnung gänzlich unpraktikabel ist, die Angabe des Herstellungsverfahrens zur Charakterisierung zulässig und ausreichend ist.

Auch der Großteil der Literatur sieht in der Subsidiarität eine zwingende Voraussetzung für die Zulässigkeit von Product-by-process-Ansprüchen.[259]

Ebenso erwähnt das DPMA die Subsidiarität des Product-by-process-Anspruchs in seinen Prüfungsrichtlinien.[260] Das DPMA formuliert die Subsidiarität allerdings nicht so eindeutig als Zulässigkeitsvoraussetzung des Product-by-process-Anspruchs wie dies Literatur und Rechtsprechung tun. Die Prüfungsrichtlinien erklären den Anspruch zunächst für zulässig und führen weiter aus, dass dies insbesondere bei chemischen Stoffen gelte, deren Strukturformel nicht bekannt sei und die auch nicht durch feststellbare Charakteristika identifiziert werden könnten.[261]

---

255 BGH NJW 1979, 1607 (1608) – Farbbildröhre; BGH NJW 1985, 493 (494) – Acrylfasern; BGH NJW 1994, 199 (202) – Tetraploide Kamille.

256 BGH NJW 1979, 1607 (1608) – Farbbildröhre.

257 BGH GRUR 2010, 414 (416) – Thermoplastische Zusammensetzung.

258 BGH GRUR 2010, 414 (416) – Thermoplastische Zusammensetzung.

259 Busse/*Keukenschrijver*, § 34 Rn. 103; Schulte/*Moufang*, § 34 Rn. 157; Haedicke/Timmann/*Nägerl*, § 2 Rn. 356; Schramm/*Kaess*, Kap. 6 Rn. 138; *Uhrich*, S. 173; *Fabry*, GRUR Int. 2009, 803 (804); zweifelnd: *Meier-Beck*, FS König, 323 (323 f.); *Rogge*, Mitt. 2005, 145 (145); *Schrell*, GRUR Int. 2015, 119 (119); *Schrell/Heide*, GRUR 2006, 383 (384).

260 DPMA, Richtlinien für die Prüfung von Patentanmeldungen, Kap. 3.3.3.6.

261 DPMA, Richtlinien für die Prüfung von Patentanmeldungen, Kap. 3.3.3.6.

Die Subsidiarität des Anspruchs ist auch auf europäischer Ebene anerkannt. Dabei sieht die europäische Rechtsprechung die Anforderungen an die Subsidiarität nicht so streng wie die deutsche Rechtsprechung. Diese verlangt, dass es generell keine andere Möglichkeit der Kennzeichnung gibt. Damit beschränkt sie sich nicht nur auf die in der Patentanmeldung genannten Parameter, sondern fragt uneingeschränkt nach bspw. Strukturformeln oder anderen zuverlässig feststellbaren Charakteristiken.[262] Die geforderten Merkmale oder Parameter können damit folgerichtig auch außerhalb der schon in der Patentanmeldung genannten Kennzeichnungen liegen. Die europäische Rechtsprechung sieht dies anders. Sie fragt lediglich, ob die Anmeldung selbst andere Angaben enthält, die es dem Anmelder ermöglichen würden, das Erzeugnis durch seine Zusammensetzung, seine Struktur oder sonstige nachprüfbare Parameter zu kennzeichnen.[263] Diese Erleichterung wird ausdrücklich in der Grundentscheidung *Anspruchskategorien/IFF* des EPA im Leitsatz 2 benannt und unter Tz. 10 begründet.[264] Dort wird zwar eine generelle Formulierung verwendet:

> „Um die Rechtsunsicherheit auf ein Mindestmaß zu beschränken, stellt sich die Kammer auf den Standpunkt, daß die Form des Anspruchs für ein an sich patentierbares Erzeugnis, das durch das Herstellungsverfahren gekennzeichnet ist ("Product-by-process"-Anspruch), solchen Fällen vorbehalten bleiben muss, in denen das Erzeugnis durch seine Zusammensetzung, seine Struktur oder sonstige nachprüfbare Parameter nicht hinreichend definiert werden kann."

Die inhaltliche Bedeutung wird aber durch den Leitsatz einschränkend definiert:

> „[…] nur zulässig, wenn die Erzeugnisse als solche die Voraussetzungen für die Patentierbarkeit erfüllen und die Anmeldung keine anderen Angaben enthält, die es dem Anmelder ermöglichen würden, das Erzeugnis durch seine Zusammensetzung […] hinreichend zu kennzeichnen."

Hiernach reicht es also aus, wenn in der Anmeldung selbst keine hinreichenden Parameter genannt werden, die eine andere Kennzeichnung ermöglichen würden.[265]

---

262 BGH GRUR 1972, 80 (80) – Trioxan; BGH NJW 1994, 199 (202) – Tetraploide Kamille.

263 EPA, T 150/82 – Anspruchskategorien/IFF = GRUR Int. 1984, 525; EPA, T 248/85 – Bestrahlungsverfahren/BICC = GRUR Int. 1986, 550 (551).

264 EPA, T 150/82 – Anspruchskategorien/IFF = GRUR Int. 1984, 525.

265 EPA, T 150/82 – Anspruchskategorien/IFF = GRUR Int. 1984, 525; s. auch mit Bezug auf Anspruchskategorien/IFF: EPA, T 248/85 – Bestrahlungsverfahren/BICC = GRUR Int. 1986, 550 (551); Benkard/*Schäfers*, EPÜ, Art. 86 Rn. 67.

> Eine spätere Entscheidung des EPA führt zwar aus, dass es generell keine andere Möglichkeit der Kennzeichnung geben darf, verweist jedoch auf die oben genannte Entscheidung und bestätigt diese.[266] Ebenso nimmt eine neue Entscheidung des EPA im Hinblick auf die Subsidiarität Bezug auf die ursprüngliche Entscheidung und stellt klar, dass die Subsidiarität im Sinne von *Anspruchskategorien/IFF* als Prinzip der Rechtsprechung feststehe.[267]

Damit stellt die europäische Rechtsprechung zwar fest, dass Product-by-process-Ansprüche subsidiär sind, die Voraussetzung der Subsidiarität soll allerdings schon erfüllt sein, wenn dem Anmelder in der Anmeldung selbst keine anderen Parameter oder Merkmale zur Verfügung stehen, mit denen er sein Produkt anders als durch das Herstellungsverfahren kennzeichnen könnte.

Jedenfalls aber hat sich das EPA um eine Begründung der Subsidiarität bemüht und sie in der erforderlichen Beschränkung der Rechtsunsicherheit auf ein Mindestmaß gesehen.[268] Die herabgesetzten Anforderungen an die Klarheit und die eindeutige Identifizierbarkeit sind nur dann gerechtfertigt, wenn dem Patentanmelder keine andere Möglichkeit verbleibt, um seine Erfindung dem Patentschutz zuzuführen.[269]

Der überwiegende Teil der Literatur und die Rechtsprechung gehen davon aus, dass der Product-by-process-Anspruch nur dann zulässig ist, wenn eine anderweitige Kennzeichnung durch körperliche Merkmale nicht möglich oder gänzlich unpraktikabel ist.[270] Damit stellt die Subsidiarität eine weitere Zulässigkeitsvoraussetzung des Product-by-process-Anspruchs dar. Ist eine anderweitige Kennzeichnung möglich, so ist der Product-by-process-Anspruch unzulässig. Eine etwaige Anmeldung wird zurückgewiesen.

---

266 EPA, T 129/88 – Faser = BeckRS 1992, 30522980.

267 EPA, T 81/14.

268 EPA, T 150/82 – Anspruchskategorien/IFF = GRUR Int. 1984, 525 (527).

269 BGH GRUR 1972, 80 (88) – Trioxan.

270 BGH NJW 1979, 1607 (1608) – Farbbildröhre; BGH NJW 1985, 493 (494) – Acrylfasern; BGH NJW 1994, 199 (202) – Tetraploide Kamille; BGH GRUR 2001, 1129 (1134) – Zipfelfreies Stahlband; Busse/*Keukenschrijver*, § 34 Rn. 103; Schulte/*Moufang*, § 34 Rn. 157; Haedicke/Timmann/*Nägerl*, § 2 Rn. 356; Schramm/*Kaess*, Kap. 6 Rn. 138; *Fabry*, GRUR Int. 2009, 803 (804); *Kock/Zech*, GRUR 2017, 1004 (1009); *Rogge*, Mitt. 2005, 145 (145); *Schrell*, GRUR Int. 2015, 119 (119); *Schrell/Heide*, GRUR 2006, 383 (384).

III. Ausführbarkeit des Verfahrens

Schließlich muss der Herstellungsweg, mittels dessen das Erzeugnis im Rahmen des Product-by-process-Anspruchs gekennzeichnet wird, auch mit hinreichender Aussicht auf Erfolg ausführbar sein.[271] Das Herstellungsverfahren selbst muss also wiederholbar sein.[272] Dies scheint zunächst verwunderlich, da sich der Product-by-process-Anspruch lediglich auf das Erzeugnis selbst bezieht und damit das Herstellungsverfahren nicht Bestandteil des Anspruchs ist. Es kommt ja gerade nicht darauf an, ob das Herstellungsverfahren selbst schon patentiert ist oder ob es überhaupt patentfähig ist.[273]

Das zur Kennzeichnung verwendete Herstellungsverfahren muss allerdings trotzdem ausführbar sein. Das Verfahren dient der Kennzeichnung des Erzeugnisses und ersetzt nur die fehlenden körperlichen Merkmale oder Parameter. Es steht mittelbar für die Eigenschaften, die es dem Erzeugnis verleiht, weshalb der Fachmann auch von dem Verfahren auf die entsprechenden Eigenschaften des Erzeugnisses schließt. Schon die Kennzeichnung mit Parametern ist jedoch nur möglich, soweit diese zuverlässig feststellbar sind.[274] Ein Verfahren, das nicht wiederholbar ist, ermöglicht es gerade nicht zuverlässig, die Eigenschaften des Erzeugnisses zu kennzeichnen. Damit würde eine nicht patentfähige Lehre unter Schutz gestellt werden.[275] Die Merkmale des Erzeugnisses müssen schließlich auch bei ausnahmsweiser Verwendung eines Product-by-process-Anspruchs eindeutig identifizierbar sein. Damit ist ein Herstellungsverfahren, das nicht ausführbar ist, nicht geeignet, das unter Schutz gestellte Erzeugnis zu umschreiben.[276]

---

271 BGH GRUR 1978, 162 (164) – 7-Chlor-6-demethyltetracyclin; Benkard/*Bacher*, PatG, § 1 Rn. 89; Busse/*Keukenschrijver*, § 1 Rn. 124; Schulte/*Moufang*, § 34 Rn. 158; *Schickedanz*, S. 233.

272 *Beil*, Anmerkungen zu BGH GRUR 1978, 162 (165) – 7-Chlor-6-demethyltetracyclin.

273 BGH NJW 1994, 199 (202) – Tetraploide Kamille; Benkard/*Bacher*, PatG, § 1 Rn. 88a; *Meier-Beck*, FS König, 323 (324).

274 BGH GRUR 1972, 80 (84) – Trioxan; Benkard/*Bacher*, PatG, § 1 Rn. 87; Fitzner/Lutz/Bodewig/*Cimniak*, EPÜ, Art. 84 Rn. 104 ff.

275 BGH GRUR 1978, 162 (164) – 7-Chlor-6-demethyltetracyclin.

276 *Beil*, Anmerkungen zu BGH GRUR 1978, 162 (165) – 7-Chlor-6-demethyltetracyclin; Benkard/*Busse*, PatG, § 1 Rn. 124.

4. Teil: Die Bestimmung des Schutzbereichs

Wie bei jedem gewerblichen Schutzrecht ist auch bei Patenten der Schutzbereich maßgeblich. Er bestimmt, für welche Ausführungen der Lehre dem Patentinhaber das Monopolrecht gewährt wird.[277] Maßgeblich ist dies insbesondere im Verletzungsverfahren. Der Schutzbereich oder Schutzumfang entscheidet darüber, gegen welche Erzeugnisse und Verfahren sich der Patentinhaber wehren kann. Er bestimmt die Reichweite des Schutzrechts. § 14 PatG und entsprechend Art. 69 Abs. 1 EPÜ legen fest, dass der Schutzbereich des Patents und der Patentanmeldung durch die Patentansprüche bestimmt wird. Dabei sind jedoch Beschreibung und Zeichnungen zur Auslegung der Patentansprüche heranzuziehen. Dies gilt auch für den Product-by-process-Anspruch.[278]

Der Schutzbereich wird damit durch die in der Patentanmeldung formulierten Patentansprüche bestimmt, welche ihrerseits auszulegen sind. Es ist ihr Sinngehalt zu ermitteln, aus welchem der Schutzumfang geschlussfolgert wird.[279] Der Schutzbereich ist also durch Auslegung der Patentansprüche zu bestimmen, wobei Beschreibung und Zeichnungen wiederum nur als Hilfestellung zur Auslegung selbst heranzuziehen sind.

Für die Auslegung von Patentansprüchen wurden eigene Normen geschaffen, die die entsprechenden Regeln festlegen. Dies sind § 14 PatG und Art. 69 Abs. 1 EPÜ. Zur Klarstellung besteht zusätzlich ein Auslegungsprotokoll zu Art. 69 EPÜ. Sobald die allgemeinen Auslegungsgrundsätze im Patentrecht erörtert wurden, kann die Auslegung des Product-by-process-Anspruchs näher betrachtet werden.

A. Allgemeine Auslegungsgrundsätze im Patentrecht

Die Auslegung von Patentansprüchen richtet sich nach § 14 S. 2 PatG. Dieser entspricht seinem Wortlaut nach weitestgehend dem zur Auslegung europäischer Patente geschaffenen Art. 69 Abs. 1 EPÜ. Bei der Anwendung beider Vorschriften soll zudem das Protokoll über die Auslegung des Art. 69 EPÜ anwendbar sein.[280] Dieses ist gemäß Art. 164 Abs. 1 EPÜ Bestandteil des Abkommens. Damit ist es

---

277 Benkard/*Scharen*, PatG, § 14 Rn. 5; Fitzner/Lutz/Bodewig/*Loth*, PatG, § 14 Rn. 1.

278 *Cepl*, Mitt. 2013, 62 (63).

279 Fitzner/Lutz/Bodewig/*Loth*, PatG, § 14 Rn. 9; *Cepl*, Mitt. 2013, 62 (63).

280 Benkard/*Scharen*, PatG, § 14 Rn. 4; *Mes*, PatG, § 14 Rn. 2; *Kühnen*, Kap. A Rn. 7.

in Bezug auf europäische Patente unmittelbar geltendes Recht. Die Anwendbarkeit auf deutsche Patente ergibt sich hingegen nicht allein aus den Vorschriften des PatG und des EPÜ.

In der Gesetzesbegründung zu § 6a PatG a.F.[281] (jetzt § 14 PatG) heißt es, dass sich die Auslegung der Vorschrift an den Auslegungsregeln zu orientieren haben wird, die in dem Protokoll zu dem Europäischen Patentübereinkommen über die Auslegung des Art. 69 EPÜ enthalten sind.[282] Eine Anwendung des Protokolls sei insbesondere angezeigt, um das angestrebte Ziel der Schaffung des § 6a PatG a.F.[283] (jetzt § 14 PatG) zu erreichen: die möglichst einheitliche Bestimmung des Schutzbereichs von Patenten in Europa.[284] Dies begründet freilich keine Anwendbarkeit der entsprechenden Vorschriften. Allerdings nahm sich der BGH dieser Frage an und stellte bereits 1986 mit der *Formstein*-Entscheidung fest, dass genau dieser Gesetzeszweck es gebiete, bei der Bemessung des Schutzbereichs deutscher Patente die Auslegungsgrundsätze zu beachten, auf die sich die Vertragsstaaten des EPÜ in dem Auslegungsprotokoll zu Art. 69 EPÜ geeinigt haben.[285] Damit hat sich die Auslegung, um eine möglichst einheitliche Auslegung der Patentansprüche in Europa zu ermöglichen, auch in Deutschland nach dem Protokoll zu Art. 69 EPÜ zu richten. Dies folgt aus der ständigen Rechtsprechung des BGH.[286]

Die Auslegung der deutschen Patentansprüche richtet sich nach § 14 S. 2 PatG sowie nach dem Auslegungsprotokoll zu Art. 69 EPÜ. Dieses bestimmt, dass Art. 69 EPÜ – und damit § 14 PatG – nicht so auszulegen ist, dass der Schutzbereich derjenige ist, der sich aus dem genauen Wortlaut der Patentansprüche ergibt, und damit die Beschreibung und Zeichnungen nur zur Behebung von Unklarheiten anzuwenden sind. Ebenso wenig ist Art. 69 EPÜ – und damit § 14 PatG – dahingehend auszulegen, dass die Patentansprüche lediglich als Richtlinie bei der Auslegung dienen und der Schutzbereich sich auch auf das erstreckt, was sich dem Fachmann aus Beschreibung und Zeichnungen als Schutzbegehren des Patentinhabers darstellt. Die Auslegung soll einen Mittelweg beschreiten und damit einen angemessenen Schutz für den Patentinhaber und ausreichende Rechtssicherheit für Dritte schaffen. Somit bleibt es der

281 S. BGBl. 1976 II S. 654.
282 BT-Drucksache 7/3712, S. 30.
283 S. BGBl. 1976 II S. 654.
284 BT-Drucksache 7/3712, S. 30.
285 BGH GRUR 1986, 803 (805) – Formstein.
286 BGH NJW 1989, 1358 (1359) – Schwermetalloxidationskatalysator; BGH GRUR 2002, 515 (517) – Schneidmesser I.

Rechtsprechung überlassen, diesen Mittelweg zu bestimmen.[287] Der Schutzbereich ist damit das Ergebnis der Abwägung zwischen dem Ziel des angemessenen Lohns für den Erfinder und der ausreichenden Rechtssicherheit für die Allgemeinheit, wobei diese Aspekte gleichwertig zueinander stehen.[288]

Aus dem festgelegten Inhalt der Patentansprüche ergibt sich zunächst ein zumindest bestimmbarer Schutzbereich.[289] Der Schutzbereich wird nicht abschließend durch die Kennzeichnungen in der Patentschrift und damit im Erteilungsverfahren festgelegt.[290] Die deutsche Praxis beschränkt sich im Erteilungsverfahren darauf, den Gegenstand des Patents, also die unter Schutz zu stellende technische Lehre festzulegen, wobei der genaue Schutzbereich abschließend erst im Verletzungs- oder Nichtigkeitsprozess sowie Einspruchs- oder Einspruchsbeschwerdeverfahren bestimmt wird.[291] Wie weit der Schutzbereich schließlich im Einzelfall reicht, ist auf Grund des Rechtsnormcharakters eines erteilten Patents Rechtsfrage und damit stets Aufgabe des Gerichts.[292] Bei der Auslegung handelt es sich immer um einen Interessenausgleich zwischen der auf Kosten der Allgemeinheit gehenden Entlohnung des Erfinders und dem Interesse aller an der Rechtssicherheit.[293]

§ 14 PatG stellt hierfür die Auslegungsregel auf, wonach der Schutzbereich nicht an dem reinen Wortlaut der Patentansprüche, sondern an deren sachlichem Inhalt zu messen ist.[294] Damit bilden die Patentansprüche den Gegenstand der Auslegung und sind somit die Grundlage und nicht nur der Ausgangspunkt für die Bestimmung des Schutzbereichs.[295] Hierbei sind auch die Beschreibung und Zeichnungen zu beachten. Dies folgt aus der Einsicht, dass die Sprache nicht immer in der Lage ist, einen Gegenstand exakt zu beschreiben, sowie aus dem Willen, den schöpferischen Gehalt einer Erfindung nicht durch eine rein formale Betrachtung zurückzudrängen.[296] Dabei muss der Offenbarungsgehalt der

---

287 *Reimann/Köhler*, GRUR 2002, 931 (932).

288 BGH GRUR 1989, 903 (905) – Batteriekastenschnur; BGH GRUR 2002, 511 (512) – Kunststoffrohrteil; BGH GRUR 2016, 921 (925) – Pemetrexed.

289 Benkard/*Scharen*, PatG, § 14 Rn. 5.

290 Kraßer/*Ann*, § 32 Rn. 35.

291 Benkard/*Asendorf/Schmidt*, PatG, § 4 Rn. 44; Kraßer/*Ann*, § 32 Rn. 35.

292 BGH GRUR 2009, 653 (654) – Straßenbaumaschine; BGH GRUR 2015, 868 (870) – Polymerschaum II; Benkard/*Scharen*, PatG, § 14 Rn. 5; *Mes*, PatG, § 14 Rn. 5, 8.

293 Benkard/*Scharen*, PatG, § 14 Rn. 5; Fitzner/Lutz/Bodewig/*Loth*, PatG, § 14 Rn. 5; *Reimann/Köhler*, GRUR 2002, 931 (932).

294 BGH GRUR 2002, 515 (517) – Schneidmesser I; Benkard/*Scharen*, PatG, § 14 Rn. 9.

295 BGH GRUR 2002, 515 (517) – Schneidmesser I; Benkard/*Scharen*, PatG, § 14 Rn. 5; *Mes*, PatG, § 14 Rn. 4, 16; Kraßer/*Ann*, §32 Rn. 51.

296 Benkard/*Scharen*, PatG, § 14 Rn. 9.

Zeichnungen und Beschreibung innerhalb des Schutzbereichs bleiben, der sich in den Patentansprüchen wiederfindet.[297] Maßgeblich ist der Offenbarungsgehalt der Patentansprüche und schließlich der vom Fachmann verstandene Gesamtinhalt der Patentschrift.[298] Im Rahmen der Auslegung ist also der Sinngehalt des Anspruchs in seiner Gesamtheit und der Beitrag jedes einzelnen Merkmals zu dem gesamten Leistungsergebnis der Erfindung zu ermitteln.[299] Gleichzeitig wird die Auslegung trotz allem auf die Patentansprüche begrenzt. Dies ist für die Gewährleistung der Rechtssicherheit von entscheidender Bedeutung. Damit kann die Auslegung nicht dazu führen, dass Ausführungen vom Schutz des Patents erfasst werden, die über den technischen Gehalt der Patentansprüche hinausgehen.[300] Es können keine Ausführungsformen von dem Schutz des Patents erfasst sein, die keinen Niederschlag in einem der Ansprüche gefunden haben – es gilt der Vorrang des Patentanspruchs.[301] Schließlich obliegt es immer noch dem Anmelder, durch seine Anmeldung zu bestimmen, was unter Schutz gestellt werden soll.

Die Schutzbereichsermittlung findet in den meisten Fällen im Verletzungsverfahren statt, denn das Erteilungsverfahren legt nur den Gegenstand des Patents und nicht dessen Schutzumfang fest.[302] Daher ist es wichtig, dass die Auslegung unabhängig von der speziell angegriffenen Ausführungsform vorgenommen wird und somit objektiv der Inhalt der Patentansprüche ermittelt wird.[303] Ziel der Auslegung ist es daher zu bestimmen, ob die angegriffene Form unter den Schutzbereich fällt, indem der Inhalt der Patentansprüche bestimmt und in einem zweiten Schritt ein Vergleich mit der Verletzungsform ermöglicht wird.[304] In der Praxis wird hierzu eine Merkmalsanalyse erstellt, die den Anspruch in seine einzelnen Merkmale aufgliedert, sodass diese verglichen werden können.[305] Macht also die angegriffene Ausführungsform von dem ermittelten

297 Kraßer/*Ann*, § 32 Rn. 51.

298 BGH GRUR 2016, 1031 (1034) – Wärmetauscher; Fitzner/Lutz/Bodewig/*Loth*, PatG, § 14 Rn. 18; *Mes*, PatG, § 14 Rn. 20 f.

299 BGH GRUR 2007, 410 (412) – Kettenradanordnung I; BGH GRUR 2012, 1124 (1126) – Polymerschaum; BGH GRUR 2016, 1031 (1034) – Wärmetauscher.

300 Benkard/*Scharen*, PatG, § 14 Rn. 10; *Mes*, PatG, § 14 Rn. 19, 21.

301 BGH GRUR 2011, 701 (703) – Okklusionsvorrichtung.

302 DPMA, Richtlinien für die Prüfung von Patentanmeldungen, Kap. 3.3.3.6.

303 Benkard/*Scharen*, PatG, § 14 Rn. 10; *Mes*, PatG, § 14 Rn. 5; *Nieder*, Rn. 8.

304 Benkard/*Scharen*, PatG, § 14 Rn. 10; *Mes*, PatG, § 14 Rn. 6.

305 Fitzner/Lutz/Bodewig/*Loth*, PatG, § 14 Rn. 20; *Kaess*, GRUR 2000, 637 (637).

Sinngehalt des Patentanspruchs Gebrauch, so wird die unter Schutz gestellte Erfindung benutzt.[306]

Diese Grundsätze gelten nicht nur für das erteilte Patent, sondern auch für die offengelegte Patentanmeldung.[307]

Maßgeblich bei der Auslegung ist die Sicht des Fachmanns. Von seinem Verständnis hängt die Bestimmung des Inhalts ab, also des Sinns, der dem Anspruchswortlaut und der dort verwendeten Begriffe beigelegt wird.[308] Hierbei handelt es sich um das gleiche Verständnis des Durchschnittsfachmanns wie schon bei der Bestimmung der Neuheit oder der erfinderischen Tätigkeit. Der Patentanspruch oder vielmehr die Erfindung spricht eben diesen Fachmann an, sodass seine Sicht und seine Vorstellungen zu der technischen Lehre auch bei der Auslegung den Maßstab bilden[309]. Ziel ist es, über den Inhalt der Patentansprüche zum Verständnis der technischen Lehre zu gelangen.[310] Damit ist auch bei der Bestimmung und Auslegung einzelner Merkmale deren Funktion im Zusammenspiel mit allen anderen Merkmalen bei der Herbeiführung des erfindungsgemäßen Erfolgs maßgeblich.[311] Die Bestimmung der Aufgabe und die Auslegung des Anspruchs stehen damit in Wechselwirkung zueinander.[312]

In diesem Zusammenhang bildet die Patentschrift ihr eigenes Lexikon. Soweit Begriffe nicht im herkömmlichen Sinne verwendet werden, ist ihr Sinngehalt anhand des Gesamtinhalts der Patentschrift zu ermitteln.[313] Die Auslegung kann somit zum Beispiel auch ergeben, dass ein Merkmal einen anderen Sinngehalt im Rahmen der Erfindung hat als ein identisches Merkmal im Stand der Technik.[314] Entscheidend ist damit immer das Gesamtverständnis des Fachmanns von der technischen Lehre, das er durch die gesamte Patentschrift erhält. Dabei versucht

---

306 BGH GRUR 2002, 515 (517) – Schneidmesser I.

307 Benkard/*Scharen*, PatG, § 14 Rn. 12; Fitzner/Lutz/Bodewig/*Cimniak*, EPÜ, Art. 69 Rn. 88.

308 BGH GRUR 2002, 515 (517) – Schneidmesser I; *Mes*, PatG, § 14 Rn. 17; Kraßer/*Ann*, § 32 Rn. 72.

309 Benkard/*Scharen*, PatG, § 14 Rn. 57; *Mes*, PatG, § 14 Rn. 5; Haedicke/*Timmann*, § 6 Rn. 22; Kraßer/*Ann*, § 32 Rn. 72.

310 BGH GRUR 2016, 921 (921) – Pemetrexed; *Mes*, PatG, § 14 Rn. 21.

311 BGH GRUR 2012, 1124 (1126) – Polymerschaum; BGH GRUR 2016, 1031 (1034) – Wärmetauscher; BGH GRUR 2016, 921 (921) – Pemetrexed; *Mes*, PatG, § 14 Rn. 22; Kraßer/*Ann*, § 32 Rn. 79.

312 BGH GRUR 2016, 921 (921) – Pemetrexed.

313 BGH GRUR 2002, 515 (517) – Schneidmesser I; *Mes*, PatG, § 14 Rn. 23; Kraßer/*Ann*, § 32 Rn. 68.

314 *Mes*, PatG, § 14 Rn. 23; Kraßer/*Ann*, § 32 Rn. 77.

er, Widersprüche in der Patentschrift zu vermeiden.[315] Die Fachwelt ist damit generell bestrebt, die Patentschrift in sinnvollem Zusammenhang zu lesen und den Inhalt im Zweifel so zu verstehen, dass keine Widersprüche entstehen.[316] Die Auslegung ist damit generell erfinderfreundlich.

Im Patentrecht wird somit zunächst der Gegenstand des Patents bestimmt: der Inhalt der Patentansprüche. Dies geschieht durch Auslegung der Patentansprüche unter Heranziehung der Beschreibung und Zeichnungen. Dieser Sinngehalt bestimmt, ohne mit diesem zwingend identisch zu sein, den Schutzbereich.[317]

B. Die Auslegung des Product-by-process-Anspruchs

Der Product-by-process-Anspruch hat unstreitig kein Verfahren, sondern ein Erzeugnis zum Gegenstand.[318] Die Schutzbereichsbestimmung hat sich damit an derjenigen anderer Erzeugnisansprüche zu orientieren. Dabei liegt der größte Unterschied zu herkömmlichen Erzeugnisansprüchen darin, dass das Erzeugnis bei Product-by-process-Ansprüchen lediglich mittelbar durch das Verfahren gekennzeichnet ist. Diesem Umstand ist bei der Auslegung Rechnung zu tragen. Die mittelbare Kennzeichnung ist in eine unmittelbare Umschreibung zu „übersetzen".[319]

Dabei ist maßgeblich, dass der Gegenstand eines Patents immaterieller Natur ist.[320] Gegenstand des Patents ist stets die Lehre zum technischen Handeln, wie sie der Fachmann auf Grund seines Fachwissens zum Prioritätszeitpunkt und unter Berücksichtigung der Zeichnungen und Beschreibung in der Patentschrift versteht.[321] Damit kann das tatsächliche räumlich-körperliche Erzeugnis nicht Gegenstand des Erzeugnispatents sein.[322] Trotzdem wird im allgemeinen Sprachgebrauch das Erzeugnis als Gegenstand des Patents bezeichnet.

Das Erzeugnis selbst ist zwar nicht Gegenstand des Patents, allerdings die Lehre zum technischen Handeln. Diese Lehre zum technischen Handeln wird durch das Erzeugnis ihrer Theorie enthoben und verkörpert. Das Erzeugnis stellt gerade die Lösung der gestellten Aufgabe in körperlicher Form dar. In den meisten Fällen

315 BGH GRUR 2011, 701 (703) – Okklusionsvorrichtung; Fitzner/Lutz/Bodewig/*Loth*, PatG, § 14 Rn. 130; Schulte/*Rinken*/*Kühnen*, § 14 Rn. 22; *Mes*, PatG, § 14 Rn. 23.

316 BGH GRUR 2011, 701 (703) – Okklusionsvorrichtung; Fitzner/Lutz/Bodewig/*Loth*, PatG, § 14 Rn. 130; Schulte/*Rinken*/*Kühnen*, § 14 Rn. 22; *Mes*, PatG, § 14 Rn. 23.

317 *Meier-Beck*, FS König, 323 (331).

318 BGH GRUR 1972, 80 (88) – Trioxan; *Meier-Beck*, FS König, 323 (324).

319 *Meier-Beck*, FS König, 323 (329); *Schrell*, GRUR 2015, 119 (122).

320 Benkard/*Bacher*, PatG, § 1 Rn. 12; *Meier-Beck*, FS König, 323 (325).

321 BGH NJW 1994, 199 (200) – Tetraploide Kamille; *Meier-Beck*, FS König, 323 (326).

322 Benkard/*Bacher*, PatG, § 1 Rn. 12; *Meier-Beck*, FS König, 323 (326).

macht es also faktisch keinen Unterschied, ob man das Erzeugnis selbst oder die Lehre zum technischen Handeln als Gegenstand des Patents bezeichnet. Für die Auslegung des Product-by-process-Anspruchs kann hieraus aber möglicherweise eine Erkenntnis für die Bedeutung der Formulierung gewonnen werden.[323]

Das Erzeugnis beim Product-by-process-Anspruch ist nur mittelbar durch das Verfahren definiert. Entscheidend ist bei der Auslegung solcher Ansprüche also, welchen technischen Sinngehalt ein Durchschnittsfachmann den im Anspruch genannten Verfahrensangaben entnimmt.[324] Maßgeblich ist, welche strukturellen, chemischen oder physikalischen Konsequenzen sich für den Fachmann aus den Verfahrensangaben ergeben, welche Beschaffenheitsmerkmale er also für das Erzeugnis aus den Angaben zum Herstellungsweg ableitet.[325]

Bei der Auslegung von Product-by-process-Ansprüchen ergeben sich einige Besonderheiten, die genauer betrachtet werden müssen, um schließlich den Schutzbereich dieser Ansprüche feststellen zu können. Zunächst stellt sich die Frage, ob schon die Bezeichnung „Product-by-process" Auswirkungen auf die Auslegung haben kann. Zudem besteht häufig schon Unsicherheit bei der Feststellung, ob es sich überhaupt um einen Product-by-process-Anspruch handelt. Weiterhin ist die Formulierung der Patentansprüche zu beachten. Diese wurde im Laufe der Jahre immer wieder von Rechtsprechung und Literatur aufgegriffen. Dabei sind bis heute die Meinungen zu der Bedeutung der Formulierung für die Auslegung und den Schutzbereich nicht einheitlich.

I. Bezeichnung als Product-by-process-Anspruch

Fraglich ist, ob sich für die Auslegung des Anspruchs schon durch die Bezeichnung als Product-by-process-Anspruch Besonderheiten ergeben. Die Bezeichnung als Product-by-process-Anspruch könnte Einfluss auf die Auslegung haben, soweit sie schon originär einen gewissen Schutzbereich definieren soll.

Der Anspruch wurde das erste Mal in den USA entwickelt.[326] In der Ursprungsentscheidung, in der der vollständige Name noch nicht erwähnt wird, ging es um einen Anspruch, der sich auf ein Erzeugnis bezog, das „durch den Prozess seiner Herstellung" gekennzeichnet war [„qualified by the process of making it"]. Entsprechend hieß es: „der Anspruch definiert das patentierte

323 Hierzu unter III. Auswirkungen der Formulierungen „hergestellt"/„erhalten" und „herstellbar"/„erhältlich".

324 *Schrell*, GRUR Int. 2015, 119 (119); *Schrell/Heide*, GRUR 2006, 383 (384).

325 *Schrell*, GRUR Int. 2015, 119 (119); *Schrell/Heide*, GRUR 2006, 383 (384).

326 S.o. A. Rechtsnatur – Historische Entwicklung.

Erzeugnis vollständig durch das Herstellungsverfahren“ [„the claim defines the patented article wholly by the process of making it“].[327] Aus den Formulierungen „durch das Herstellungsverfahren gekennzeichnetes Erzeugnis“ [„product qualified by the process“] und „durch das Herstellungsverfahren definiertes Erzeugnis“ [„product defined by the process“] entstand später die Kurzfassung „product-by-process“. Die Abkürzung eröffnet damit keine neue Interpretationsmöglichkeit. Mit der finalen Bezeichnung wurde lediglich der übliche Inhalt solcher Ansprüche abgekürzt. Der Name äußert sich somit ausschließlich zu dem Inhalt bzw. der Form des Anspruchs.[328]

Zunächst wurde der Anspruch entwickelt, um Lücken im Schutzsystem zu schließen und einen umfassenden Schutz zu erreichen. Da das Bedürfnis für einen solchen Anspruch bestand, wurden seine Voraussetzungen und seine Anwendbarkeit allmählich immer weiter durch die Rechtsprechung ausgestaltet. Erst als dieser Anspruch damit inhaltlich schon geschaffen war, wurde auch ein Name festgelegt. Dieser wurde aus dem Hauptmerkmal des neu entwickelten Anspruchs gebildet, nämlich dass das Herstellungsverfahren der Kennzeichnung eines Erzeugnisses dient. Damit bestand zunächst der Anspruch, der dann einen eigenen Namen erhielt.

Der Name kann damit für die Auslegung des Anspruchs nicht maßgebend sein. Er wurde dem Product-by-process-Anspruch erst nachträglich verliehen, um eine einfachere Handhabung zu gewährleisten. Aus der Bezeichnung als Product-by-process-Anspruch folgt keine Vorgabe für die Auslegung. Der Name beschreibt lediglich, für welche Fälle der Anspruch geschaffen wurde. Er dient nicht dazu, den Schutzbereich schon originär zu bestimmen.

II. Der Product-by-process-Anspruch als Ergebnis der Auslegung

Teilweise birgt schon die Beantwortung der grundsätzlichen Frage, ob überhaupt ein Product-by-process-Anspruch vorliegt, Schwierigkeiten. Gerade wenn der Anmelder nur einzelne Merkmale durch das Verfahren gekennzeichnet hat, kann oftmals nicht allein vom Wortlaut des Patentanspruchs ausgehend aufgeklärt werden, ob es sich um einen Product-by-process-Anspruch handelt.[329] Liegen solche Unklarheiten vor, muss schon hier die Auslegung Abhilfe schaffen.

---

327 Decision of the Commissioner of Patents 1891, 200 (200) – Ex parte Painter.

328 Übersetzungen ins Deutsche durch den Verfasser.

329 Benkard/*Bacher*, PatG, § 1 Rn. 5; Haedicke/*Timmann*, § 6 Rn. 65; *Giebe*, FS 80 Jahre Düsseldorf, 125 (127).

Dieses Erfordernis stellt jedoch zunächst keine Besonderheit der Product-by-process-Ansprüche dar.

Auch bei klassischen Erzeugnis- und Verfahrensansprüchen kommt es vor, dass die Anspruchskategorie dem Anspruchswortlaut nicht ohne Weiteres zu entnehmen ist.[330] Hier ist ebenfalls die Kategorisierung des Anspruchs notwendig, um den Schutzbereich bestimmen zu können.[331] Hierfür ist der Inhalt der Erfindung maßgeblich, wie er sich nach dem sachlichen Offenbarungsgehalt der Anmeldungsunterlagen darstellt.[332] Ergibt die Auslegung, dass es sich um einen Erzeugnisanspruch handelt, ist die weitere Einordnung als klassischer Erzeugnisanspruch oder Product-by-process-Anspruch möglich.

Dabei kommt es darauf an, welchen Sinngehalt der Fachmann der Patentschrift entnimmt, und hierbei insbesondere darauf, ob die patentgemäß angestrebten Vorteile von einer bestimmten Herstellung abhängen.[333] Ein Product-by-process-Anspruch liegt nur vor, wenn das Verfahren dem Produkt einen Teil oder die Gesamtheit seiner charakteristischen Eigenschaften verleiht.

> In einem Fall vor dem OLG Düsseldorf[334] stellte das Gericht im Rahmen der Auslegung fest, dass es zwar darauf ankomme, dass das streitgegenständliche Copolyamid aus sog. 10T- und 6T-Einheiten aufgebaut sei. Es finde sich allerdings kein Hinweis darauf, dass es entscheidend sein könnte, auf welche verfahrenstechnische Weise die Einheiten für das Copolyamid bereitgestellt wurden.[335] Dies lasse sich auch nicht der Formulierung „gebildet aus“ entnehmen.[336] Damit kam es lediglich darauf an, dass die einzelnen Einheiten in den beanspruchten Mengen überhaupt enthalten waren. Somit kam das Gericht zu dem Schluss, dass es sich nicht um einen Product-by-process-Anspruch handelte.[337]

Damit ein Product-by-process-Anspruch vorliegt, muss es maßgeblich auf die Herstellungsart ankommen. Stellt der Fachmann fest, dass zwar entscheidend ist, dass bspw. 10T- und 6T-Einheiten in einem bestimmten Mengenverhältnis vorliegen, das Verfahren dem Erzeugnis darüber hinaus allerdings keine Eigenschaften verleiht, so kommt es auf das Verfahren nicht an.[338] Denn in einem solchen Fall

---

330 Benkard/*Bacher*, PatG, § 1 Rn. 5; Haedicke/*Timmann*, § 6 Rn. 65.

331 Benkard/*Bacher*, PatG, § 1 Rn. 5; Haedicke/*Timmann*, § 6 Rn. 65.

332 BGH NJW 1986, 1614 (1614) – Borhaltige Stähle.

333 OLG Düsseldorf, BeckRS 2008, 04705; OLG Düsseldorf, BeckRS 2014, 21941 Tz. 56 ff.

334 OLG Düsseldorf, BeckRS 2014, 21941.

335 OLG Düsseldorf, BeckRS 2014, 21941 Tz. 59.

336 OLG Düsseldorf, BeckRS 2014, 21941 Tz. 56 f.

337 OLG Düsseldorf, BeckRS 2014, 21941 Tz. 55.

338 OLG Düsseldorf, BeckRS 2014, 21941 Tz. 59.

konnte der Anmelder die wesentlichen Merkmale schließlich ohne Hinzuziehung des Verfahrens angeben. Damit war er nicht auf das Herstellungsverfahren zur Kennzeichnung angewiesen, sodass der Fachmann in einem solchen Fall eine Formulierung wie „gebildet aus" auch nicht als Einbeziehung des Verfahrens versteht.

Auf dieser Ebene der Auslegung kommt es damit nicht auf die genaue Formulierung der Ansprüche an. Entscheidend ist, ob das Verfahren dem Erzeugnis Eigenschaften verleiht, die ohne Angabe des Verfahrens selbst nicht gekennzeichnet werden könnten. Das Verständnis einzelner Worte im Patentanspruch hängt damit maßgeblich von dem – vom Fachmann erkannten – Inhalt des Patentanspruchs ab.

Der schon erwähnte Fall vor dem Landgericht Düsseldorf veranschaulicht die Bedeutung des Verfahrens für das Vorliegen eines Product-by-process-Anspruchs.[339] Das streitgegenständliche Patent umfasste ein Schmiermittel, welches aus zwei Komponenten bestand, wobei diese – dies war entscheidend – in einer bestimmten Reihenfolge auf den Zug der Posaune aufgebracht werden sollten. Das Landgericht lehnte das Vorliegen eines Product-by-process-Anspruchs ab.[340] Durch die Zugbewegungen würde eine Emulsion der zwei Komponenten entstehen, sodass es auf das schichtweise Aufbringen nicht ankomme.[341] Der Anmelder hätte ebenso die Emulsion angeben können, denn das schichtweise Aufbringen verleihe dem Schmiermittel keine gesonderte Eigenschaft.

Anders sah dies das OLG Düsseldorf.[342] Aufgabe der Erfindung sei es gewesen, ein Schmiermittel zu schaffen, das im aufgetragenen Zustand eine besonders lange Schmierfähigkeit besitze und nicht zur Nesterbildung neige.[343] Das Verwenden von fertigen Präparaten sei aus dem Stand der Technik bekannt und bringe eben die benannten Nachteile mit sich. Das erfindungsgemäße Schmiermittel entfalte seine überlegenen Eigenschaften nur dann, wenn es in der genannten Weise aufgetragen werde. Dabei komme es gerade darauf an, dass die beiden Komponenten getrennt voneinander und insbesondere nacheinander auf den Zug der Posaune aufgebracht werden.[344] Das Vorliegen zweier übereinanderliegender Filme sei für den anmeldungsgemäß gewünschten Erfolg maßgeblich. Deshalb handele es sich um einen Product-by-process-Anspruch.[345]

Bevor damit der Product-by-process-Anspruch selbst ausgelegt werden kann, bedarf es im Zweifelsfall schon der vorgelagerten Feststellung, ob es sich bei dem Auslegungsobjekt überhaupt um einen Product-by-process-Anspruch handelt.

---

339 LG Düsseldorf, BeckRS 2008, 19888.
340 LG Düsseldorf, BeckRS 2008, 19888.
341 LG Düsseldorf, BeckRS 2008, 19888.
342 OLG Düsseldorf, BeckRS 2008, 04705.
343 OLG Düsseldorf, BeckRS 2008, 04705.
344 OLG Düsseldorf, BeckRS 2008, 04705.
345 OLG Düsseldorf, BeckRS 2008, 04705.

III. Auswirkungen der Formulierungen „hergestellt"/„erhalten" und „herstellbar"/„erhältlich"

Handelt es sich tatsächlich um einen Product-by-process-Anspruch, so ist der Anspruch selbst auszulegen. Dabei kann der sprachlichen Formulierung der Ansprüche eine erhebliche Bedeutung zukommen. Zur Formulierung eines Product-by-process-Anspruchs wird üblicherweise eine von zwei Formulierungsvarianten gewählt. Der Patentanspruch kann einmal lauten: „Erzeugnis X hergestellt/erhalten durch…"; oder: „Erzeugnis X herstellbar/erhältlich durch…". Entsprechend werden im Englischen die Begriffe „obtained"/„obtainable" verwendet. Denkbar sind auch andere Formulierungen.[346]

Ob und wenn ja welche Auswirkungen die Wahl der Anspruchsformulierung auf den Schutzbereich des Anspruchs hat, war immer wieder Gegenstand von Gerichtsentscheidungen und Literaturbeiträgen. Kernpunkt der Diskussion ist die Frage, ob der Schutzbereich durch das Verfahren – und damit auf Erzeugnisse genau dieses Verfahrens – beschränkt ist. Diskutiert wird insbesondere, wie sich die verschiedenen Formulierungsvarianten auswirken. Dabei wird die Bedeutung der Formulierungen „erhältlich durch" / „herstellbar durch" und „erhalten durch" / „hergestellt durch" für den Schutzbereich durchaus unterschiedlich bewertet.

1. Die Rechtsprechung

Die Rechtsprechung hat sich schon früh mit der Formulierung von Product-by-process-Ansprüchen beschäftigt. Der BGH hat jedoch auch im Hinblick auf Patentansprüche im Allgemeinen entscheidende Aussagen zu deren Formulierung getroffen. Auch diese Grundsätze müssen im Auge behalten und beachtet werden. Schließlich handelt es sich beim Product-by-process-Anspruch um einen Patentanspruch, auf den auch die allgemeine Rechtsprechung Anwendung findet.

a) Zu Product-by-process-Ansprüchen

Der BGH äußerte sich in der ersten Entscheidung, die den Product-by-process-Anspruch in die deutsche Systematik integrieren sollte, auch zu dem von ihm angenommenen Schutzbereich eines solchen Anspruchs. In seiner *Trioxan*-Entscheidung aus dem Jahr 1971 stellte er zunächst fest, dass ein in der Beschreibung geschilderter Herstellungsweg den Schutz nicht auf die geschilderte Art der Herstellung beschränke.[347] Das bedeute allerdings nicht, dass der

346 S.o. C. Formulierung.

347 BGH GRUR 1972, 80 (88) – Trioxan.

Anspruch nicht auch so gefasst werden könne, dass eine Beschränkung auf das Herstellungsverfahren anzunehmen sei.[348] Eine Anspruchsfassung, die bestimme, dass das Erzeugnis durch das Verfahren „erhalten" werde, könne schon nach dem Wortlaut nur solche Stoffe erfassen, welche exakt durch das beschriebene Verfahren hergestellt wurden.[349] Die Schutzbeanspruchung sei eindeutig. Nach den eigenen Angaben des Anmelders werde keine Erstreckung des Schutzes auf Produkte aus anderen Herstellungsverfahren gewollt.[350] In dem dieser Entscheidung zugrunde liegenden Fall hatte die Anmelderin für ihre Hilfsanträge lediglich die Formulierung „erhalten durch" gewählt, sodass über die andere Möglichkeit der Formulierung nicht entschieden wurde.[351] Allerdings merkte der BGH schon hier an, dass „erhältlich durch" schon dem Wortlaut nach zum Ausdruck bringe, dass es sich bei dem Verfahren lediglich um ein Beispiel handele, sodass diese Formulierung wohl anders zu behandeln sei.[352]

1972 vollzog der BGH einen weiteren entscheidenden Schritt hinsichtlich chemischer Erfindungen. In seiner *Imidazoline*-Entscheidung schloss er die Zweckbindung des chemischen Stoffschutzes aus und ließ damit den absoluten Stoffschutz zu.[353] Bei chemischen Stofferfindungen bestehe die zu lösende Aufgabe darin, einen neuen Stoff bereitzustellen.[354] Angaben über technische oder therapeutische Effekte gehörten damit nicht zum Gegenstand der Erfindung.[355] Damit erhalte der Anmelder ein uneingeschränktes Ausschließlichkeitsrecht, mittels dessen er jedweden gewerbsmäßigen Gebrauch des Stoffs untersagen könne, egal ob er bei der Anmeldung alle Verwendungen erkannt habe oder nicht.[356] Grundlage dieses Urteils war zwar kein Product-by-process-Anspruch. Durch das Bekenntnis des BGH zum absoluten Stoffschutz gewann der Patentschutz für chemische Stoffe jedoch übergreifend seine denkbar weiteste Form.[357]

Diese Rechtsprechung behielt der BGH zunächst bei. Gut zwanzig Jahre später beschloss er jedoch in der Entscheidung *Tetraploide Kamille* aus 1993 eine

---

348 BGH GRUR 1972, 80 (88) – Trioxan.
349 BGH GRUR 1972, 80 (88) – Trioxan.
350 BGH GRUR 1972, 80 (88) – Trioxan.
351 BGH GRUR 1972, 80 (88) – Trioxan.
352 BGH GRUR 1972, 80 (88) – Trioxan.
353 BGH GRUR 1972, 541 (544) – Imidazoline.
354 BGH GRUR 1972, 541 (543) – Imidazoline.
355 BGH GRUR 1972, 541 (544) – Imidazoline.
356 BGH GRUR 1972, 541 (544) – Imidazoline.
357 Vgl. Kraßer/*Ann*, § 11 Rn. 37 ff.; *Götting*, GRUR 2009, 256 (256); *Haedicke*, GRUR 2010, 94 (95); s. vertiefend E. Kritik am absoluten Stoffschutz.

Abkehr von *Trioxan*. In *Tetraploide Kamille* ging es um einen Anspruch, der das Erzeugnis als „dadurch erhalten, dass" kennzeichnete. Damit ging es um die gleiche Formulierung, über die der BGH in *Trioxan* entschieden hatte. Von *Trioxan* abweichend stellte der BGH nun jedoch ausdrücklich fest, dass er in dieser Art der Beschreibung keine Beschränkung des Schutzes für das Erzeugnis sehe.[358] Der Herstellungsweg diene lediglich der Kennzeichnung des Erzeugnisses.[359] Nachdem er in *Trioxan* also noch eine Beschränkung auf das Herstellungsverfahren gesehen hatte, eröffnete er den absoluten unbeschränkten Stoffschutz für Product-by-process-Ansprüche mit der *Tetraploide Kamille*-Entscheidung.

Diese Auffassung behält der BGH bis heute bei und hat sie in weiteren Urteilen gefestigt.[360]

Natürlich ist eine Beschränkung des Schutzbereichs bei Product-by-process-Ansprüchen dadurch nicht ausgeschlossen. Auch wenn der BGH feststellt, dass das Verfahren in der Regel keine Beschränkung auf Erzeugnisse, die tatsächlich mit diesem Verfahren hergestellt wurden, mit sich bringt, kann eine Beschränkung des Schutzbereichs aus anderen Erwägungen möglich sein.[361] Eine solche mögliche Beschränkung habe jedoch nichts mit der Formulierung zu tun, sondern könne sich lediglich aus der gebotenen Auslegung des Patentanspruchs ergeben.[362] Nach der gebotenen Auslegung könne sich eine Beschränkung auf das zur Kennzeichnung herangezogene Verfahren ergeben.[363] Eine solche Beschränkung des Schutzbereichs findet seine Rechtfertigung dann aber nicht mehr in der Formulierung des Anspruchs.

Die ständige Rechtsprechung geht damit davon aus, dass die aufgezeigten Formulierungen des Product-by-process-Anspruchs an sich keine Beschränkung des Schutzbereichs auf das zur Kennzeichnung verwendete Herstellungsverfahren bewirken können.

b) Zur Formulierung von Patentansprüchen

Der BGH wird indes auch immer wieder mit allgemeinen Fragestellungen zu der Formulierung von Patentansprüchen befasst. Auch wenn er daran festhält,

---

358 BGH NJW 1994, 199 (202) – Tetraploide Kamille.

359 BGH NJW 1994, 199 (202) – Tetraploide Kamille.

360 BGH GRUR 2001, 1129 (1133 f.) – Zipfelfreies Stahlband; BGH GRUR 2005, 749 (751) – Aufzeichnungsträger; BGH BeckRS 2010, 18946 Rn. 23; BGH GRUR 2015, 361 (362) – Kochgefäß.

361 BGH BeckRS 2010, 18946, Rn. 23.

362 BGH GRUR 2015, 361 (362) – Kochgefäß.

363 BGH GRUR 2015, 361 (362) – Kochgefäß.

dass es für den Schutzbereich des Product-by-process-Anspruchs keinen Unterschied macht, ob das Erzeugnis als „erhalten“ oder „erhältlich durch“ gekennzeichnet wird, muss trotzdem die Rechtsprechung des BGH zur allgemeinen Formulierung von Patentansprüchen beachtet werden. Soweit diese noch im Einklang mit der Entscheidung *Tetraploide Kamille* steht, kann davon ausgegangen werden, dass der BGH seine Meinung zu der speziellen Formulierung des Product-by-process-Anspruchs beibehält. Es ist jedoch auch möglich, dass die Rechtsprechung zur allgemeinen Formulierung von Ansprüchen in Widerspruch mit der Rechtsprechung zum Product-by-process-Anspruch gerät. Dann stellt sich die Frage, ob eine Änderung der Rechtsprechung zum Product-by-process-Anspruch zu erwarten ist.

Zunächst ist das Entscheidungsquintett des BGH aus dem Jahr 2002 zu beachten.[364] Hier stellte der BGH klar, dass der Anmelder nicht immer den vollen technischen Gehalt der Erfindung erkennt und ausschöpft. Er ist auch nicht dazu gehalten, den gesamten Gehalt seiner Erfindung auszuschöpfen. Wähle er eine enge Anspruchsfassung, so dürfe die Fachwelt jedoch auch darauf vertrauen, dass der Schutz entsprechend beschränkt ist.[365] Der BGH gibt damit zu erkennen, dass er den Anmelder trotz aller erfindungsfreundlicher Auslegung in die Verantwortung zieht. Ihm obliegt es, die Patentansprüche entsprechend seines Schutzbegehrens zu formulieren. Wählt er eine enge Formulierung, so müssen Dritte auch auf einen begrenzten Schutz vertrauen dürfen. Die Entscheidungen ergingen im Zusammenhang mit Zahlen- oder Maßangaben, deren Aufnahme in den Patentanspruch den Schutzgegenstand laut BGH abschließend bestimmt und begrenzt.[366] Aus dieser Rechtsprechung zieht der BGH selbst allerdings keine anderen Konsequenzen für die Auslegung der Formulierung von Product-by-process-Ansprüchen. Er behält seine Rechtsprechung gemäß *Tetraploide Kamille* bei.[367] Literaturstimmen – insbesondere Kritiker der Rechtsprechung zu Product-by-process-Ansprüchen – greifen diese Rechtsprechung jedoch in

364 BGH GRUR 2002, 511 – Kunststoffrohrteil; BGH GRUR 2002, 515 – Schneidmesser I; BGH GRUR 2002, 519 – Schneidmesser II; BGH GRUR 2002, 523 – Custodiol I; BGH GRUR 2002, 527 – Custodiol II.

365 BGH GRUR 2002, 511 (513) – Kunststoffrohrteil; BGH GRUR 2002, 515 (518) – Schneidmesser I; BGH GRUR 2002, 519 (522) – Schneidmesser II; BGH GRUR 2002, 523 (526) – Custodiol I; BGH GRUR 2002, 527 (530) – Custodiol II.

366 BGH GRUR 2002, 511 (512) – Kunststoffrohrteil; BGH GRUR 2002, 515 (517) – Schneidmesser I; BGH GRUR 2002, 519 (522) – Schneidmesser II; BGH GRUR 2002, 523 (525) – Custodiol I; BGH GRUR 2002, 527 (530) – Custodiol II.

367 BGH BeckRS 2010, 18946 Tz. 23; BGH GRUR 2015, 361 (362) – Kochgefäß.

ihrer Argumentation gegen einen unbeschränkten Schutzbereich von Product-by-process-Ansprüchen auf.[368]

Der BGH hat sich zudem im Kontext der Äquivalenz mit dem Fall beschäftigt, dass die Beschreibung einen Inhalt enthält, der sich nicht im Patentanspruch widerspiegelt bzw. zu diesem im Widerspruch steht.[369] Hier festigt er die Rechtsprechung zum Vorrang der Patentansprüche.[370] Was in den Ansprüchen keinen Niederschlag gefunden habe, sei generell nicht in den Patentschutz einbezogen.[371] Die Heranziehung der Beschreibung könne weder zu einer inhaltlichen Erweiterung noch zu einer sachlichen Einengung des festgelegten Gegenstands führen.[372] Der Leser der Patentschrift müsse in einem solchen Fall annehmen, dass die über den Anspruch hinaus offenbarten Ausführungsformen – aus welchen Gründen auch immer – nicht unter Schutz gestellt werden sollten.[373] Seien mehrere Möglichkeiten offenbart, jedoch nur eine dieser Möglichkeiten in den Anspruch aufgenommen, so fallen die anderen offenbarten Möglichkeiten nicht unter den Schutz des Patents.[374]

Ist nur eine konkrete Ausführungsform offenbart, ist allerdings im Einzelfall zu entscheiden, sodass keine allgemeine Regel angewendet werden kann.[375] Auf den Product-by-process-Anspruch übertragen stellt sich die Frage, wie es zu beurteilen wäre, wenn im Anspruch ein bestimmtes Verfahren zur Kennzeichnung verwendet würde, die Beschreibung jedoch noch weitere Verfahren enthielte. Hierbei könnte die Formulierung wiederum entscheidend sein. Auch diese Rechtsprechung wird von der Literatur für ihre Argumentation aufgegriffen.[376] Der BGH hat hingegen aus seiner Rechtsprechung zur allgemeinen

---

368 S.u. 2. Die Literatur.

369 BGH GRUR 2011, 701 (703) – Okklusionsvorrichtung.

370 BGH GRUR 2004, 1023 (1024) – Bodenseitige Vereinzelungseinrichtung; BGH GRUR 2010, 602 (605) – Gelenkanordnung; BGH GRUR 2011, 701 (703) – Okklusionsvorrichtung.

371 BGH GRUR 2011, 701 (703) – Okklusionsvorrichtung; BGH GRUR 2012, 45 (47) – Diglycidverbindung.

372 BGH GRUR 2011, 701 (703) – Okklusionsvorrichtung.

373 BGH GRUR 2011, 701 (705) – Okklusionsverbindung; BGH GRUR 2012, 45 (47) – Diglycidverbindung; BGH GRUR 2016, 921 (924) – Pemetrexed.

374 BGH GRUR 2011, 701 (703) – Okklusionsvorrichtung; BGH GRUR 2016, 921 (924) – Pemetrexed.

375 BGH GRUR 2016, 921 (925) – Pemetrexed.

376 S. zur inhaltlichen Auseinandersetzung 2. Die Literatur.

Formulierung von Patentansprüchen keine andere Beurteilung der Product-by-process-Ansprüche geschlussfolgert.[377]

2. *Die Literatur*

Auch die Literatur hat sich ausgiebig mit der Bedeutung der Formulierung von Product-by-process-Ansprüchen für deren Auslegung und Schutzbereich beschäftigt. Dabei haben sich weite Teile der Rechtsprechung des BGH angeschlossen. Viele Autoren weichen aber auch hiervon ab und differenzieren nach der aufgegebenen Rechtsprechung von *Trioxan*. Die Diskussion weicht hierbei teils von den einfachen Formulierungen ab und beschäftigt sich generell mit dem Schutzumfang des Product-by-process-Anspruchs. Die Formulierung wird jedoch stets als Ausgangspunkt, als Teil der Argumentation oder im Ergebnis wieder angeführt, sodass eine Trennung der Argumentation nicht zielführend ist. Die Formulierung des Product-by-process-Anspruchs, seine Auslegung und die Schutzbereichsbestimmung sind fest miteinander verbunden.

a) *Anhänger der Rechtsprechung*

Große Teile der Literatur haben sich der höchstrichterlichen Behandlung der Anspruchsformulierungen angeschlossen und sehen beide Varianten als gleichwertig an.[378] Es komme lediglich darauf an, wie der Fachmann die im Anspruch enthaltenen Angaben zum Herstellungsverfahren verstehe und welche Beschaffenheitsmerkmale er hieraus für das Erzeugnis ableite.[379] Hierbei wird insbesondere auf die Rechtsprechung des BGH verwiesen. Dieser hat die Gleichstellung der Formulierungsvarianten jedoch weiter nicht begründet, sondern nur bestimmt. Insbesondere Herr Prof. Dr. Meier-Beck hat sich jedoch um eine solche Begründung bemüht:

Nehme man die Aussage, dass ein Product-by-process-Anspruch ein Sachanspruch ist, ernst, so müsse es zunächst nur darauf ankommen, ob die Sache selbst

377 BGH GRUR 2015, 361 (362) – Kochgefäß.

378 Benkard/*Bacher*, PatG, § 1 Rn. 26; Benkard/*Schäfers*, EPÜ, Art. 84 Rn. 69; *Mes*, PatG, § 14 Rn. 117, § 34 Rn. 38; Schulte/*Moufang*, § 34 Rn. 161; Schulte/*Rinken*/*Kühnen*, § 14 Rn. 44; *Kühnen*, Kap. A Rn. 104; *Nieder*, Rn. 19; Schramm/*Kaess*, Kap. 5 Rn. 129; schon vor Tetraploide Kamille: *Bühling*, GRUR 1974, 299 (303 f.); *Cepl*, Mitt. 2013, 62 (63); grundsätzlich auch *Giebe*, FS 80 Jahre Düsseldorf, 125 (129); *Meier-Beck*, FS König, 323 (327); *Schrell/Heide*, GRUR 2005, 383 (385).

379 Schulte/*Moufang*, § 34 Rn. 156; vgl. *Cepl*, Mitt. 2013, 62 (63); *Fabry*, GRUR Int. 2009, 803 (804); *Schrell/Heide*, GRUR 2006, 383 (384).

patentfähig sei.[380] Das heiße aber auch, dass es auf den Herstellungsweg nicht ankommen könne. Denn dies bedeute eine nicht gebotene Einschränkung des Patentbegehrens und des entsprechend erteilten Patents.[381] Dabei sei entscheidend, dass Gegenstand des Patents die Lehre zum technischen Handeln sei und damit nicht der räumlich-körperlich vorhandene Gegenstand.[382] Dieser hingegen könne nicht durch Merkmale, die den immateriellen Schutzgegenstand nicht definieren können, umschrieben und damit begrenzt werden, weil sie lediglich die Art und Weise betreffen, wie dieser realisiert wurde.[383]

Das bedeutet, dass die Lehre zum technischen Handeln, welche ein Erzeugnis betrifft, nicht durch ein Verfahren als solches beschrieben werden kann. Das Erzeugnis selbst kann freilich über Angaben von Stoffen und Verfahrensschritten gekennzeichnet werden, die Lehre zum technischen Handeln hingegen nicht. Das Erzeugnis selbst kann wiederum nur auf die Lehre zum technischen Handeln gelesen werden.[384] Hierfür kann aber nicht das Herstellungsverfahren entscheidend sein. Maßgeblich können nur die Eigenschaften sein, die das Herstellungsverfahren dem Erzeugnis verleiht. Denn die Lehre zum technischen Handeln kann ihren Ausdruck nur in den Eigenschaften des Erzeugnisses finden. Beim Product-by-process-Anspruch handelt es sich um einen Sachanspruch. Das Verfahren selbst ist damit nicht Teil der technischen Lehre. Die technische Lehre eines Sachanspruchs kann damit durch das Verfahren nicht berührt werden. Da jedoch nur diese technische Lehre zum Handeln Gegenstand des Anspruchs ist, kann das Verfahren selbst den Gegenstand des Anspruchs nicht beeinflussen. Es kann nur auf die dem Erzeugnis durch das Verfahren verliehenen Eigenschaften ankommen. Nur diese sind fähig, die technische Lehre zu definieren.

Demzufolge könne bei einem wörtlichen Verständnis eines Sachanspruchs, der den Gegenstand als „erhalten durch" definiert, das Verfahren nur vollständig außer Betracht gelassen werden, oder es liefe auf eine Vermischung der Anspruchskategorien hinaus.[385] Dann würde das Verfahren das Erzeugnis nicht mehr mittelbar, sondern unmittelbar kennzeichnen und es entstünde eine Mischform, die nicht mehr als Einheit einer Anspruchskategorie zugeschrieben werden könnte und damit nicht zulässig wäre.[386] Damit könne dem Verfahren

380 *Meier-Beck*, FS König, 323 (325).
381 *Meier-Beck*, FS König, 323 (325).
382 *Meier-Beck*, FS König, 323 (325 f.).
383 *Meier-Beck*, FS König, 323 (326).
384 *Meier-Beck*, FS König, 323 (326).
385 *Meier-Beck*, FS König, 323 (326).
386 *Meier-Beck*, FS König, 323 (326 f.).

bei Product-by-process-Ansprüchen nur die Bedeutung der mittelbaren Umschreibung zukommen.[387] Auf die Formulierung könne es damit in keinem Fall ankommen.[388]

Auch andere Autoren machen ihre Auffassung an der Eigenschaft fest, dass der Product-by-process-Anspruch ein Sachanspruch ist. Es wird vor allem darauf hingewiesen, dass das genannte Verfahren lediglich der Definition diene und damit unmittelbar nichts mit der Bestimmung des Schutzumfangs zu tun haben könne.[389] Ein Patentanspruch, der das Erzeugnis durch das Verfahren kennzeichnet, gehöre eindeutig zu den Erzeugnisansprüchen, die absoluten Schutz gewähren, und zwar unabhängig von der genauen Formulierung.[390] Werde ein Stoff als durch das Verfahren „herstellbar" bezeichnet, so sei dies nichts anderes, als festzustellen, dass der Stoff die durch das Verfahren verliehenen Eigenschaften besitze.[391] Dabei wird insbesondere darauf abgestellt, dass der Schutzumfang von Ansprüchen nicht vom DPMA festgelegt wird. Dieser sei immer erst im Verletzungsverfahren wahrhaft zu ermitteln, sodass es nicht sein sollte, dass das patentamtliche Verfahren schon durch die Formulierung den späteren Schutz vorbestimme.[392] Vorbestimmungen durch Formulierungen könnten damit keine Aussagekraft über den Schutzumfang im konkreten Verletzungsfall haben.[393]

Schließlich sei jedoch die sachgerechte Auslegung der Patentansprüche im Einzelfall maßgeblich.[394] Die Kernaussage lautet, dass für die Auslegung keine allgemeine Regel auf Grund der Formulierung aufgestellt werden kann. Die Patentansprüche müssen im Einzelfall sachgerecht ausgelegt werden. Hieraus kann sich auch ergeben, dass kein Schutz für über das benannte Verfahren hinausgehende Erzeugnisse begehrt wird.[395] Ist eine solche Beschränkung allerdings nicht aus der Gesamtschau der Patentschrift, Beschreibung und Zeichnungen zu erkennen, soll der Grundsatz gelten, dass sich niemand grundlos beschränkt.[396]

---

387 *Meier-Beck*, FS König, 323 (327).

388 *Meier-Beck*, FS König, 323 (327).

389 Benkard/*Schäfers*, EPÜ, Art. 84 Rn. 69; *Bühling*, GRUR 1974, 299 (303).

390 Benkard/*Schäfers*, EPÜ, Art. 84 Rn. 69.

391 Haedicke/*Timmann*, § 6 Rn. 89.

392 *Bühling*, GRUR 1974, 299 (303).

393 *Bühling*, GRUR 1974, 299 (304).

394 Benkard/*Scharen*, PatG, § 14 Rn. 46; Benkard/*Scharen*, EPÜ, Art. 69 Rn. 48; Haedicke/*Timmann*, § 6 Rn. 89.

395 Benkard/*Bacher*, PatG, § 1 Rn. 26.

396 Benkard/*Scharen*, PatG, Art. 14 Rn. 46; *Meier-Beck*, FS König, 323 (325).

Weiterhin gelte es zu beachten, dass sich auch die patentrechtliche Fachsprache weiterentwickeln könne.[397] Dies sei gerade anzunehmen, wenn die Gerichte, insbesondere der oberste Gerichtshof, entschieden, dass bestimmte Formulierungen als gleichwertig zu betrachten seien.[398] Dadurch entwickele sich auch ein Vertrauen auf Seiten des Patentanmelders. Dieser müsse darauf vertrauen können, dass unabhängig davon, welche Formulierung er wählt, keine Beschränkung allein auf Grund dieser Formulierung angenommen wird.[399] Zudem spiele hier nicht nur das Vertrauen des Anmelders eine Rolle, denn auch der Rechtsverkehr habe sich nun über viele Jahre darauf einstellen können, dass die Begriffe gleichbehandelt werden, sodass auch hier ein entsprechendes Vertrauen entstanden sei.[400] Zumindest aber könne der Rechtsverkehr nicht mehr überrascht werden, wenn auch bei der Formulierung „erhalten durch" keine Beschränkung auf das Verfahren angenommen werde. Auch vom Fachmann könne erwartet werden, dass er nicht nur mit dem Stand der Technik vertraut sei, sondern auch grob die höchstrichterliche Rechtsprechung kenne.[401]

Zudem wird die oben zuerst erwähnte Rechtsprechung des BGH aufgegriffen.[402] Die mit diesen Entscheidungen ausdrücklich aufgeführte Verantwortlichkeit des Anmelders wird nicht abgelehnt. Deshalb komme der Formulierung „erhalten durch" aber trotzdem keine den Schutzbereich beschränkende Wirkung zu.[403] Der BGH habe in diesen Entscheidungen die entscheidende Bedeutung der sachgerechten Auslegung im Einzelfall betont.[404] Bei Zahlen- und Maßangaben beruhe die Begrenzung des Schutzbereichs auf genau diese Angaben auf der Überlegung, dass der Anmelder diese Angaben sorgfältig ermittelt habe und sich darüber bewusst war, dass er durch sie den Anspruch begrenze.[405] Natürlich habe der Anmelder es insoweit in der Hand, eine enge oder weite Formulierung zu wählen und damit eine Beschränkung des Schutzbereichs zu vermeiden oder zu erzielen. Diese Überlegungen könnten aber nicht auf die Wahl von „erhalten"

397 Haedicke/*Timmann*, § 6 Rn. 92.

398 Haedicke/*Timmann*, § 6 Rn. 92.

399 Haedicke/*Timmann*, § 6 Rn. 92.

400 Haedicke/*Timmann*, § 6 Rn. 92.

401 Haedicke/*Timmann*, § 6 Rn. 92.

402 BGH GRUR 2002, 511 – Kunststoffrohrteil; BGH GRUR 2002, 515 – Schneidmesser I; BGH GRUR 2002, 519 – Schneidmesser II; BGH GRUR 2002, 523 – Custodiol I; BGH GRUR 2002, 527 – Custodiol II.

403 Benkard/*Scharen*, PatG, § 14 Rn. 46; *Cepl*, Mitt. 2013, 62 (64).

404 Benkard/*Scharen*, PatG, § 14 Rn. 46.

405 Benkard/*Scharen*, PatG, § 14 Rn. 46; *Meier-Beck*, FS König, 323 (338).

oder „erhältlich“ übertragen werden.[406] Es sei nicht ersichtlich, dass die genaue Angabe von Zahlen und Maßen mit der Formulierung „erhalten“ oder „erhältlich“ vergleichbar sei. Die Annahme, dass der Anmelder diese Angabe ebenfalls genau ermittelt habe und sich über eine Begrenzung bewusst war, kann mangels Vergleichbarkeit mit mathematisch sicher feststellbaren Werten nicht angenommen werden.[407] Der Gegenstand der Erfindung sei gerade nicht das Verfahren, sondern das Erzeugnis, das lediglich durch das Verfahren umschrieben werde.[408] Wenn es sich lediglich um eine mittelbare Umschreibung handele, so könne die Formulierung „erhalten durch“ nicht zum Ausdruck bringen, den Gehalt der Erfindung nicht voll ausnutzen zu wollen.[409] Insbesondere wisse der von dem Patent angesprochene Fachmann, dass der Anmelder mit dem Verfahren lediglich die Eigenschaften des Erzeugnisses mittelbar umschreiben will.[410]

Die Literatur greift ebenfalls die spätere Rechtsprechung des BGH zu Widersprüchen zwischen Patentanspruch und Beschreibung auf.[411] Sie hält fest, dass auch diese Rechtsprechung an der Gleichbehandlung der Formulierungen nichts ändern könne.[412] Selbst wenn die Beschreibung weitere alternative Herstellungsverfahren benenne, könne die „Auswahl“ desjenigen Verfahrens, das zur Kennzeichnung im Patentanspruch verwendet wird, zu keiner Begrenzung des Schutzbereichs führen.[413] Der Anmelder treffe gerade keine Auswahlentscheidung, um ein bestimmtes Herstellungsverfahren zum Gegenstand des Patents zu machen. Die Aufführung mehrerer Verfahren in der Beschreibung zeige nur, dass jedes dieser Verfahren verwendet werden könne, um das Erzeugnis mittelbar zu beschreiben.[414] Das bedeutet lediglich, dass jedes dieser Verfahren dem Erzeugnis die gleichen Eigenschaften verleiht. Und nur darum geht es beim Product-by-process-Anspruch. Die in der Patentbeschreibung offenbarten anderen Herstellungsverfahren würden dadurch genauso wenig ausgeschlossen wie andere mögliche Herstellungsverfahren, die dem Erzeugnis die gleichen

---

406 Benkard/*Scharen*, PatG, § 14 Rn. 46; *Cepl*, Mitt. 2013, 62 (64).
407 Benkard/*Scharen*, PatG, § 14 Rn. 46.
408 Benkard/*Scharen*, PatG, § 14 Rn. 46; *Cepl*, Mitt. 2013, 62 (64).
409 *Cepl*, Mitt. 2013, 62 (64).
410 *Cepl*, Mitt. 2013, 62 (64).
411 BGH GRUR 2011, 701 – Okklusionsvorrichtung; s.o. b) Zur Formulierung von Patentansprüchen.
412 *Cepl*, Mitt. 2013, 62 (64).
413 *Cepl*, Mitt. 2013, 62 (64).
414 *Cepl*, Mitt. 2013, 62 (64).

Eigenschaften verleihen.[415] Damit könne diese Rechtsprechung auch zu keiner von *Tetraploide Kamille* abweichenden Beurteilung führen.[416]

b) Kritiker der Rechtsprechung

Es gibt hingegen auch viele Stimmen in der Literatur, die die beiden Formulierungen nicht als gleichwertig ansehen bzw. den Schutzbereich von Product-by-process-Ansprüchen im Grundsatz anders beurteilen. Dabei gibt es Autoren, die für beide Formulierungen und damit allgemein eine Beschränkung des Schutzbereichs auf das benannte Verfahren annehmen. Andere Verfasser wollen nur der Formulierung „erhalten durch" eine Beschränkung des Schutzbereichs zuschreiben. Auch wenn dabei ausdrücklich der Schutzumfang besprochen wird, so ist dieser doch immer das Ergebnis der Auslegung der Ansprüche. Damit dreht sich der Streit maßgeblich um die Auslegung der Patentansprüche. Dies rechtfertigt die Verortung an dieser Stelle.

aa) Beschränkung durch beide Formulierungsvarianten

Ein Teil der Literatur greift insbesondere die Entscheidung *Tetraploide Kamille* des BGH an. Es wird angeführt, der BGH habe sich in dieser Entscheidung nicht mit Fragen der Schutzbereichsbestimmung oder der Auslegung beschäftigt.[417] Der Entscheidung sei somit keine eigene Überlegung zum Schutzbereich zu entnehmen.[418] Zumindest aber seien nicht alle Argumente und Konsequenzen bedacht worden.[419] Derart werden auch die weiteren Urteile des BGH entkräftet, in denen auf *Tetraploide Kamille* verwiesen wird.[420] Insbesondere wird abgelehnt, dass auch Erzeugnisse vom Schutzumfang umfasst sind, die auf einem anderen Weg hergestellt wurden, aber die gleichen Eigenschaften aufweisen.[421] Dabei sollen beide Formulierungen zu einer Beschränkung des Schutzbereichs und damit zu einer beschränkenden Auslegung führen.

Ziel der Anspruchsauslegung müsse es sein, dem Patentinhaber die ihm zustehende Belohnung für eine der Öffentlichkeit zur Verfügung gestellte technische Lehre zu gewähren.[422] Es liege in der Hand des Erfinders, den Umfang

415 *Cepl*, Mitt. 2013, 62 (64).
416 *Cepl*, Mitt. 2013, 62 (64).
417 *Schrell*, GRUR Int. 2015, 119 (124).
418 *Rogge*, Mitt. 2005, 145 (148); *Schrell*, GRUR Int. 2015, 119 (124).
419 *Rogge*, Mitt. 2005, 145 (148).
420 *Schrell*, GRUR Int. 2015, 119 (124).
421 *Schrell*, GRUR Int. 2015, 119 (124).
422 *Schrell*, GRUR Int. 2015, 119 (121).

der Offenbarung zu bestimmen und damit die Erfindung in ein Schutzrecht zu gießen.[423] Dabei sei es ihm überlassen, die Erfindung derart dem Patentrecht zuzuführen, dass es seinen Interessen entspreche. Sofern er sein Erzeugnis nur durch das Verfahren kennzeichnen könne, sei seine Lehre eben genau hierdurch auf das Verfahren beschränkt.[424] Nur diese verfahrensbezogene Ausführung führe zu einer nacharbeitbaren Problemlösung.[425] Der geschaffene Mehrwert für die Öffentlichkeit beschränke sich bei Product-by-process-Ansprüchen auf das Erzeugnis, das durch das angegebene Verfahren hergestellt werde. Für andere Erzeugnisse, auch wenn sie die gleichen Eigenschaften haben, liege keine hinreichende Rechtssicherheit bietende Identifizierungsmöglichkeit vor.[426] Absoluten Erzeugnisschutz verdiene nur derjenige, der der Öffentlichkeit ein Erzeugnis per se zugänglich mache. Hierfür müsse das Erzeugnis jedoch so offenbart werden, dass vollständige Nacharbeitbarkeit vorliege.[427] Dafür müsse das Erzeugnis in seinem Gesamtumfang verlässlich bestimmbar sein. Die hierzu erforderlichen Mittel oder Angaben würden in der Patentschrift jedoch nicht mitgeteilt.[428] Dem Fachmann werde gerade nicht ermöglicht, das Erzeugnis mittels eines anderen Verfahrens nachzuarbeiten.[429] Wenn dies aber der Fall sei, so könne sich auch der Schutzbereich nicht auf solche Erzeugnisse erstrecken, die mittels anderer Verfahren hergestellt werden. Einem sachkundigen Dritten müsse es möglich sein, den Umfang des Schutzrechts zu erkennen. Dabei sei es gerade für den sachkundigen Dritten überraschend, wenn sich der Schutz auch auf solche Erzeugnisse erstrecke, die der Öffentlichkeit entweder durch Verzicht oder tatsächlich mangelnde technische Fähigkeit vorenthalten werden.[430] Deshalb solle das Herstellungsverfahren generell als beschränkende Angabe ausgelegt werden, und zwar unabhängig von der gewählten Formulierung.[431] Dies verbinde Rechtssicherheit und angemessenen Schutz.[432]

Eine beschränkende Auslegung im Verletzungsverfahren führe zur Deckungsgleichheit des geleisteten technischen Beitrags und dem dafür erzielten

423 *Schrell,* GRUR Int. 2015, 119 (121).
424 *Schrell,* GRUR Int. 2015, 119 (121).
425 *Schrell,* GRUR Int. 2015, 119 (121).
426 *Schrell,* GRUR Int. 2015, 119 (121).
427 *Schrell,* GRUR Int. 2015, 119 (122).
428 *Schrell,* GRUR Int. 2015, 119 (122).
429 *Schrell,* GRUR Int. 2015, 119 (123).
430 *Schrell,* GRUR Int. 2015, 119 (121).
431 *Schrell,* GRUR Int. 2015, 119 (122).
432 *Schrell,* GRUR Int. 2015, 119 (122).

Schutz, sodass eine solche Auslegung die Rechtssicherheit erhöhe und zudem nicht im Widerspruch zur deutschen Rechtsprechung stehe.[433] Dabei behielte der Product-by-process-Anspruch trotzdem noch seine Daseinsberechtigung gegenüber den von § 9 S. 2 Nr. 3 PatG geschützten Erzeugnissen. Der Product-by-process-Anspruch erfasse auch bei einer Beschränkung auf das benannte Herstellungsverfahren, anders als § 9 S. 2 Nr. 3 PatG, umgearbeitete oder weiter verarbeitete Erzeugnisse aus dem benannten Verfahren.[434]

bb) Differenzierung zwischen den Formulierungsvarianten

Ein Teil der Literatur möchte schließlich zwischen den Formulierungsvarianten unterscheiden, so wie es der BGH in seiner früheren Rechtsprechung in *Trioxan* angedeutet hat. Danach müsse ein umfassender Sachschutz gewährt werden, wenn die Formulierung „erhältlich durch" gewählt wurde.[435] Diese Formulierung bringe gerade zum Ausdruck, dass ein Erzeugnis geschützt werden soll, welches nach dem Verfahren hergestellt werden kann.[436] Dies mache eine Formulierung mit „erhalten durch" gerade nicht hinreichend klar.[437] Es gebe keine Begründung dafür, warum man den Anmelder nicht an seine enge Anspruchsformulierung binden sollte.[438] Die Anspruchsformulierung falle schließlich in den Verantwortungsbereich des Anmelders.[439] Wer eine engere Anspruchsformulierung wähle, habe seine Gründe dafür oder habe schlichtweg versäumt, einen weiteren Schutz zu beantragen, so wie es auch versäumt werden könne, überhaupt ein Patent zu beantragen.[440] Die Fehler des Anmelders könnten nicht zu Lasten der Rechtssicherheit für Dritte gehen. Wer „erhalten durch" im Anspruch lese, gehe von einer Beschränkung auf Erzeugnisse nach einem ganz konkreten Verfahren aus.[441] Vom Durchschnittsfachmann könne nicht erwartet werden, keine

433 *Schrell*, GRUR Int. 2015, 119 (124).
434 *Schrell*, GRUR Int. 2015, 119 (122).
435 Busse/*Keukenschrijver*, § 9 Rn. 55, *Uhrich*, S. 176 f.; *Rogge*, Mitt. 2005, 145 (146).
436 Vgl. *Uhrich*, S. 176 f.; *Rogge*, Mitt. 2005, 145 (146).
437 Die Rechtsprechung generell anerkennend, aber nach den Formulierungen differenzierend: Busse/*Keukenschrijver*, § 9 Rn. 54 f.; vgl. *Uhrich*, S. 176 f.; *Rogge*, Mitt. 2005, 145 (146).
438 *Uhrich*, S. 176 f.; *Rogge*, Mitt. 2005, 145 (148).
439 *Uhrich*, S. 176 f.
440 *Rogge*, Mitt. 2005, 145 (148).
441 *Rogge*, Mitt. 2005, 145 (148).

Beschränkung zu sehen, insbesondere, wenn die zur Verfügung stehende weite Formulierung gerade nicht gewählt wurde.[442]

Eine andere Beurteilung stehe zudem im Wertungswiderspruch zur Auslegung anderer üblicher Termini in Patentansprüchen.[443] Dabei bringe zum Beispiel die Formulierung „bestehend aus" eine inhaltliche Beschränkung auf die beschriebenen Merkmale zum Ausdruck.[444]

Auch hier greift die Literatur zudem das Entscheidungsquintett des BGH auf. Dieser habe ausdrücklich auf die Verantwortlichkeit des Anmelders und die Bedeutung der Formulierung der Patentansprüche hingewiesen.[445]

Für die Formulierung „erhältlich durch" sei ein weiter Schutzbereich anzunehmen.[446] Hierbei wird jedoch angemerkt, dass die Bestimmung, ob ein anderes Erzeugnis mit dem erfindungsgemäßen Erzeugnis übereinstimmt, schwierig sei. Dabei sollten Zweifelsfälle zu Lasten des Patentinhabers gehen, denn er habe schließlich einen Anspruch gewählt, der mit Unsicherheiten über die Beschaffenheit und die Grenzen des Schutzgegenstandes verbunden sei.[447] Dies könne im Ergebnis nur auf eine Beschränkung durch das benannte Verfahren hinauslaufen.[448]

Schließlich gibt es den Ansatz, beide Formulierungen als nicht einschränkend zu verstehen, wobei allerdings Ausnahmen möglich seien.[449] Es sei durchaus möglich, dass das Herstellungsverfahren so eng mit dem Endprodukt verwoben sei, dass die Benutzung des angegebenen Verfahrens praktisch zwingend ist.[450] Es könne zudem auf nicht vollständig durchdrungenen Gebieten technische Gründe für die Einhaltung bestimmter Verfahrensschritte geben.[451] In einem solchen Kontext könne die Formulierung „erhalten durch" einen Hinweis auf eine stärkere und damit bindende Bedeutung der Verfahrensschritte geben.[452] Die Formulierung „erhalten durch" könne also nicht von vornherein außer Acht gelassen werden, sondern es müsse geprüft werden, ob nicht ausnahmsweise

442 *Rogge*, Mitt. 2005, 145 (148).
443 Fitzner/Lutz/Bodewig/*Loth*, PatG, § 14 Rn. 280.
444 Fitzner/Lutz/Bodewig/*Loth*, PatG, § 14 Rn. 280.
445 *Rogge*, Mitt. 2005, 145 (148).
446 *Rogge*, Mitt. 2005, 145 (149).
447 *Rogge*, Mitt. 2005, 145 (149).
448 *Rogge*, Mitt. 2005, 145 (149).
449 *Giebe*, FS 80 Jahre Düsseldorf, 125 (129 f.).
450 *Giebe*, FS 80 Jahre Düsseldorf, 125 (130).
451 *Giebe*, FS 80 Jahre Düsseldorf, 125 (130).
452 *Giebe*, FS 80 Jahre Düsseldorf, 125 (130).

doch eine Beschränkung auf das Verfahren vorliegt.[453] Lägen allerdings keine weiteren deutlichen Anhaltspunkte zur Annahme einer Beschränkung vor, so solle auch in der Formulierung „erhalten durch" keine Beschränkung gesehen werden.[454]

c) Einordnung als Verfahrensanspruch

Unabhängig davon, ob auf Grund der Formulierung der Patentansprüche eine Beschränkung auf das Verfahren angenommen wird oder nicht, ist sich der Großteil der Literatur[455] – ungeachtet, ob Anhänger oder Kritiker der Rechtsprechung – einig darüber, dass es sich bei dem Product-by-process-Anspruch um einen Erzeugnisanspruch handelt. Vereinzelt wird jedoch angeführt, dass schon die Einordnung des Product-by-process-Anspruchs als ein solcher Anspruch Ergebnis einer Auslegung sei.[456] Würde die Auslegung ergeben, dass nur Erzeugnisse vom Schutzbereich umfasst sind, welche tatsächlich nach dem angegebenen Verfahren gewonnen wurden, so handele es sich nicht mehr um einen Erzeugnis-, sondern um einen Verfahrensanspruch.[457] Dies habe den Vorteil, dass es keiner Mischkategorie an Ansprüchen mehr bedürfe, sondern das Erzeugnis dann klassisch über § 9 Nr. 3 PatG geschützt sei.[458] Die Beurteilung, ob Erzeugnis- oder Verfahrensanspruch vorliege, hänge jedoch nicht von der Formulierung ab. Die Formulierungsvarianten seien mit der Rechtsprechung als gleichwertig zu beurteilen.[459]

3. Das Patentamt

Das Europäische Patentamt erachtet die beiden Formulierungsvarianten als gleichwertig und lässt es sogar zu, nachträglich, also noch im Einspruchsverfahren, die eine durch die andere Formulierung auszutauschen.[460] Dies wird unter

---

453 *Giebe*, FS 80 Jahre Düsseldorf, 125 (130).
454 *Giebe*, FS 80 Jahre Düsseldorf, 125 (131).
455 Busse/Keukenschrijver, § 1 Rn. 125; Fitzner/Lutz/Bodewig/*Loth*, PatG, § 14 Rn. 282; Schulte/*Rinken*/*Kühnen*, § 14 Rn. 44; *Kühnen*, Kap. A Rn. 104; *Cepl*, Mitt. 2013, 62 (62 f.); *Fabry*, GRUR 2009, 803 (804); *Meier-Beck*, FS König, 323 (324); *Meyer-Dulheuer*, GRUR Int. 1985, 435 (435); *Rogge*, Mitt. 2005, 145 (146).
456 Haedicke/*Timmann*, § 6 Rn. 90.
457 Haedicke/*Timmann*, § 6 Rn. 90.
458 Haedicke/*Timmann*, § 6 Rn. 90.
459 Haedicke/*Timmann*, § 6 Rn. 92.
460 EPA, T 411/89 = BeckRS 1990, 30580190; EPA, T 285/97 = BeckRS 2000, 30557197; *Reich*, Rn. 524; Richtlinien für die Prüfung im EPA, Teil F, Kap. IV, 4.12.

der Annahme zugelassen, dass sich weder Gegenstand noch Schutzbereich des Anspruchs durch die unterschiedlichen Formulierungen ändern.[461]

Das EPA hatte nach der Schaffung des einheitlichen Systems unter dem EPÜ über die angemessene Auslegung von Product-by-process-Ansprüchen zu entscheiden.[462] In einem einheitlichen System, welches viele verschiedene Rechtsordnungen umfasst, und dabei insbesondere verschiedene Auslegungspraxen von Product-by-process-Ansprüchen, muss zwangsläufig ein Kompromiss gefunden werden.[463] Insbesondere das Vereinigte Königreich vertrat im Hinblick auf die Auslegung und Erteilung von Product-by-process-Ansprüchen eine von den anderen Ländern wesentlich abweichende Auffassung.[464] Hier wurde der Product-by-process-Anspruch auch für solche Erzeugnisse erteilt, die an sich nicht patentfähig waren, deren Herstellungsverfahren jedoch die Patentierungsvoraussetzungen erfüllte.[465] Zudem wurde darauf geachtet, den Wortlaut nach seiner alltäglichen Bedeutung zu interpretieren, sodass „obtained"/„erhalten" so verstanden wurde, dass der Schutz auf Erzeugnisse aus dem benannten Verfahren beschränkt war.[466]

Bei dem zu findenden Kompromiss ging es ebenfalls maßgeblich um die Wortwahl und das Verständnis der Formulierung „erhalten durch".[467] Nach Ansicht des EPA überwindet die Einordnung des Product-by-process-Anspruchs als Erzeugnisanspruch allerdings den Wortlaut, denn die systematische Einteilung müsse zwangsläufig stärker ins Gewicht fallen als der Wortlaut selbst.[468] Diese Auffassung wurde auch schon vor dem Einlenken des Vereinigten Königreichs verfestigt. Unter Hinweis auf die Notwendigkeit einer harmonisierten Behandlung für das EPÜ ist mittlerweile ist auch das Vereinigte Königreich der verbreiteten Rechtsauffassung beigetreten.[469] Product-by-process-Ansprüche werden nur noch für neue Erzeugnisse gewährt[470] und es wird auch absoluter

461 *Reich*, Rn. 524; Richtlinien für die Prüfung im EPA, Teil F, Kap. IV, 4.12.
462 *Young*, Sonderausgabe ABl. EPA 2003, 20 (26).
463 *Young*, Sonderausgabe ABl. EPA 2003, 20 (28).
464 Patent Court [2002] R.P.C. 1, Rn. 296 – Kirin-Amgen v. Roche Diagnostics; *Young*, Sonderausgabe ABl. EPA 2003, 20 (24).
465 Patent Court [2002] R.P.C. 1, Rn. 296 – Kirin-Amgen v. Roche Diagnostics; *Young*, Sonderausgabe ABl. EPA 2003, 20 (36).
466 *Young*, Sonderausgabe ABl. EPA 2003, 20 (24); *Fysh*, Sonderausgabe ABl. EPA 2003, 44 (54, 56).
467 *Young*, Sonderausgabe ABl. EPA 2003, 20 (34).
468 *Young*, Sonderausgabe ABl. EPA 2003, 20 (34).
469 House of Lords [2005] R.P.C. 9, Rn. H35-H37 – Kirin Amgen v. Hoechst.
470 House of Lords [2005] R.P.C. 9, Rn. H35-H37 – Kirin Amgen v. Hoechst.

Stoffschutz angenommen[471]. Damit wird der Product-by-process-Anspruch nun nicht mehr unter grundlegend anderen Voraussetzungen gewährt. Es besteht eine ständige und gefestigte Rechtsprechung des EPA, das die Formulierungen als gleichwertig und den Schutz als absolut ansieht.[472]

Dabei konnte eine ständige Rechtsprechung entstehen, da über Beschwerden gegen Entscheidungen des EPA eine eigene Beschwerdeinstanz entscheidet, deren Entscheidungen veröffentlicht werden. Bei den Beschwerdekammern handelt es sich um eine eigene, unabhängige Instanz mit gerichtlicher Funktion.[473] Das EPA vertritt damit in seiner Erteilungspraxis und der grundlegenden Beurteilung von Product-by-process-Ansprüchen die gleiche Ansicht wie der BGH.

Das DPMA hat im Gegensatz zum EPA keine eigene Beschwerdeinstanz.[474] Daher ist die Rechtsprechung der ordentlichen Gerichte maßgeblich.[475] Die Entscheidungen der Patentabteilungen des DPMA im Einspruchsverfahren werden zwar nach § 59 Abs. 5 PatG i.V.m. § 47 Abs. 1 S. 1 PatG begründet, jedoch nur den Beteiligten des Verfahrens zugestellt. Widerruf und Änderung der Patentschrift werden nach § 64 Abs. 3 PatG im Patentblatt veröffentlicht, allerdings umfasst dies nicht die Begründung der Entscheidung. Das DPMA äußert sich selbst nur in seinen Richtlinien für die Prüfung von Patentanmeldungen zu Product-by-process-Ansprüchen. Hier wird festgestellt, dass diese zulässig sind, wobei als Formulierungsbeispiel „Stoff erhältlich durch" angeführt wird.[476]

4. *Zusammenfassung und Stellungnahme*

Bei diesem weiten Meinungsspektrum und den vielen vorgebrachten Argumenten muss jedes einzelne Argument untersucht werden, um eine differenzierte Meinung ausbilden zu können. Dabei geht es nicht nur um eine theoretische Streitigkeit. Das Ergebnis wirkt sich unmittelbar auf den Schutzbereich und damit auf den Wert des Schutzrechts für dessen Inhaber aus. Patente haben nicht nur einen entscheidenden wirtschaftlichen Wert für den Inhaber. Nach der dargestellten historischen Entwicklung hat die Entscheidung dieses Streits auch unmittelbare Auswirkungen für die Patentämter. Mit der Schaffung des Product-by-process-Anspruchs sollten diese entlastet werden, indem unterbunden

471 House of Lords [2009] R.P.C. 13, Rn. 90 – Generics v. Lundbeck.
472 *Young*, Sonderausgabe ABl. EPA 2003, 20 (20, 34).
473 Vgl. Art. 23 Abs. 3 EPÜ; Benkard/*Jestaedt*/*Kolle*, EPÜ, Art. 1 Rn. 3.
474 Vgl. § 73 Abs. 3 PatG.
475 S.o. 1. Die Rechtsprechung.
476 DPMA, Richtlinien für die Prüfung von Patentanmeldungen, Kap. 3.3.3.6.

werden sollte, dass insbesondere die Chemieerfinder zahlreiche Verfahrenspatente anmelden, um faktischen Schutz für ihr nicht patentierbares Produkt zu erlangen.

Ein Streit, der solche praktischen Auswirkungen hat und zudem entscheidend für die weitere Untersuchung des Product-by-process-Anspruchs ist, kann erst nach einer differenzierten Betrachtung beurteilt werden. Hierbei gilt es auch die aktuelle Rechtsprechung des BGH zur Verantwortung des Patentanmelders für die Fassung der Patentansprüche zu beachten.

In der Diskussion, ob eine der Formulierungen eine Beschränkung des Schutzbereichs bewirkt oder nicht, verschwimmen schnell die Grenzen. Aus der Befassung mit den Formulierungen wird eine Grundsatzentscheidung zum Product-by-process-Anspruch und zu der Frage, ob er absoluten Schutz bieten soll. Gerade bei den Kritikern der Rechtsprechung wird an manchen Stellen nicht klar, ob sie dem Anspruch seine Natur als Erzeugnisanspruch absprechen oder nur darauf hinweisen wollen, dass jeder Anspruch durch den Anmelder auch beschränkt werden kann. So schwenken die Argumentationen schnell dazu über, sich von der Formulierung zu lösen und allgemeine Ausführungen zu machen.

Im Endeffekt ist eine strikte Trennung auch nicht möglich. Die Argumentation muss sich über die ganze Systematik erstrecken und kann nicht nur einen kleinen Teil, wie die Formulierung, beurteilen und sich unabhängig von der restlichen Systematik bewegen.

a) Stellungnahme zu der vorangegangenen Argumentation

aa) Zunächst lohnt sich die Auseinandersetzung mit der insbesondere von Herrn Meier-Beck aufgeführten Dogmatik. Gegenstand des Patents ist die Erfindung und damit die Lehre zum technischen Handeln.[477] Dass die technische Lehre Gegenstand des Patentschutzes ist, ist ein Grundprinzip des Patentrechts und als solches anerkannt. Umso wichtiger ist es, diese Differenzierung nicht verschwimmen zu lassen, um eine klare dogmatische Beurteilung treffen zu können.

Die Erfindung liegt nicht in dem Erzeugnis, sondern in der darin verkörperten Lösung eines Problems. Diese immaterielle Lösung bereichert die Öffentlichkeit. Wenn der Inhalt der Lehre zum technischen Handeln also eine Lösung bereithält, die sich in einem Erzeugnis verkörpert, wird ein Erzeugnispatent erteilt. Der Product-by-process-Anspruch hat eine technische Lehre zum Inhalt,

---

477 BGH NJW 1976, 1936 (1937) – Dispositionsprogramm; *Meier-Beck*, FS König, 323 (325).

welche sich auf die Konstruktion, die Gestaltung oder den Entwurf eines Erzeugnisses bezieht. Damit ist der Anspruch auf ein Erzeugnis gerichtet. Eine andere Behauptung stünde den dahinterstehenden Überlegungen und der historischen Entwicklung entgegen.

Die Formulierung dient der Umschreibung der technischen Lehre. Beim Product-by-process-Anspruch umschreibt das Herstellungsverfahren die konkrete Handlungsanweisung zur Lösung eines Problems mittels eines Erzeugnisses. Damit können aber auch nur solche Formulierungen und Angaben den Inhalt des Anspruchs und damit die technische Lehre begrenzen, die geeignet sind, diese zu kennzeichnen. Das Herstellungsverfahren selbst kann jedoch nicht die technische Lehre einer Sacherfindung kennzeichnen.[478] Die Erfindung selbst kann nur durch die Eigenschaften des Erzeugnisses umschrieben werden. Diese Eigenschaften stellen nämlich gerade die Lösung der gestellten Aufgabe dar. Das Herstellungsverfahren selbst ist jedoch keine Eigenschaft der technischen Lehre. Entscheidend sind die dem Erzeugnis verliehenen Eigenschaften, nicht das Verfahren selbst. Das Verfahren zeigt nur den Weg, wie die technische Lehre verkörpert wird. Damit kann die Beschreibung des Verfahrens den Umfang der unter Schutz gestellten Lehre nicht einschränken. Eine etwaige Einschränkung des Schutzbereichs kann nur durch Eigenschaften erfolgen. Somit ist ausschlaggebend, welche Eigenschaften das Verfahren dem Erzeugnis, also der verkörperten technischen Lehre verleiht.

Rein dogmatisch steht eine pauschale Begrenzung des Schutzbereichs durch die Nennung des Verfahrens dem Wesen des Patentrechts entgegen, technische Lehren unter Schutz zu stellen. Sie liefe der Natur des Patentrechts sogar zuwider, wenn eine Differenzierung zwischen Erzeugnis und Lehre zum technischen Handeln nicht mehr aufrechterhalten würde. Die Dogmatik spricht damit gegen die pauschale Begrenzung des Schutzbereichs. Sie spricht auch gegen die Unterscheidung der beiden Formulierungsvarianten. Hiernach dürfen die Formulierungen nur so verstanden werden, dass das Verfahren dem Erzeugnis Eigenschaften verleiht, welche nicht anders dargestellt werden können als mittels der Angabe des Verfahrens selbst. Nur diese Eigenschaften können die vom Patent geschützte Lehre berühren.

bb) Diese dogmatischen Erwägungen allein lassen jedoch selbstverständlich keine Beurteilung zu. Natürlich ist die Formulierung der Ansprüche für den Schutzbereich ausschlaggebend. Denn nur was Eingang in die Ansprüche gefunden hat, kann auch unter Schutz stehen. Die Formulierungen „erhalten"/

478 *Meier-Beck*, FS König, 323 (326).

„erhältlich durch“ sind jedoch richtigerweise nur das sprachliche Mittel, um die durch das Verfahren verliehenen Eigenschaften in den Anspruch zu integrieren. Bei der Formulierung handelt es sich um die sprachliche Brücke, die im Falle der Product-by-process-Ansprüche gebildet werden muss. Sprache ist ungenau und bedarf immer der Interpretation. Die Auslegung soll den Sinn und Zweck der sprachlichen Formulierung feststellen. Nach der dogmatischen Einordnung ist Sinn und Zweck der Formulierungen lediglich, die durch das Verfahren verliehenen Eigenschaften als Gegenstand der Erfindung in den Anspruch aufzunehmen. Dies kann folgerichtig auch durch jede andere Formulierung erreicht werden.

Das Verständnis der sprachlichen Formulierungen muss sich an der Natur des Product-by-process-Anspruchs orientieren, ebenso wie sprachliche Mittel immer im inhaltlichen Kontext zu verstehen sind. In diesem Zusammenhang und nach den obigen Darstellungen kann zwischen den möglichen sprachlichen Brücken kein Unterschied bestehen.

In Anbetracht der Tatsache, dass also dogmatisch das Verfahren selbst die Lehre nicht einschränken kann und die Formulierungen sprachlich gleichbehandelt werden müssen, darf die Auslegung nicht durch eine pauschale Begrenzung limitiert werden. Dies schließt jedoch eine tatsächliche Begrenzung im Einzelfall nicht aus.

cc) Das Argument, die Patentämter sollten nicht den Schutzbereich bestimmen, muss etwas kritischer gesehen werden.[479] Sicherlich ist es im Zweifel die Aufgabe der Gerichte, den endgültigen Schutzbereich festzulegen. Allerdings bestimmt nicht das Patentamt – welches die Anmeldung zwar prüft und letztlich das Patent erteilt –, sondern der Patentanmelder den Umfang der technischen Lehre, für den er Schutz beanspruchen möchte. Abgesehen davon handelt es sich bei der Patenterteilung um die Erteilung eines Verwaltungsakts. Selbstverständlich legt die erteilende Behörde dessen Inhalt fest. Dies ist auch gerade ihre Aufgabe, zu deren Wahrnehmung sie die Kompetenz innehat. Im Patentrecht besteht die Besonderheit, dass insbesondere das Verletzungsgericht an das Patent in der erteilten Fassung gebunden ist.[480] Dies kann der Behörde jedoch nicht ihre Kompetenz absprechen. Schließlich ist es die Aufgabe und Verantwortung, aber insbesondere das Recht des Anmelders, den Inhalt seines Schutzrechts festzulegen.

---

479 *Bühling*, GRUR 1974, 299 (303).

480 *Mes*, PatG, § 14 Rn. 50; *Osterrieth*, Rn. 936; *Heide*, InTer 2013, 124 (129).

Dieses Argument wird gegen die Beschränkung des Schutzbereichs aufgeführt[481], kann letztlich jedoch nur auf die Verantwortung des Anmelders verweisen. Das Patentamt ist an die vom Anmelder vorgelegte Fassung gebunden.[482] Nach dem geltenden Antragsgrundsatz würde dieses Argument inhaltlich aussagen, dass der Anmelder nicht den Schutzbereich bestimmen soll. Dies ist sicherlich nicht gewollt. Dieses Argument kann damit weder für noch gegen die Beschränkung des Schutzbereichs auf das genannte Verfahren sprechen.

dd) Weiterhin wird vorgebracht, dass auch die patentrechtliche Fachsprache sich weiterentwickele und dies insbesondere durch die Entscheidungen des obersten Gerichtshofs geschehe.[483] Hierbei handelt es sich jedoch um einen Zirkelschluss. Richtig ist, dass Begriffe und deren Verständnis im Recht auch durch die Rechtsprechung vorgegeben oder klargestellt werden. Wird höchstrichterliche Rechtsprechung allerdings daraufhin untersucht, ob diese (noch) sachgemäß oder eine Änderung angezeigt ist, kann nicht das von der Rechtsprechung entwickelte Verständnis als gegeben angesehen werden. Sonst wäre Rechtsprechung unangreifbar.

ee) Entscheidender ist das darauffolgende Argument.[484] Denn sowohl der Rechtsverkehr als auch der Patentanmelder entwickeln auf der Basis solcher Rechtsprechung ein Vertrauen. Natürlich kann auch dies nicht dazu führen, dass eine Abkehr von der Rechtsprechung unmöglich gemacht wird. Es ist jedoch zu beachten, wie sich ein solches Vertrauen auswirkt. Das Patentrecht gewährt wirtschaftlich bedeutsame Schutzrechte, die zudem für eine erhebliche Zeit gewährt werden. Bei einem Schutzrecht von erheblicher wirtschaftlicher Relevanz ist es wichtig, den Schutzbereich bei der Anmeldung absehen zu können. Auch wenn es sich dabei um rechtspolitische Argumente handelt, ist doch eine praktische Wirkung zu beachten, wenn die Bedeutung eines etwaigen Vertrauens festgestellt wird. Das nun über Jahrzehnte (seit der Entscheidung *Tetraploide Kamille* aus dem Jahr 1993) aufgebaute Vertrauen der Patentanmelder dahingehend, dass die Begriffe gleichbehandelt werden und der Schutzgegenstand nicht von vornherein auf das genannte Verfahren beschränkt ist, spricht genau für diese Feststellungen. Auf Grund des entstandenen Vertrauens, nicht nur auf Seiten der Anmelder, sondern auch des Rechtsverkehrs, ist es für Dritte auch

---

481 *Bühling*, GRUR 1974, 299 (303).

482 Das EPA gemäß Art. 113 Abs. 2 EPÜ, was auch für das deutsche Erteilungsverfahren und damit für das DPMA gilt, BGH GRUR 1989, 103 (104) – Verschlußvorrichtung für Gießpfannen; Benkard/*Schäfers*, PatG, § 48 Rn. 4i.

483 Haedicke/*Timmann*, § 6 Rn. 92.

484 Haedicke/*Timmann*, § 6 Rn. 92.

nicht überraschend, wenn Erzeugnisse aus anderen Verfahren vom Schutzbereich erfasst werden. Die behauptete Überraschung darüber, dass Product-by-process-Ansprüche, egal wie sie formuliert werden, auch Produkte aus anderen Verfahren umfassen, kann nicht nachvollzogen werden. Der Wortlaut legt eine generelle Beschränkung des Schutzbereichs nicht eindeutig nahe. Dies beweist schon die Meinungsvielfalt in der Literatur. Will man den oben genannten Zirkelschluss vermeiden, so kann dem Vertrauensargument also weder als Argument für noch gegen die Beschränkung des Schutzbereichs eine gesteigerte Bedeutung zukommen.

ff) Weiterhin erscheint die Annahme zweifelhaft, der Fachmann kenne nicht nur den Stand der Technik, sondern zumindest auch die höchstrichterliche Rechtsprechung und verstehe dementsprechend Formulierungen.[485] Der entscheidende Maßstab ist immer der fiktive Durchschnittsfachmann. Sein Wissen wird von der Rechtsprechung vorbestimmt. Allerdings sind keine Bestrebungen erkennbar, weder in der Rechtsprechung noch in der Literatur, diesem die Kenntnis der höchstrichterlichen Rechtsprechung abzuverlangen.[486] Dies wäre auch verfehlt. Der Fachmann soll den technischen Teil des Schutzrechts beurteilen und verstehen. Er ist nicht dafür zuständig, sich zu Rechtsfragen zu äußern. Dies liegt auch nicht in seiner Kompetenz. Das Patent richtet sich zwar an den Fachmann, jedoch nur mit seinem technischen Gehalt. Hierzu gehört sicherlich auch die Frage, wie der Fachmann bestimmte Formulierungen versteht. Es geht jedoch nicht darum, dem Fachmann ein bestimmtes Verständnis von Formulierungen vorzugeben, das auf rechtliche Erwägungen zurückgeht. Unabhängig hiervon weiß der Fachmann jedoch, dass der Product-by-process-Anspruch auf ein Erzeugnis gerichtet ist. Er weiß, dass das Herstellungsverfahren nur der Kennzeichnung des Erzeugnisses dient. Der Fachmann muss damit gar keine Kenntnis von der Rechtsprechung haben, da er die Formulierungen richtigerweise nur als mittelbare Kennzeichnung erkennt und damit nur den aus dem benannten Verfahren resultierenden Eigenschaften Bedeutung beimisst.

gg) Weiterhin muss die Entscheidung *Okklusionsvorrichtung* des BGH beachtet werden.[487] Wie oben dargelegt, könnte diese auch Auswirkungen auf die Auslegung des Product-by-process-Anspruchs haben. Hierfür wäre der Fall interessant, in dem die Patentschrift mehrere Verfahren offenbart, jedoch nur eines zur Kennzeichnung in den Anspruch aufgenommen wurde. Die Anhänger der

485 Haedicke/*Timmann*, § 6 Rn. 92.

486 Benkard/*Asendorf/Schmidt*, PatG, § 4 Rn. 75 ff.; Fitzner/Lutz/Bodewig/*Loth*, PatG, § 14 Rn. 56 ff.; *Mes*, PatG, § 4 Rn. 16 ff.; *Nieder*, Rn. 7 f.

487 BGH GRUR 2011, 701 – Okklusionsvorrichtung.

Rechtsprechung führen an, der Anmelder treffe gerade nicht die Entscheidung, eines der Verfahren zum Gegenstand des Patents zu machen, da er dieses nur zur Kennzeichnung verwende und hierzu auch andere Verfahren dienen könnten.[488] Dieses Argument ist genau richtig.

Allerdings könnte die Argumentation auch wie folgt lauten: Es wurde nun einmal nur dieses eine Verfahren in den Anspruch aufgenommen. Andere Verfahren, die keinen Niederschlag in den Ansprüchen finden, können dann also nicht vom Schutzbereich umfasst sein. Dann könnten nur solche Produkte, die tatsächlich durch das benannte Verfahren hergestellt werden, unter Schutz gestellt sein. Zumindest bei der Formulierung „erhalten durch" müsste also der Schutzbereich eingeschränkt werden. Die Formulierung „erhältlich durch" lässt schließlich schon vom Wortlaut auch den Rückgriff auf andere Verfahren offen.

Diese Übertragung der Rechtsprechung würde dem Sinngehalt der Letzteren jedoch nicht gerecht werden. Sicherlich kann nur das Gegenstand des Anspruchs sein, was in diesen auch Eingang gefunden hat. Das Verfahren selbst ist jedoch nicht Gegenstand des Product-by-process-Anspruchs und soll es auch nicht sein. Es dient lediglich der Kennzeichnung des Erzeugnisses. Werden bspw. in Beschreibung oder Zeichnungen noch weitere Verfahren genannt, die jedoch keinen Niederschlag in den Ansprüchen gefunden haben, dann bedeutet dies, dass auch diese Verfahren dem Erzeugnis die kennzeichnenden Eigenschaften verleihen. Sie hätten also ebenso wie das benannte Verfahren zur Kennzeichnung verwendet werden können. Die benannte Entscheidung des BGH ist nicht auf den Grundfall des Product-by-process-Anspruchs übertragbar, da nicht die gleiche Konstellation vorliegt. *Okklusionsvorrichtung* ist vor allem zur Äquivalenz ergangen. Ebenso wie die neueste Entscheidung des BGH zu diesem Komplex[489] kann *Okklusionsvorrichtung* im Rahmen der Äquivalenz auch für den Product-by-process-Anspruch von Bedeutung sein. Der Product-by-process-Anspruch gibt das Verfahren jedoch gerade nicht als konkretes Ausführungsbeispiel an, sondern nutzt es als Kennzeichnung des Erzeugnisses. Durch Benennung des Verfahrens wird dogmatisch kein Ausführungsbeispiel in den Anspruch aufgenommen, sondern eine von mehreren möglichen Definitionen gewählt. Die Annahme, der Anmelder schließe durch die Aufnahme eines bestimmten Verfahrens andere Verfahren aus, ist fehlgeleitet. Mit einer bestimmten Formulierung eines Anspruchs schließt der Erfinder schließlich auch nicht aus, dass die Erfindung auch anders hätte umschrieben werden können. Eine

488 *Cepl*, Mitt. 2013, 62 (64).

489 BGH GRUR 2016, 921 – Pemetrexed.

Übertragung dieser Rechtsprechung würde damit dem Wesen sowie Sinn und Zweck des Product-by-process-Anspruchs zuwiderlaufen. Das Verfahren dient lediglich der mittelbaren Kennzeichnung der Eigenschaften des Erzeugnisses. *Okklusionsvorrichtung* kann damit generell keine Auswirkungen auf die Auslegung von Product-by-process-Ansprüchen haben. Jedenfalls aber kann diese Rechtsprechung nicht als Argument für oder gegen die generelle Beschränkung des Schutzbereichs von Product-by-process-Ansprüchen dienen. Damit ist der Literatur[490] hier zuzustimmen.

hh) Der Teil der Literatur, der eine Beschränkung des Schutzbereichs für beide Formulierungen und damit eine generelle Begrenzung vorschlägt, versucht insbesondere, die Entscheidung *Tetraploide Kamille* zu entkräften. Es wird behauptet, der BGH habe sich hier nicht mit dem Schutzbereich oder der Auslegung beschäftigen müssen. Damit seien der Entscheidung keine eigenen Überlegungen zu entnehmen.[491]

Die angegriffene Entscheidung erging in einem Rechtsbestandsverfahren. Die Klägerin vor dem BGH wehrte sich gegen den Widerruf ihres Patents durch das Bundespatentgericht und versuchte das Patent mittels Hilfsanträgen aufrechtzuerhalten.[492] Einer der Hilfsanträge umfasste einen Product-by-process-Anspruch. Gegenstand des Anspruchs war eine tetraploide Kamille der Kamillenpflanzenart Echte Kamille.[493]

Der BGH beschäftigte sich in seiner Entscheidung also tatsächlich lediglich mit der – vom BPatG verneinten – Zulässigkeit von Product-by-process-Ansprüchen mit Blick auf biologische Erzeugnisse und im Kontext der Hinterlegung. Er hatte nicht über Auslegung oder Schutzbereich zu entscheiden.

Dem Urteil damit jegliche Aussagekraft für Product-by-process-Ansprüche abzusprechen, ist jedoch voreilig. Denn der BGH macht ausdrücklich Ausführungen zum Schutzbereich solcher Ansprüche, ob hierüber nun zu entscheiden war oder nicht. Er trifft bewusst außerhalb der tatsächlich zu entscheidenden Materie eine Aussage, indem er die Beschränkung des Schutzes auf den angegebenen Verfahrensweg ablehnt.[494] Einzelne Autoren stufen diese Aussage als beiläufig ab, denn sie sei ja selbst wiederum nur durch die *Trioxan*-Entscheidung belegt.[495]

---

490 *Cepl*, Mitt. 2013, 62 (64).
491 *Rogge*, Mitt. 2005, 145 (148); *Schrell*, GRUR Int. 2015, 119 (124).
492 BGH NJW 1994, 199 (199) – Tetraploide Kamille.
493 BGH NJW 1994, 199 (199) – Tetraploide Kamille.
494 BGH NJW 1994, 199 (202) – Tetraploide Kamille.
495 *Rogge*, Mitt. 2005, 145 (148); *Schrell*, GRUR Int. 2015, 119 (124).

Auszug aus *Trioxan*: „Denn Gegenstand des Patents ist trotz der Beschreibung durch das Herstellungsverfahren das Erzeugnis als solches […]. In dieser Art der Beschreibung liegt auch keine Beschränkung des Schutzes für das Erzeugnis auf den zu einer Kennzeichnung angegebenen Verfahrensweg. Die Beschreibung des Züchtungsweges dient nur der eindeutigen Kennzeichnung des Erzeugnisses (vgl. BGHZ 57, 1 (22) 0 NJW 1971, 2309 = LM §1 PatG Nr. 37 – Trioxan […]).“[496]

Sicherlich kann darüber gestritten werden, wie weit der Verweis auf die *Trioxan*-Entscheidung in diesem Zusammenhang gehen soll. Soll er nur belegen, dass der Verfahrensweg lediglich der Kennzeichnung des Erzeugnisses dient, und damit nur auf den unmittelbar vorausgehenden Satz Bezug nehmen? Oder soll es auch die vorherigen Aussagen belegen, in denen gerade die Beschränkung des Schutzbereichs abgelehnt wird?

Jedenfalls findet diese Kritik ihr Ende, sofern eine spätere Entscheidung des BGH existiert, in der dieser über Auslegung und Schutzbereich zu entscheiden hatte und in der er seine in *Tetraploide Kamille* getroffenen Aussagen wiederholt.

In der Entscheidung *Kochgefäß* hatte der BGH über die Verletzung eines Patents zu entscheiden, das nur einen Anspruch hatte.[497] Dabei ging es um ein Kochgefäß, welches „obtained“, also durch das angegebene Verfahren „erhalten“ wurde. Damit hatte der BGH über die Auslegung der Formulierung „erhalten/hergestellt“ (und nicht etwa „erhältlich/herstellbar“) und den einhergehenden Schutzbereich zu entscheiden. Dazu führt er aus, dass die Formulierung des Anspruchs allein der Kennzeichnung des Erzeugnisses diene und keine Beschränkung auf das geschilderte Verfahren mit sich bringe.[498] Dies belegt er unter anderem mit dem Verweis auf *Tetraploide Kamille*. Weiter führt er aus, dass eine generelle Beschränkung abzulehnen sei. Auch aus der gebotenen Auslegung ergeben sich keine Hinweise auf eine Beschränkung auf Gegenstände, die mittels des benannten Verfahrens hergestellt worden seien.[499]

Damit hat der BGH eindeutig klargestellt, dass er erstens eine unterschiedliche Behandlung der Formulierungen ablehnt und zweitens bei keiner der Formulierungsvarianten eine generelle Beschränkung des Schutzbereichs annimmt. Durch den Verweis auf *Tetraploide Kamille* hat er zudem klargestellt, wie derartige Ausführungen zu verstehen sind.

Der Vorwurf, der BGH verstehe seine eigenen Entscheidungen nicht, wird sicherlich nicht erhoben werden. Damit kann die angeführte Kritik nicht

---

496 BGH NJW 1994, 199 (202) – Tetraploide Kamille.
497 BGH GRUR 2015, 361 – Kochgefäß.
498 BGH GRUR 2015, 361 (362) – Kochgefäß.
499 BGH GRUR 2015, 361 (362) – Kochgefäß.

durchgreifen. Sie muss als Argument für die Einschränkung des Schutzbereichs bei Product-by-process-Ansprüchen ausscheiden.

ii) Es ist ferner richtig, dass nur das unter Schutz gestellt werden kann, was der Öffentlichkeit auch tatsächlich am Anmeldetag offenbart wird. Das entspricht dem Belohnungsprinzip des Patentrechts. Bei einem Product-by-process-Anspruch wird der Öffentlichkeit nicht vermittelt, wie das Erzeugnis auf einem anderen Weg erhalten werden kann.[500] In dieser Hinsicht ist den Kritikern der Rechtsprechung Recht zu geben.[501] Die anderen Herstellungswege, die dem Erzeugnis die gleichen Eigenschaften verleihen, werden in der Patentschrift meist nicht offenbart. Diese Argumentation verfängt allerdings nicht mehr, wenn ein Vergleich zu herkömmlichen Erzeugnisansprüchen angestrengt wird. Dort werden alle Eigenschaften des Erzeugnisses durch körperliche Merkmale oder Parameter bestimmt, sodass es nicht auf das Herstellungsverfahren ankommt. Doch auch hier wird nicht angegeben, auf welchen Wegen das Erzeugnis erhalten werden kann. Auch hier sind alle Erzeugnisse vom Schutzbereich erfasst, die die gleichen Eigenschaften aufweisen. Wie man zu einem Erzeugnis kommt, das diese Eigenschaften aufweist, wird nicht offenbart. Belohnt wird schon das Erzeugnis selbst bzw. die Lehre zum technischen Handeln, die dieses Erzeugnis verkörpert. Dies muss auch für den Product-by-process-Anspruch gelten. Auch herkömmliche Erzeugnisansprüche, für die der absolute Schutz angenommen wird, ermöglichen es dem Fachmann nicht zwangsläufig, das Erzeugnis mittels anderer Verfahren zu erlangen. Sie ermöglichen es dem Fachmann lediglich festzustellen, ob ein anderes Erzeugnis die gleichen Eigenschaften aufweist, und zwar unabhängig vom Verfahren.

Allerdings ist nicht von der Hand zu weisen, dass die genaue Beschaffenheit des Erzeugnisses nicht unmittelbar benannt wird[502] Dieser Mangel entspricht jedoch gerade dem Wesen des Product-by-process-Anspruchs. Der Anspruch wurde speziell für solche Fälle eingeführt, in denen eine unmittelbare Kennzeichnung nicht möglich ist, und er ist auf Grund der erforderlichen Subsidiarität auch nur für solche Fälle zulässig. Und doch offenbart der Anmelder die Eigenschaften des Erzeugnisses und damit den Gegenstand seiner Erfindung in der Patentschrift. Er nennt der Öffentlichkeit zwar keine genaue Eigenschaft, offenbart jedoch in Teilen oder auch vollständig das Herstellungsverfahren, das diese Eigenschaften verleiht. Es erscheint nicht angemessen, zum Beispiel dem Chemieerfinder vorzuwerfen, er werde durch den Product-by-process-Anspruch entlastet, weil er nicht mehr

---

500 *Schrell*, GRUR Int. 2015, 119 (123).

501 S.o. aa) Beschränkung durch beide Formulierungsvarianten.

502 *Schrell*, GRUR Int. 2015, 119 (121).

so viel wie andere Erfinder offenbaren müsse. Weil er die Eigenschaft des Erzeugnisses nicht anders benennen kann, offenbart er das Herstellungsverfahren. Dabei kann auch das Argument nicht verfangen, es sei ja dem Erfinder überlassen, wie er sein Erzeugnis kennzeichnet. Wenn er auf den Product-by-process-Anspruch zurückgreifen muss, ist ihm die Kennzeichnung ja gerade nicht anders möglich. Die Offenbarung des Herstellungsverfahrens kann man zudem nicht als unwichtig abtun und den Erfinder damit auf einen beschränkten Schutz verweisen. Dem Chemieerfinder wird gegenüber anderen Erfindern auch kein Vorteil gewährt, indem er auf diesen Anspruch zurückgreifen darf. Es wird lediglich eine weitere Möglichkeit der Kennzeichnung akzeptiert. Der Mehrwert, der der Öffentlichkeit geboten wird, beschränkt sich dabei nicht auf die Erzeugnisse aus dem im Anspruch genannten Verfahren. Wie bei jedem Erzeugnisanspruch besteht der Mehrwert in der Lösung der gestellten Aufgabe, die sich in einem Erzeugnis verkörpert. Dieses Erzeugnis wird der Öffentlichkeit zugänglich gemacht, auch wenn es des Verfahrens zur Kennzeichnung bedarf. Womöglich wird hierdurch ein umständlicher Nacharbeitungsprozess erforderlich, um die Eigenschaften tatsächlich festzustellen. Dies vermindert aber nicht den Wert der technischen Lehre, die der Anmelder durch die Patentanmeldung mit der Öffentlichkeit teilt.

Damit bewegt auch dieses Argument nicht dazu, eine Beschränkung für beide Formulierungen bei Product-by-process-Ansprüchen anzunehmen.

jj) Auch die Argumente der Autoren, die sich für eine Differenzierung der Formulierungen aussprechen, bedürfen einer genaueren Betrachtung. Ein Argument lautet, dass der Wortlaut von „erhalten" bzw. „erhältlich durch" schon auf begrifflicher Ebene unterschiedliche Bedeutungen nahelege.[503] Wie der BGH in *Trioxan* zumindest andeutete, soll „erhältlich" die Einbeziehung weiterer Verfahren offenlassen, während dies bei „erhalten" nicht der Fall sein soll.[504] Diese Differenzierung liegt, wenn man von einem rein sprachlichen Verständnis ausgeht, durchaus nahe. Doch auch hier kann die Formulierung nicht unabhängig von ihrem Kontext gesehen werden. Das Wesen des Product-by-process-Anspruchs verlangt, dass das Erzeugnis durch das Verfahren gekennzeichnet wird. Dies muss zwangsläufig durch sprachliche Mittel zum Ausdruck gebracht werden. Richtigerweise ist schon die Bestimmung, ob es sich überhaupt um einen solchen speziellen Anspruch handelt, das Ergebnis einer Auslegung.[505]

503 *Rogge*, Mitt. 2005, 145 (146).

504 *Rogge*, Mitt. 2005, 145 (146).

505 S. hierzu II. Der Product-by-process-Anspruch als Ergebnis der Auslegung; OLG Düsseldorf, BeckRS 2014, 21941 Tz. 55–65; OLG Düsseldorf BeckRS 2008, 04705; *Giebe*, FS 80 Jahre Düsseldorf, 125 (127).

Die Verwendung einer der Formulierungen führt nicht automatisch dazu, dass ein Product-by-process-Anspruch vorliegt. Handelt es sich jedoch um einen solchen Anspruch, so kann die Formulierung nur noch zum Ausdruck bringen, dass die Definition der Eigenschaften des Erzeugnisses mittels des Verfahrens erfolgt.[506] Die Formulierungen können in diesem Kontext nur den generellen Bezug zu dem Verfahren herstellen. Dies ist ihre einzige Aufgabe. In irgendeiner Form muss das Verfahren sprachlich in den Anspruch einbezogen werden. Dabei kann es letztlich auch keinen Unterschied machen, wenn sogar eine ganz andere Formulierung gewählt wird. So könnte der Anmelder auch „durch Verfahren X erzeugt" oder „gewonnen durch" wählen. Da schon die Feststellung, ob es sich überhaupt um einen Product-by-process-Anspruch handelt, Ergebnis einer Auslegung ist, können auch solche Formulierungen der Erteilung des Anspruchs nicht entgegenstehen. Entscheidend ist, ob das Erzeugnis mittels seines Herstellungsverfahrens gekennzeichnet wird, weil keine andere Möglichkeit der Kennzeichnung besteht. Welche Worte genau für die Einbeziehung der durch das Verfahren verliehenen Eigenschaften verwendet werden, darf keinen Unterschied machen. Der reine Wortlaut führt damit nicht zu einer Beschränkung des Schutzbereichs.

Schließlich ist auch die Formulierung „erhalten durch" rein sprachlich betrachtet nicht zwingend als Beschränkung zu verstehen. Letztlich besteht der Inhalt darin, dass das Erzeugnis durch dieses Verfahren erlangt wurde. Dies impliziert keinesfalls, dass dies der einzige Weg ist. Verglichen mit der Formulierung „erhältlich durch" liegt die Annahme einer Beschränkung schon näher, ist aber keinesfalls zwangsläufig.

So muss die Formulierung „erhalten durch" / „hergestellt durch" bei der Auslegung unbeachtet bleiben. Hierbei darf sie auch nicht als Indiz für eine Beschränkung des Schutzbereichs gewertet werden. Dies mag nach der jahrelangen Diskussion um eben diese Wirkung der Formulierung schwierig sein. Rechtsprechung und Literatur sind durch diese andauernde Diskussion geprägt und es kann Schwierigkeiten bereiten, sich von den Formulierungsvarianten frei zu machen. Trotzdem praktiziert die Rechtsprechung diese Gleichbehandlung und bestimmt auf Grund der Auslegung im Einzelfall, ob der Schutzbereich beschränkt ist.

kk) Entscheidend könnte allerdings sein, dass der Anmelder bewusst die verwendete Formulierung gewählt hat.[507] Er hatte mit der Anmeldung die Möglichkeit, den zu schützenden Gegenstand frei zu bestimmen. Er war also in der

---

506 S. hierzu II. Der Product-by-process-Anspruch als Ergebnis der Auslegung.

507 *Rogge*, Mitt. 2005, 145 (148).

Wahl der Formulierung frei und hat bewusst seine Erfindung so weit in den Anspruch aufgenommen, wie er Schutz erlangen wollte. Das entsprechende Argument lautet, dass der Anmelder, wenn er die enge Formulierung wähle, auch nur eingeschränkten Schutz begehre.[508] Dieses Argument geht über die einfache Interpretation der Formulierungen und ihrer Aufgabe hinaus. Dabei wird, genau betrachtet, die Beschränkung des Schutzbereichs nicht am Wortlaut, sondern am Willen des Anmelders festgemacht.

Dabei ist es richtig, dass der Anmelder auch die weite Formulierung hätte wählen können. Er darf nicht aus der Verantwortung genommen werden, seine Ansprüche entsprechend seiner Erfindung und dem gewollten Schutz zu formulieren. Letztlich erhält er infolge der Anmeldung ein Monopolrecht für viele Jahre. Bei einer solchen Belohnung ist eine erfinderfreundliche Auslegung und Lesart der Ansprüche durchaus akzeptabel, muss jedoch auch ihre Grenzen haben. Eine hinreichende Innovationsförderung findet freilich auch noch statt, wenn der Erfinder in die Verantwortung gezogen wird. Er hat die Möglichkeit, seine Erfindung zu beschreiben und den Schutzbereich selbst zu bestimmen. Die Ansprüche werden nicht vorgegeben, zum Beispiel nach einer amtlichen Prüfung. Der Anmelder hat die weite Formulierung der Patentansprüche in der Hand. Wenn er diese Chance nicht nutzt, muss davon ausgegangen werden, dass er nur einen beschränkten Schutz begehrt. Das Amt ist an die vorgelegte Fassung gebunden.

Allerdings ist zu beachten, dass es um einen marginalen Unterschied in der Formulierung geht, wobei möglicherweise die eine oder die andere Formulierung gar nicht bewusst gewählt wurde. Jedenfalls kann sich erst aus dem Gesamtkontext der Patentschrift ergeben, ob die Formulierung bewusst zur Begrenzung des Schutzbereichs in den Patentanspruch aufgenommen wurde. Die Antizipation einer Beschränkung ist selbst dann zu erfinderunfreundlich, wenn man dessen Verantwortung klar vor Augen hat. Eine solche Antizipation wäre zwar einerseits der Rechtssicherheit zuträglich, ließe aber andererseits keine Einzelfallentscheidungen mehr zu. Damit müsste an der Verhältnismäßigkeit einer solchen Entscheidung gezweifelt werden.

In einer strikten Begrenzung nach dem antizipierten Willen des Anmelders könnte man einen Verstoß gegen einen der Grundgedanken des Patentrechts sehen. Das Patentrecht zielt darauf ab, den Erfinder zu belohnen und Innovation

508 *Rogge*, Mitt. 2005, 145 (148).

und Entwicklung zu fördern.[509] Gleichzeitig soll Rechtssicherheit für Dritte geschaffen werden, indem strenge Anforderungen an die Patentierbarkeit sowie die Anmeldung und Formulierung gestellt werden (hinreichend eindeutige Identifizierung, Offenbarung etc.).[510] Ziel des Patentrechts ist es also unter anderem, einen angemessenen Ausgleich zwischen Belohnungsinteresse und Rechtssicherheit zu schaffen.[511] Werden keine Einzelfallentscheidungen zugelassen, so verschiebt sich das Verhältnis jedoch weit auf die Seite der Rechtssicherheit. Hierbei wird gerade kein ausgewogener Ausgleich mehr angestrebt. Es wird einseitig limitiert. Dies ist nicht mit den Grundgedanken des deutschen Patentrechts vereinbar.

ll) Als weiteres Argument wird vorgebracht, vom Durchschnittsfachmann könne nicht erwartet werden, die Formulierung „erhalten durch" anders zu verstehen, als dass eine Beschränkung gewollt sei.[512] Abgesehen davon, dass von ihm nicht erwartet werden sollte, dass er die aktuelle Rechtsprechung kennt[513], spielt dieses Argument mit der Behauptung zusammen, der unbefangene Leser könne die Formulierung ebenfalls nur als beschränkend verstehen.[514] Dieses Argument verfängt nicht. Natürlich ist die Rechtssicherheit für Dritte von essentieller Bedeutung, gerade wenn es darum geht, ein Monopolrecht zu verleihen.[515] Allerdings richtet sich die Patentschrift nicht an einen beliebigen Dritten. Sie richtet sich an den für dieses Patent maßgeblichen Fachmann. Es wird nicht begründet, warum der Fachmann bei jedem Patent, das die Formulierung „erhalten durch" verwendet, eine Beschränkung sehen soll. Dabei muss erst recht vom Fachmann verlangt werden, dass er einen Product-by-process-Anspruch erkennt und damit auch weiß, dass die Formulierung lediglich der sprachlichen Einbeziehung des Herstellungsverfahrens dient. Dabei weiß er auch, dass dieses wiederum nur zur Kennzeichnung des Erzeugnisses beschrieben wird. Richtig ist, dass der Fachmann zu dem Ergebnis kommen kann, dass eine Beschränkung vorliegt. Diese muss sich aber aus dem Gesamtkontext des Patents ergeben und kann nicht Konsequenz einer Formulierung sein. Dies würde dem Fachmann das Ergebnis diktieren. Dann würden die Auslegung und intensive Beschäftigung

---

509 Benkard/*Rogge*/*Melullis*, PatG, Einleitung Rn. 1; *Fitzner*/Lutz/Bodewig, PatG, Vorb. § 1 Rn. 8; *Haedicke*/Timmann, § 1 Rn. 6.

510 BGH GRUR 1972, 80 (88) – Trioxan.

511 BGH GRUR 1972, 80 (83) – Trioxan.

512 *Rogge*, Mitt. 2005, 145 (148).

513 S.o. unter ff).

514 S.o. bb) Differenzierung zwischen den Formulierungsvarianten.

515 Vgl. Ausführungen des BGH in GRUR 1972, 80 (83) – Trioxan.

mit der Erfindung jedoch hinfällig. Der Inhalt der Patentansprüche ist gerade durch Auslegung zu ermitteln. Dies dient dem Verständnis der Erfindung. Nur so kann eine angemessene Belohnung des Erfinders erreicht werden. Es ist selbstverständlich, dass die Sprache nie eindeutig ist und es Fälle gibt, in denen sie möglicherweise gar keine hinreichend differenzierten Wörter bereithält, um den Inhalt der Erfindung bis ins letzte Detail kennzeichnen zu können. Deshalb bedarf es der Auslegung. Dabei können solche pauschalen Aussagen wie „wer ‚erhalten durch' benutzt, der möchte auch nur einen beschränkten Schutz" bei der Inhaltsbestimmung der Patentansprüche nicht akzeptiert werden. Natürlich kann es sein, dass der Erfinder einen beschränkten Schutz begehrt oder seine Erfindung tatsächlich keinen absoluten Sachschutz verdient. Dies ist aber durch Auslegung zu ermitteln und nicht durch pauschale Vorverurteilung.

mm) Da die Formulierung nur als sprachliche Brücke dient, muss auch das Argument, es bestehe ein Wertungswiderspruch zur Auslegung anderer Termini im Patentrecht, zurückgewiesen werden.[516] Die Eingangsformulierung „erhalten/erhältlich durch" dient auf Grund der speziellen Natur des Product-by-process-Anspruchs lediglich der Qualifizierung als Product-by-process-Anspruch selbst. Der Anmelder ist gezwungen, das Verfahren zur Definition zu verwenden. Würde diesen Worten ein darüber hinausgehender Sinngehalt zugesprochen, entspräche dies nicht mehr dem Willen des Anmelders.

nn) Schließlich greift die Literatur das Entscheidungsquintett des BGH auf und weist noch einmal auf die Verantwortung des Anmelders hin.[517] Bei diesen Entscheidungen gilt es darauf zu achten, wie sich der BGH zu allgemeinen Formulierungen äußert. Er führt präzise aus, dass Zahlen- und Maßangaben ein höherer Grad an Eindeutigkeit und Klarheit zugebilligt wird als rein umschreibenden Elementen.[518] Dies sei insbesondere deswegen geboten, weil sprachliche Begriffe eine gewisse Abstraktion von dem durch sie bezeichneten Gegenstand bedeuten.[519] Damit kann schon nach den Ausführungen des BGH die Beschränkung, die im Zweifel von Zahlen- und Maßangaben ausgeht, nicht generell

---

516 Fitzner/Lutz/Bodewig/*Loth*, PatG, § 14 Rn. 280.

517 Hierzu wird auf die obigen Ausführungen verwiesen unter kk); *Rogge*, Mitt. 2005, 145 (148).

518 BGH GRUR 2002, 511 (512) – Kunststoffrohrteil; BGH GRUR 2002, 515 (517) – Schneidmesser I; BGH GRUR 2002, 519 (521) – Schneidmesser II; BGH GRUR 2002, 523 (525) – Custodiol I; BGH GRUR 2002, 527 (529) – Custodiol II.

519 BGH GRUR 2002, 511 (512) – Kunststoffrohrteil; BGH GRUR 2002, 515 (517) – Schneidmesser I; BGH GRUR 2002, 519 (521) – Schneidmesser II; BGH GRUR 2002, 523 (525) – Custodiol I; BGH GRUR 2002, 527 (529) – Custodiol II.

von rein beschreibenden Begriffen ausgehen. Dass der Anmelder bei der Verwendung von Zahlen- und Maßangaben auf eigene Gefahr eine Beschränkung herbeiführt, liegt an der unübertragbaren Eindeutigkeit und Klarheit solcher Angaben. Die Begrenzung des Schutzbereichs resultiert jedoch nicht aus der Annahme einer generell erhöhten Verantwortung des Anmelders.

oo) Weiter muss die Auffassung betrachtet werden, die von einer allgemeinen Gleichwertigkeit der Formulierungen ausgeht, hiervon jedoch Ausnahmen machen möchte.[520] Dieser Ansicht kann weder eindeutig zugestimmt noch vollumfänglich widersprochen werden. Zunächst werden die Formulierungsvarianten als gleichwertig und nicht einschränkend verstanden. Dem ist zuzustimmen. Bei den zwei angeführten Ausnahmen[521] soll jedoch die Formulierung „erhalten durch" einen Hinweis auf eine bindende Wirkung der Verfahrensschritte geben.[522] Dieser Vorschlag vermischt zwei wesentliche Ebenen. Der Sinngehalt des Anspruchs ist ausgehend vom Anspruchswortlaut zu ermitteln. Wird die Formulierung „erhalten durch" als beschränkend verstanden, so richtet sich die weitere Auslegung nach diesem Verständnis. Wurde der Sinngehalt unabhängig von der Formulierung schon bestimmt, so bedarf es zunächst keines dem Wortlaut entnommenen Hinweises mehr. Ist der Sinngehalt bekannt, so leitet der Fachmann aus diesem her, ob eine Beschränkung vorliegt. Nach dem ermittelten Sinngehalt wird er das Verständnis der Formulierungen des Anspruchs richten.[523] Ist der Fachmann durch das Verständnis des Sinngehaltes zu dem Schluss gekommen, dass eine Beschränkung auf das Verfahren vorliegt, so wird er die verwendete Formulierung als beschränkend verstehen, unabhängig davon, welche Formulierung gewählt wurde. Er wird jedoch nicht aus der Formulierung einen Hinweis auf den bereits ermittelten Inhalt des Anspruchs entnehmen. Jedenfalls kann nicht davon ausgegangen werden, dass der Fachmann, der einen beschränkten Inhalt des Patentanspruchs ermittelt hat, auf Grund der Formulierung „erhältlich durch" auf einen unbeschränkten Schutzbereich schließt. Dies zeigt, dass die Formulierung keine Auswirkung auf eine im Einzelfall anzunehmende Beschränkung haben kann. Richtig sind hingegen die weiteren Ausführungen. Soweit der Fachmann im Sinngehalt des Anspruchs keine weiteren Anhaltspunkte

---

520 *Giebe*, FS 80 Jahre Düsseldorf, 125 (129 ff.).

521 *Giebe*, FS 80 Jahre Düsseldorf, 125 (130): 1. Herstellungsverfahren und Endprodukt sind so stark verwoben, dass das Verfahren zwingend anzuwenden ist; 2. die Einhaltung der Verfahrensschritte ist aus technischen Gründen auf einem nicht vollständig durchdrungenen Gebiet erforderlich.

522 *Giebe*, FS 80 Jahre Düsseldorf, 125 (130).

523 Vgl. OLG Düsseldorf, BeckRS 2014, 21941 Tz. 55 ff.

für eine Beschränkung sieht, kann er auch bei der Formulierung „erhalten durch" nicht von einer Begrenzung des Schutzbereichs ausgehen.

pp) Schließlich muss auch die Auffassung betrachtet werden, die im Zweifelsfall von einem Verfahrensanspruch ausgeht. Dabei soll es sich bei dem Product-by-process-Anspruch um einen Verfahrensanspruch handeln, wenn die Auslegung zu dem Ergebnis gelangt, dass nur die Erzeugnisse des konkreten Verfahrens vom Schutzbereich umfasst sind.[524] Diese Auffassung trägt schlussendlich nicht zur Entscheidung des Streites bei. Sie überspringt letztlich die Auslegung bis zu dem Punkt, an dem feststeht, dass der Anmelder eine Beschränkung wollte. Trotzdem ist sie für die spätere Bestimmung des Schutzbereichs maßgeblich. Indem sie bei einer solchen Beschränkung nur einen Verfahrensanspruch anerkennt, führt sie im letzten Schritt zu einer anderen Auslegung des Anspruchs. Sie macht damit das Vorliegen eines Product-by-process-Anspruchs vom Endergebnis der Auslegung abhängig.

Abgesehen davon, dass sie dem Product-by-process-Anspruch jegliche Existenzberechtigung zumindest für die beschränkten Fälle abspricht, leugnet sie auch dessen Rechtsnatur als Erzeugnisanspruch. Nun mag es auf den ersten Blick nur logisch erscheinen anzunehmen, es handele sich in dem Fall, in dem eine Beschränkung gewollt war, faktisch um einen Verfahrensanspruch, der über § 9 S. 2 Nr. 3 PatG das unmittelbare Erzeugnis umfasst. Sinn und Zweck des Product-by-process-Anspruchs ist es hingegen, Stoffschutz zu gewähren. Selbst wenn dieser Anspruch, wie es bei jedem Patentanspruch möglich ist, im Ergebnis beschränkt ist, macht es doch einen Unterschied, ob es sich um einen Verfahrens- oder Erzeugnisanspruch handelt. Die größte Differenz liegt schon darin, dass er als Erzeugnisanspruch zumindest noch verarbeitete oder umgestaltete Produkte erfassen würde.[525]

Zudem möchte diese Auffassung schon bei der Feststellung, ob überhaupt ein Product-by-process-Anspruch vorliegt, den Schutzbereich bestimmen. Auf der ersten Ebene der Auslegung wird allerdings nur klargestellt, ob das Verfahren dem Erzeugnis wesentliche Merkmale verleiht.[526] Erst wenn diese Erkenntnis feststeht, kann der Schutzbereich (wiederum mittels Auslegung) bestimmt werden. Der Schutzbereich kann sich erst erschließen, wenn feststeht, um welche Art von Anspruch es sich handelt. Ohne Anknüpfungspunkt einen Schutzbereich zu bestimmen, um dann auf die Art des Anspruchs zu schließen, widerstrebt

---

524 Haedicke/*Timmann*, § 6 Rn. 90.

525 BGH GRUR 1972, 80 (88) – Trioxan; *Giebe*, FS 80 Jahre Düsseldorf, 125 (137).

526 Vgl. hierzu die Ausführungen in II. Der Product-by-process-Anspruch als Ergebnis der Auslegung.

der patentrechtlichen Systematik. Die Auffassung muss in jedem Fall dort abgelehnt werden, wo sie eine neue Patentkategorie zu schaffen versucht. Der klassische Erzeugnisanspruch wandelt sich bei einer Beschränkung des Schutzbereichs schließlich auch nicht in einen gänzlich anderen Anspruch um. Der Product-by-process-Anspruch ist zwar ein Unterfall des Erzeugnisanspruchs, das ändert jedoch nichts daran, dass er ein Erzeugnisanspruch ist. Dabei ist nicht nachzuvollziehen, warum der Erzeugnisanspruch bei der Beschränkung des Schutzbereiches einmal ein solcher bleiben, und sich in anderen Fällen in einen Verfahrensanspruch umwandeln soll. Diese Auffassung ist mit dem überwiegenden Teil der Literatur und der Rechtsprechung abzulehnen.

b) Zusammenfassung und eigenes Meinungsbild

Der Product-by-process-Anspruch wurde in die deutsche Patentrechtssystematik mit dem Zweck eingeführt, die Diskriminierung insbesondere der Chemieerfinder zu beseitigen. Daraus ließe sich theoretisch die strikte Forderung ableiten, er solle immer absoluten Schutz des Erzeugnisses gewährleisten, unabhängig von dessen Herstellungsverfahren. Das würde jedoch nicht die Gleichstellung mit anderen Erfindern bedeuten, sondern eine Bevorzugung darstellen. Jeder Anspruch kann in seinem Schutzbereich begrenzt sein. Bei anderen Erfindungen werden solche Begrenzungen im Kontext der gesamten Auslegung der Ansprüche – also der Bestimmung des Schutzbereichs – festgestellt. Würde man pauschal davon ausgehen, dass die Formulierung „erhalten durch" keine solche Begrenzung des Schutzbereichs darstellt, so würde hierin eine Bevorzugung des Erfinders liegen, der sich des Product-by-process-Anspruchs bedient. Deshalb muss immer im Einzelfall festgestellt werden, ob eine Begrenzung des Schutzbereichs gewollt war. Diese darf nicht per se ausgeschlossen werden.

Gleichzeitig darf die Beschränkung des Schutzbereichs auch nicht per se angenommen werden, sobald eine bestimmte Formulierung in einem Anspruch gewählt wird. Sicher hat der Anmelder es in der Hand, wie er seine Ansprüche formuliert. Trotzdem kann nicht erwartet werden, dass ihm die aktuelle Rechtsprechung und der Meinungsstand in der Literatur stets präsent sind. Ob er eine Begrenzung des Schutzbereichs erreichen wollte, muss anhand des Kontextes der Anmeldung festgestellt werden. Der Anmelder darf insoweit nicht pauschal an eine bestimmte Formulierung gebunden sein.

Dies muss nach den obigen Ausführungen Ausgangspunkt einer jeden Überlegung zum Schutzbereich des Product-by-process-Anspruchs sein. Eine Abkehr von dem Prinzip der Entscheidung im Einzelfall darf nicht angenommen werden.

Die Argumentation, der Anmelder habe selbst einen Anspruch ausgewählt, der mit Unsicherheiten belastet sei, sodass diese zu seinen Lasten gehen müssten[527], erscheint zunächst nachvollziehbar. In den Hauptanwendungsgebieten des Product-by-process-Anspruchs ist es hingegen gerade nicht so, dass der Erfinder freiwillig die Formulierung als Product-by-process-Anspruch wählt. Wie die Voraussetzung der Subsidiarität ausdrücklich zeigt, ist es dem Erfinder gerade nicht möglich, eine andere Anspruchsformulierung zu wählen und gleichzeitig das Erzeugnis gemäß den Anforderungen des Patentgesetzes hinreichend zu kennzeichnen. Man könnte freilich davon ausgehen, dass Erfinder, die ihre Erzeugnisse nur mittels des Herstellungsverfahrens kennzeichnen können, eben das Risiko der Schutzbereichsbeschränkung tragen müssen. Das würde die Annahme implizieren, dass die Beschränkung des Schutzbereichs von Chemiepatenten und Biopatenten letztlich ein Berufsrisiko darstellt. Natürlich kann auch jedes andere Patent in seinem Schutzbereich beschränkt sein. Dies kann auch auf die Formulierung des Patentanmelders zurückgehen. Allerdings würde die Beschränkung des Schutzbereichs beim Product-by-process-Anspruch an einer Eingangsformulierung festgemacht werden, und zwar – dies ist entscheidend – unabhängig von der Erfindung selbst, das heißt unabhängig von dem Inhalt der technischen Lehre und dem Gesamtkontext der Patentansprüche und der Patentschrift. Liefe dies nicht im Ergebnis erneut auf eine Diskriminierung der Chemie- und Bioerfinder hinaus?

Ausgerechnet die ursprüngliche Intention, den Chemieerfinder durch die Einführung des Product-by-process-Anspruchs gleichzustellen[528], würde hierdurch unterlaufen. Dies trifft auch auf alle anderen Gebiete zu, in denen die Kennzeichnung der Erfindung nicht anders möglich ist. Die Anwendbarkeit des Product-by-process-Anspruchs hat der BGH auch auf andere Gebiete ausgeweitet.[529] Würde man eine pauschale Beschränkung des Schutzbereichs lediglich an der Formulierung „erhalten durch“ oder einfach generell an der Existenz des Product-by-process-Anspruchs selbst festmachen, so läge darin eine Diskriminierung eben solcher Patente und ihrer Erfinder. Gerade diese Diskriminierung sollte hingegen mit der Integration des Anspruchs aufgehoben werden.

Entscheidend ist der Wille des Gesetzgebers, eine Gleichstellung zu erreichen. Durch die Einführung des Product-by-process-Anspruchs entsprach der BGH

---

527 *Rogge*, Mitt. 2005, 148 (149).

528 Auch wenn die Entlastung des Patentamts die vordergründige Intention war, wurde doch die Gleichstellung gewollt und geschaffen; vgl. A. Rechtsnatur – Historische Entwicklung.

529 BGH NJW 1979, 1607 – Farbbildröhre.

diesem Willen. Wenn Erfindern durch das Patentgesetz absoluter Erzeugnisschutz gewährt wird, dann muss dieser Schutz allen Erfindern auf allen technischen Gebieten zugänglich sein.

Natürlich dürfen die Anforderungen des Patentgesetzes, die zur Wahrung der Rechtssicherheit geschaffen wurden – insbesondere die eindeutige und klare Kennzeichnung der Erfindung –, nicht ausgehebelt oder umgangen werden. Soweit aber eine Kennzeichnung möglich ist, die es erlaubt, den Gegenstand hinreichend zu identifizieren, muss der Erfindung auch der volle Schutz zugesprochen werden. Wird im Einzelfall festgestellt, dass eine hinreichende Identifizierung nicht erreicht wird oder dass der Erfinder einen absoluten Schutz gar nicht begehrt hat, so ist eine Beschränkung des Schutzbereichs nicht nur gerechtfertigt, sondern auch erforderlich. Diese Feststellung muss aber im Einzelfall und insbesondere unter Berücksichtigung der vollständigen Patentschrift erfolgen. Eine pauschale Antizipation auf Grund eines einzigen ungenauen sprachlichen Ausdrucks kann dem Willen des Gesetzgebers und den Grundgedanken des Patentrechts nicht gerecht werden.

Schließlich müssen auch die Folgen einer von den Kritikern geforderten Änderung der Rechtsprechung beachtet werden. Diese würde zu einer enormen Unsicherheit für die Patentanmelder führen. Die Vermutung liegt nahe, dass die Chemieerfinder in der Folge wieder zur alten Praxis der Anmeldung von zahlreichen Verfahrenspatenten zurückkehren würden. Auf Grund des enormen wirtschaftlichen Wertes solcher Patente könnte ein Erfinder solche Unsicherheiten nicht einfach hinnehmen. Damit würde auch dem am deutlichsten formulierten Zweck der ursprünglichen Abschaffung des Stoffschutzverbotes widersprochen: der Entlastung des DPMA.

Um dem Sinn und Zweck des Product-by-process-Anspruchs und der hinter seiner Einführung stehenden Intention gerecht zu werden, muss die Auslegung unabhängig von den Formulierungsvarianten stattfinden. Dabei ist es natürlich möglich, dass sich aus der Gesamtschau der Patentschrift eine Beschränkung des Schutzbereichs auf das Verfahren ergibt. Diesbezüglich können jedoch keine pauschalen Aussagen getroffen werden. Es ist Aufgabe der Gerichte, im Einzelfall festzustellen, welche Erzeugnisse der Schutzbereich konkret umfasst. Dafür haben sie die Patentansprüche immer nach den allgemeinen Regeln auszulegen. Die Auslegung ist dabei natürlich auch durch das Wesen des Product-by-process-Anspruchs geprägt. Dies darf aber nur insoweit eine Rolle spielen, als dem Umstand Rechnung getragen wird, dass das Herstellungsverfahren das Erzeugnis mittelbar kennzeichnet. Diese mittelbare Kennzeichnung wird in vielen Fällen insoweit mit Schwierigkeiten verbunden sein, als dass die dahinterstehenden

Eigenschaften des Erzeugnisses nicht unmittelbar festzustellen sind. Der Gesetzgeber hat sich jedoch dazu entschieden, auch für solche Erzeugnisse Schutz zu gewähren und sie den anderen Erfindungen gleichzustellen. Diesem Willen hat die Rechtsprechung und die Rechtswissenschaft Rechnung zu tragen.

Schließlich ist auch die Übertragung der allgemeinen Rechtsprechung zum Patentrecht auf den Product-by-process-Anspruch unproblematisch. Für die mittelbar durch das Verfahren beschriebenen Eigenschaften kann nichts anderes gelten, als für die unmittelbar im Anspruch gekennzeichneten Eigenschaften.[530] Dementsprechend kann der Product-by-process-Anspruch, nachdem die durch das Verfahren verliehenen Eigenschaften festgestellt wurden, wie jeder andere Sachanspruch behandelt werden.

IV. Auslegung des Anspruchs

Der Schutzbereich des Product-by-process-Anspruchs ist gemäß § 14 PatG bzw. Art. 69 Abs. 1 EPÜ durch Auslegung zu ermitteln. Dabei gelten die allgemeinen Auslegungsregeln. Der Schutzbereich wird also auch hier durch den Inhalt des Patentanspruchs bestimmt, wobei Zeichnungen und Beschreibung berücksichtigt werden.[531] Das im Anspruch benannte Verfahren dient der Beschreibung des Erzeugnisses. Die charakteristischen Eigenschaften, die das Verfahren dem Erzeugnis vermittelt, sind maßgeblich.[532] Diese charakteristischen Eigenschaften sind im Rahmen der Auslegung festzustellen.[533] Dabei ist wiederum die Sicht des Fachmannes ausschlaggebend, welcher durch die Patentschrift angesprochen wird.[534]

Es gilt zu beachten, dass durch die Auslegung wiederum nur die Eigenschaften festgestellt werden, die tatsächlich auch charakteristisch für das Erzeugnis sind.[535] Nicht alle Eigenschaften des Erzeugnisses sind für den Inhalt des Anspruchs entscheidend. Es sollen keine Eigenschaften einbezogen werden, die über die charakteristischen Eigenschaften des Erzeugnisses hinausgehen. Wird bspw. die gesamte chemische Zusammensetzung beschrieben, bedeutet dies nicht zwingend, dass die gesamte chemische Zusammensetzung auch die Charakteristik

---

530 *Meier-Beck*, FS König, 323 (339).

531 BGH BeckRS 2010, 18946 Tz. 24; *Cepl*, Mitt. 2013, 62 (63).

532 Benkard/*Scharen*, PatG, § 14 Rn. 46; Schramm/*Kaess*, Kap. 6 Rn. 138; *Cepl*, Mitt. 2013, 62 (65); *Schrell*, GRUR Int. 2015, 119 (119).

533 BGH GRUR 2001, 1129 (1133) – Zipfelfreies Stahlband; *Cepl*, Mitt. 2013, 62 (65).

534 BGH BeckRS 2010, 18946 Tz. 24; *Cepl*, Mitt. 2013, 62 (65).

535 *Cepl*, Mitt. 2013, 62 (65).

des Erzeugnisses darstellt.[536] Die charakteristischen Eigenschaften ergeben sich aus der Charakteristik, die der Fachmann dem Erzeugnis auf Grund des Verfahrens zuschreibt.[537] Es kann unter Umständen eine sehr differenzierte Analyse der technischen Lehre erforderlich sein, um die Sachparameter festzustellen, die das Erzeugnis charakterisieren.[538] Dabei ist insbesondere festzustellen, dass die Nacharbeitung die Auslegung nicht ersetzen kann, die festzustellen hat, welche der ermittelten Eigenschaften auch charakteristisch sind.[539] Dies bedeutet, dass beim Product-by-process-Anspruch auch entschieden werden muss, ob es sich bei erwähnten Angaben nur um Erläuterungen des Ausführungsbeispiels handelt oder diese tatsächlich Bestandteil der Merkmalskombination sind, die das Erzeugnis näher charakterisieren soll.[540]

Weiterhin darf für die Auslegung nicht auf die Erteilungsakten zurückgegriffen werden, da diese nicht von § 14 PatG und Art. 69 EPÜ als Auslegungskriterien benannt sind. Den Erteilungsakten kann lediglich indizielle Bedeutung dahingehend zukommen, wie der Fachmann die Merkmale des Anspruchs versteht.[541] Weiterhin kann für die Auslegung auch nicht jeder Stand der Technik herangezogen werden. Maßgeblich ist nur das, was zum gewöhnlichen Fachwissen des Fachmanns zum Prioritätszeitpunkt gehört.[542] Der sonstige Stand der Technik kann nur einbezogen werden, wenn er zum Gegenstand der Patentbeschreibung gemacht wurde.[543] Dies gilt jedenfalls für die Ermittlung des Gegenstands des Patents.[544]

Auch wenn sich bei Product-by-process-Ansprüchen Schwierigkeiten ergeben können, können diese doch nach den allgemeinen Auslegungsgrundsätzen überwunden werden. Entscheidend ist dabei die Auslegung des benannten Herstellungsverfahrens, also die Bestimmung, welche charakteristischen Eigenschaften es dem Produkt verleiht. Dabei ist die Auslegung und damit die Bestimmung des Schutzbereichs zwar Rechtsfrage, doch kann das Gericht bei mangelnder

---

536 *Cepl,* Mitt. 2013, 62 (65).

537 BGH BeckRS 2010, 18946 Tz. 24; *Cepl,* Mitt. 2013, 62 (66).

538 *Meier-Beck,* FS König, 323 (333).

539 *Cepl,* Mitt. 2013, 62 (66).

540 *Meier-Beck,* FS König, 323 (333).

541 BGH NJW 1997, 3377 (3380) – Weichvorrichtung II; BGH GRUR 2016, 921 (923) – Pemetrexed.

542 BGH GRUR 1978, 235 (236 f.) – Stromwandler; Benkard/*Scharen,* § 14 Rn. 61; Cepl, Mitt. 2013, 62 (66).

543 BGH GRUR 1978, 235 (236 f.) – Stromwandler; *Cepl,* Mitt. 2013, 62 (66).

544 BGH GRUR 1987, 280 (283) – Befestigungsvorrichtung.

Sachkunde einen Sachverständigen heranziehen und diesen erläutern lassen, welchen technischen Sinngehalt der Durchschnittsfachmann dem Herstellungsverfahren entnimmt.[545] Auf Grundlage dieser Erklärung kann das Gericht dann den Anspruch auslegen und die charakteristischen Eigenschaften bestimmen.[546]

Ist es dem Fachmann nicht möglich, die charakteristischen Eigenschaften des Erzeugnisses zu bestimmen, verbleiben Unklarheiten, die behoben werden müssen.[547] Der Patentanspruch hat Rechtsnormcharakter, sodass es Rechtsfrage ist, was sich aus dem Patentanspruch als geschützter Gegenstand ergibt.[548] Unklarheiten können allerdings dazu führen, dass der betreffenden Angabe ein beschränkter Sinngehalt zugewiesen wird.[549] Beim Product-by-process-Anspruch kann dies bedeuten, dass der Anspruch auf das benannte Verfahren beschränkt wird.[550]

Dabei kann das Ergebnis der Auslegung auch lauten, dass der Inhalt der Patentansprüche nur solche Erzeugnisse erfasst, die mittels des angegebenen Verfahrens hergestellt wurden, und damit in der Gesamtschau der Patentschrift der Schutzumfang auf das benannte Verfahren beschränkt ist.[551]

Ernsthaft in Betracht gezogen wurde eine solche Beschränkung vom OLG Karlsruhe.[552] Hierbei führte das Gericht aus, es sei nicht zu erkennen, inwieweit das in Frage stehende Merkmal über die vorangehenden Merkmale hinaus zur mittelbaren Umschreibung der Sacheigenschaften dienen solle. Diese Frage bedurfte allerdings keiner abschließenden Entscheidung. Vorliegend handelte es sich um ein Verfügungsverfahren, gestützt auf den Vorlage- und Besichtigungsanspruch nach § 140c Abs. 1 PatG. Nach Ansicht des Gerichts reiche es für die Annahme der hinreichenden Wahrscheinlichkeit der Patentverletzung aus, dass die entsprechende Beurteilung der Rechtslage ernsthaft in Betracht komme. Hierzu stellte das OLG fest, dass die hinreichende Wahrscheinlichkeit sowohl bei Annahme der Beschränkung als auch bei Annahme des absoluten Schutzes vorliege.

---

545 BGH GRUR 2007, 410 (412 f.) – Kettenradanordnung; BGH GRUR 2010, 410 (413) – Insassenschutzsystemsteuereinheit; *Cepl*, Mitt. 2013, 62 (67).

546 BGH GRUR 2007, 410 (413) – Kettenradanordnung; BGH GRUR 2010, 410 (413) – Insassenschutzsystemsteuereinheit; *Cepl*, Mitt. 2013, 62 (67).

547 BGH GRUR 2009, 653 (654) – Straßenbaumaschine; BGH GRUR 2015, 868 (870) – Polymerschaum II.

548 BGH GRUR 2004, 1023 (1025) – Bodenseitige Vereinzelungseinrichtung; BGH GRUR 2009, 653 (653 f.) – Straßenbaumaschine; BGH GRUR 2015, 868 (870) – Polymerschaum II.

549 BGH GRUR 2009, 653 (654) – Straßenbaumaschine.

550 Vgl. *Cepl*, Mitt. 2013, 62 (67); *Giebe*, FS 80 Jahre Düsseldorf, 125 (133 f.); s. hierzu unten I. Unklarheiten im Patentanspruch.

551 BGH BeckRS 2010, 18946 Tz. 23; ausdrückliche Erwähnung dieser Möglichkeit in BGH GRUR 2015, 361 (362) – Kochgefäß; LG Mannheim BeckRS 2015, 07516.

552 OLG Karlsruhe BeckRS 2013, 19312.

C. Auslegung im Erteilungs-, Rechtsbestands- und Verletzungsverfahren

Der Product-by-process-Anspruch wird im Erteilungs-, Rechtsbestands- und Verletzungsverfahren in gleicher Weise ausgelegt.[553] Dies ist unabhängig von der obigen Diskussion und davon, wie das Auslegungsergebnis im konkreten Fall aussieht. Die übereinstimmende Auslegung entspricht dem Interesse an der Rechtssicherheit und Vorhersehbarkeit sowohl der Anmelder als auch der potentiellen Verletzer. Eine deckungsgleiche Auslegung in Erteilungs- und Verletzungsverfahren ist jedenfalls im Lichte der zu gewährleistenden Rechtssicherheit erforderlich.

D. Der Schutzbereich

Der Schutzbereich umfasst alle Erzeugnisse, die die Eigenschaften des patentierten Erzeugnisses aufweisen.

Damit sind auch solche Erzeugnisse vom Schutzbereich umfasst, die mittels eines anderen Herstellungsverfahrens gewonnen werden. Das Erzeugnis genießt unabhängig von dem genannten Herstellungsverfahren absoluten Schutz. Jedes Erzeugnis, das die gleichen Eigenschaften aufweist, fällt in den Schutzbereich des Patents und der Inhaber kann gegen solche Erzeugnisse vorgehen. Product-by-process-Ansprüche sind Erzeugnisansprüche und müssen genau so behandelt werden.

Die Bestimmung des Schutzbereichs von Product-by-process-Ansprüchen ist entscheidend durch das Meinungsbild zur Auslegung geprägt.[554]

E. Kritik am absoluten Stoffschutz

Nachdem 1968 das Stoffschutzverbot aufgehoben wurde, führte der BGH mit der *Imidazoline*-Entscheidung 1972 den absoluten Stoffschutz ein.[555] Absoluter Stoffschutz bedeutet, dass das Erzeugnis unabhängig von seiner Herstellung und der

---

553 BGH GRUR 2010, 858 (859) – Crimpwerkzeug III; Benkard/*Bacher*, PatG, § 1 Rn. 26; *Giebe*, FS 80 Jahre Düsseldorf, 125 (134); *Schrell*, GRUR Int. 2015, 119 (120).

554 S.o. b) Zusammenfassung und eigenes Meinungsbild.

555 BGH GRUR 1972, 541 (544) – Imidazoline; *Haedicke*, GRUR 2010, 94 (94); *Meibom/Nack*, FS Reimann, 551 (553); *Schneider/Walter*, GRUR 2007, 831 (831).

Verwendung geschützt ist.[556] Dabei ist es ohne Bedeutung, ob der Patentinhaber die Verwendungsmöglichkeiten bei der Anmeldung erkannt hat oder nicht.[557]

Diese Grundsatzentscheidung ist viele Jahre lang unangetastet geblieben und hat sich so fest verankert und zur Doktrin entwickelt.[558] Durch die Biotechnologie-Richtlinie und ihre Umsetzung ist jedoch die Diskussion um den allgemeinen absoluten Stoffschutz erneut entbrannt.[559]

Der ausschlaggebende Punkt war hierbei 2005 die Umsetzung der Richtlinie in § 1a Abs. 3 und Abs. 4 PatG. Dieser bestimmt in Abs. 3, dass die gewerbliche Anwendbarkeit einer Sequenz eines Gens in der Anmeldung unter der konkreten Angabe ihrer Funktion beschrieben werden muss. Weiter ergänzt Abs. 4, dass diese konkrete Verwendung bei menschlichen Genen in den Patentanspruch aufzunehmen ist. Die gesetzgeberische Beschränkung auf die konkrete Verwendung geht auf Erwägungsgrund 23 der Biotechnologie-Richtlinie zurück, wonach DNA-Abschnitte ohne Angabe einer konkreten Funktion keine Lehre zum technischen Handeln und damit keine Erfindung darstellen. Dies hat mehreren Autoren Anlass gegeben, den absoluten Stoffschutz, also den absoluten Schutz chemischer Erfindungen, generell zu überdenken.

Der absolute Schutz anderer Erfindungen soll hierbei nicht angetastet werden.[560] Dieser birgt allgemein nicht die Gefahr, dass Erzeugnisse auf gänzlich unterschiedlichen technischen Gebieten Verwendung finden könnten.[561] Die technische Funktion, bspw. die rotierende Bewegung in einem Strömungsmittel, ändert sich bei Erfindungen auf technischen Gebieten außerhalb der Chemie nicht und beschränkt sich damit auf ein Verwendungsgebiet.[562] Dies kann bei chemischen Stoffen anders sein. Es können sich also Verwendungsmöglichkeiten an „völlig anderen technischen Standorten" ergeben.[563] Ein Farbstoff kann möglicherweise als Arzneimittel verwendet werden.[564] Die Möglichkeit

556 BGH GRUR 1972, 541 (544) – Imidazoline; *Haedicke*, GRUR 2010, 94 (95); *Schneider/Walter*, GRUR 2007, 831 (831).
557 BGH GRUR 1972, 541 (544) – Imidazoline.
558 *Götting*, GRUR 2009, 256 (256); *Moufang*, GRUR 2010, 89 (90); *Schneider/Walter*, GRUR 2007, 831 (831).
559 *Haedicke*, GRUR 2010, 94 (95); *Kunczik*, GRUR 2003, 845 (846); *Schneider/Walter*, GRUR 2007, 831 (832).
560 *Götting*, GRUR 2009, 256 (259); *Schneider/Walter*, GRUR 2007, 831 (836).
561 *Götting*, GRUR 2009, 256 (259); *Schneider/Walter*, GRUR 2007, 831 (836).
562 *Götting*, GRUR 2009, 256 (259); *Schneider/Walter*, GRUR 2007, 831 (836).
563 *Götting*, GRUR 2009, 256 (260); *Schneider/Walter*, GRUR 2007, 831 (836).
564 *Götting*, GRUR 2009, 256 (259); *Schneider/Walter*, GRUR 2007, 831 (837).

mehrfacher Funktionen könnte also eine allgemeine Beschränkung rechtfertigen. Dabei wird vor allem auf die Gefahr der Überbelohnung hingewiesen[565] – insbesondere da der BGH in *Imidazoline* entschieden hat, dass der Anmelder bei der Anmeldung keine Kenntnis von den weiteren Verwendungsmöglichkeiten haben muss und trotzdem absoluten Schutz erlangt.[566] Eine Ausnahme bilden hier nur Arzneimittel.[567]

Die Entscheidung des BGH, absoluten Stoffschutz zu gewähren, geht darauf zurück, dass er bei chemischen Stoffen die Lösung der Aufgabe, also die Erfindung, darin sieht, dass überhaupt ein neuer Stoff zur Verfügung gestellt wird.[568] Diese Argumentation wird auch heute noch zur Rechtfertigung herangezogen.[569]

Die Kritiker führen an, dass das Auffinden anderer Verwendungsmöglichkeiten bei chemischen Stoffen durchaus auf erfinderischer Tätigkeit beruhen könne. Deshalb werde der ursprüngliche Anmelder mehrfach und derjenige, der die Verwendung aufgefunden habe, gar nicht belohnt.[570] Zudem müsse die Belohnung, also der Umfang des Patents, der mit der Offenbarung gezeigten Bereicherung des Stands der Technik entsprechen.[571] Ob dies hier der Fall ist, bildet den Streitpunkt.

Trotz der Kritik ist keine Abkehr von *Imidazoline* durch die Rechtsprechung erkennbar. Ob diese Rechtsprechung im Hinblick auf die Entwicklungen in der Chemie in den letzten Jahrzehnten und die heutige Praxis noch zeitgemäß ist, sei für die Untersuchung des Product-by-process-Anspruchs dahingestellt. Eine Abkehr vom absoluten Stoffschutz würde den Stoffschutz im Allgemeinen betreffen. Für die dem Product-by-process-Anspruch innewohnenden Probleme und Fragen würde das keine Veränderung implizieren.

---

565 *Haedicke*, GRUR 2010, 94 (97); *Götting*, GRUR 2009, 256 (259); *Schneider/Walter*, GRUR 2007, 831 (837).

566 BGH GRUR 1972, 541 (544) – Imidazoline.

567 Benkard/*Melullis*, PatG, § 3 Rn. 371; *Moufang*, GRUR 210, 89 (90); *Schneider/Walter*, GRUR 2007, 831 (837).

568 BGH GRUR 1972, 541 (543 f.) – Imidazoline; *Götting*, GRUR 2009, 256 (259); *Schneider/Walter*, GRUR 2007, 831 (838).

569 *Haedicke*, GRUR 2010, 94 (97); *Schneider/Walter*, GRUR 2007, 831 (838).

570 *Haedicke*, GRUR 2010, 94 (98); *Götting*, GRUR 2009, 256 (259); *Schneider/Walter*, GRUR 2007, 831 (837).

571 *Haedicke*, GRUR 2010, 94 (97); *Götting*, GRUR 2009, 256 (259).

5. Teil: Die Probleme und Unsicherheiten des Product-by-process-Anspruchs

Trotz der Annahme eines weiten Schutzbereichs kann nicht ignoriert werden, dass sich auf Grund der mittelbaren Beschreibung des Erzeugnisses weitergehende Probleme und Unsicherheiten ergeben. Diese werden insbesondere von den Kritikern der Rechtsprechung ins Feld geführt. Die Darstellung der dieser Probleme bietet sich hingegen nicht im Rahmen der Auslegung an. Es handelt sich vielmehr um Schwierigkeiten, die sich im weiteren Verlauf ergeben, zum Beispiel im Verletzungsprozess. Die oben dargestellte generelle Auslegung bleibt hiervon unberührt.

Es wird vielfach angeführt, dass massive Unsicherheiten über die Eigenschaften des Erzeugnisses selbst nach Offenbarung der Patentschrift bestehen. Welche Eigenschaften das angegebene Verfahren dem Produkt konkret verleiht, ist oft erst durch mühsame Nacharbeit ermittelbar. Damit scheint ein schnelles Vorgehen gegen oder aus einem Product-by-process-Anspruch fast unmöglich.

A. Rechtsunsicherheiten im Erteilungsverfahren

Durch die Inanspruchnahme des Product-by-process-Anspruchs ergeben sich Unsicherheiten, die im und durch das Erteilungsverfahren entstehen und somit dem Product-by-process-Anspruch ab Erteilung anhängen.

Zur Erteilung eines Patents ist zunächst ein Antrag gemäß § 34 PatG zu stellen, welcher den Mindestanforderungen der §§ 34, 35, 35a, 36 PatG genügt.[572] Dieser Antrag setzt das Erteilungsverfahren in Gang.[573] Die materielle Wirkung besteht darin, dass der Anmeldetag und damit der Altersrang gesichert wird.[574] Nach der Eröffnung des Erteilungsverfahrens erfolgt, soweit nicht unmittelbar ein Prüfungsantrag gestellt ist, eine vorläufige, auf die Feststellung bestimmter offensichtlicher formaler und inhaltlicher Mängel gerichtete beschränkte Prüfung.[575] Diese vorläufige Prüfung erfolgt gemäß § 42 PatG und soll, insbesondere um das Prüfungsverfahren zu entlasten, die Grundvoraussetzungen einer wirksamen

572 *Mes*, PatG, § 34 Rn. 27; Haedicke/Timmann/*Landry*, § 5 Rn. 766; Kraßer/*Ann*, § 25 Rn. 1 f.

573 *Mes*, PatG, § 34 Rn. 83; Kraßer/*Ann*, § 25 Rn. 3.

574 *Mes*, PatG, § 34 Rn. 83; Haedicke/Timmann/*Landry*, § 5 Rn. 919.

575 Haedicke/Timmann/*Landry*, § 5 Rn. 921.

Anmeldung feststellen.[576] Innerhalb von sieben Jahren nach dem Anmeldetag kann der Anmelder oder jeder Dritte gemäß § 44 Abs. 2 PatG den Prüfungsantrag stellen. Im Prüfungsverfahren werden die formale Ordnungsmäßigkeit der Anmeldung und die sachlichen Patentierungsvoraussetzungen vollständig geprüft.[577] Ergibt die Prüfung, dass alle Erfordernisse erfüllt sind, so wird ein Erteilungsbeschluss erlassen.[578] Ergibt sie hingegen, dass noch Mängel bestehen, so ergeht ein Prüfungsbescheid, zu dem der Anmelder sich dann zu äußern hat.[579] Wurden alle Mängel beseitigt, ergeht wiederum der Erteilungsbeschluss.

Das Patent entsteht erst durch den staatlichen Erteilungsakt.[580] Genügt die Patentanmeldung den materiellen und formellen Anforderungen und sind etwaige Mängel beseitigt, so beschließt die Prüfungsstelle die Erteilung des Patents gemäß § 49 Abs. 1 PatG.

Die Erteilung des Patents wird gemäß § 58 Abs. 1 S. 1 PatG im Patentblatt veröffentlicht. Gleichzeitig wird nach § 58 Abs. 1 S. 2 PatG die Patentschrift veröffentlicht, die Aufschluss über den Inhalt der patentierten Erfindung gibt. Schließlich bestimmt § 58 Abs. 1 S. 3 PatG, dass mit der Veröffentlichung im Patentblatt die gesetzlichen Wirkungen des Patents eintreten.

Der Patentanmelder hat im Rahmen seiner Anmeldung gemäß § 34 Abs. 7 PatG und § 10 Abs. 2 Nr. 2 PatV den ihm bekannten Stand der Technik anzugeben, welcher für das Verständnis der Erfindung und die Beurteilung der Schutzfähigkeit in Betracht kommen kann. § 34 Abs. 7 PatG bestimmt dabei lediglich, dass das Patentamt vom Anmelder Angaben zum Stand der Technik verlangen kann.

Dieses Verlangen wird in § 10 Abs. 2 Nr. 2 PatV geäußert und damit zur formellen Voraussetzung für Patentanmeldungen. Die PatV ist eine Rechtsverordnung, sodass das DPMA die Kompetenz zu deren Erlass hätte haben müssen. Das DPMA ist gemäß § 26 Abs. 1 S. 1 PatG eine selbstständige Bundesoberbehörde im Geschäftsbereich des Bundesministeriums für Justiz und für Verbraucherschutz. Das Ministerium wird an mehreren Stellen des PatG dazu ermächtigt, Rechtsverordnungen zu erlassen und so einzelne Bereiche genauer zu regeln. Hierunter fallen nach § 34 Abs. 6 PatG auch die Form und die sonstigen Erfordernisse der Anmeldung von Patenten. Gemäß § 63 Abs. 4 PatG kann

576 DPMA, Richtlinien für die Prüfung von Patentanmeldungen, Kap. 2.2; *Mes*, PatG, § 42 Rn. 1; Haedicke/Timmann/*Landry*, § 5 Rn. 921.

577 DPMA, Richtlinien für die Prüfung von Patentanmeldungen, Kap. 2.2; Kraßer/*Ann*, § 25 Rn. 40.

578 DPMA, Richtlinien für die Prüfung von Patentanmeldungen, Kap. 3.8.1; Haedicke/Timmann/*Landry*, § 5 Rn. 966.

579 Haedicke/Timmann/*Landry*, § 5 Rn. 967; Kraßer/*Ann*, § 25 Rn. 55.

580 Fitzner/Lutz/Bodewig/*Einsele*, PatG, § 1 Rn. 7 ff.; *Mes*, PatG, § 1 Rn. 6.

das Ministerium diese Ermächtigung mittels Rechtsverordnung auf das DPMA übertragen. Dies ist mittels der DPMA-Verordnung gemäß § 20 DPMAV a.F.[581] (jetzt § 1 Abs. 2 DPMAV) geschehen, sodass das DPMA die Kompetenz hat, entsprechende Rechtsverordnungen zu erlassen. Indem es also in § 10 Abs. 2 Nr. 2 PatV festgelegt hat, dass der Anmelder den relevanten Stand der Technik benennen muss, hat es von dieser Kompetenz Gebrauch gemacht und im Sinne von § 34 Abs. 7 PatG bestimmt, dass es einer solchen Darlegung bedarf. Der Patentanmelder hat damit den aus seiner Sicht maßgebenden Stand der Technik darzulegen, diesen jedoch nicht zu würdigen oder zu beurteilen.[582]

Regelmäßig wird auf Rechtsunsicherheiten hingewiesen, die dem Product-by-process-Anspruch anhaften.[583] Die kritisierten Unsicherheiten werden jedoch oft nicht konkret benannt; ebenso wenig ihre Auswirkungen. Einzelne Autoren bezeichnen die von ihnen gesehenen Unsicherheiten aber auch klar und deutlich.[584]

So ergebe sich im Erteilungsverfahren der Unterschied zu anderen Erzeugnisansprüchen daraus, dass sich auf Grund der mittelbaren Umschreibung nicht die genauen körperlichen und funktionalen Eigenschaften des Erzeugnisses unmittelbar aus den Anmeldeunterlagen ergeben.[585] Damit lasse das Erteilungsverfahren offen, über welche Merkmale und Parameter letztlich festgestellt werden könne, welche Erzeugnisse vom Schutzumfang erfasst sind.[586] Eine Beschränkung auf das Herstellungsverfahren ist abzulehnen. Dann sind jedoch auch solche Erzeugnisse erfasst, die über das Erzeugnis hinausgehen, das sich unmittelbar aus dem Verfahren ergibt. Eben diese Erzeugnisse könnten anhand der Erteilungsunterlagen nicht unmittelbar identifiziert werden.[587] Allerdings stellt dies zunächst kein Problem im Erteilungsverfahren selbst dar. Stellt das Patentamt fest, dass das Erzeugnis patentfähig ist, so erteilt es das Patent. Werden Mängel festgestellt, muss der Patentanmelder nachliefern und sich äußern, um die Mängel zu beseitigen. Nur dann muss er selbst möglicherweise Argumente dafür vorbringen, dass sein Erzeugnis bspw. neu ist.

581 DPMAV vom 05.09.1968 BGBl. 1968 I S. 999.

582 DPMA, Richtlinien für die Prüfung von Patentanmeldungen, Kap. 3.7.1.

583 EPA GRUR 1984, 525 (527) – Anspruchskategorien/IFF; Busse/*Keukenschrijver*, § 9 Rn. 54; *Meyer-Dulheuer*, GRUR Int. 1985, 435 (439); *Schrell*, GRUR 2015, 119 (121); *Schrell/Heide*, GRUR 2006, 383 (385 f.).

584 *Schrell/Heide*, GRUR 2006, 383 (386).

585 *Schrell/Heide*, GRUR 2006, 383 (386).

586 *Schrell/Heide*, GRUR 2006, 383 (386).

587 *Schrell/Heide*, GRUR 2006, 383 (386).

Es wird jedoch eingewendet, dass der Anmelder im Erteilungsverfahren in der Regel darzulegen habe, dass alle vom angestrebten Schutz erfassten Erzeugnisse auch tatsächlich von denen des Stands der Technik abweichen.[588] Dafür suche sich der Anmelder die seinem Erzeugnis am nächsten kommenden Erzeugnisse aus dem Stand der Technik heraus und vergleiche sie experimentell mit seinem Erzeugnis.[589] Hierfür wiederum suche er sich selbst gewählte Merkmale und Parameter heraus und führe die Patentierbarkeit dann auf die experimentell belegten Unterschiede zurück.[590] Die Wahl dieser Merkmale binde ihn jedoch nicht im späteren Verletzungsverfahren.[591] Insbesondere aus diesem Grund lasse das Erteilungsverfahren bei Product-by-process-Ansprüchen letztlich offen, anhand welcher Merkmale oder Parameter festgestellt werden kann, welche Erzeugnisse vom Schutz erfasst werden.[592]

Das ist insofern richtig, als sich aus dem erteilten Patent nicht unmittelbar alle charakterisierenden Merkmale ergeben. Genau das ist dem Product-by-process-Anspruch immanent. Der Anmelder kann die sich aus dem Herstellungsverfahren ergebenden Merkmale und Parameter ja gerade nicht angeben. Könnte er sie benennen, so bräuchte er den Product-by-process-Anspruch nicht. Es ist wichtig, auf die Unterscheidung der Begrifflichkeiten zu achten. Die charakterisierenden Merkmale und Parameter werden beim Product-by-process-Anspruch nie bezeichnet werden können. Entscheidend, auch für die Abgrenzung zum Stand der Technik oder zu etwaigen Verletzungsprodukten, sind die Eigenschaften, die das Verfahren dem Erzeugnis verleiht.

Die pauschale Aussage, der Anmelder werde im Erteilungsverfahren in der Regel fremde Erzeugnisse mit seinem eigenen Erzeugnis experimentell vergleichen, ist kritisch zu betrachten. Im Erteilungsverfahren vor dem DPMA hat der Anmelder gemäß § 10 Abs. 2 Nr. 2 PatV nur den Stand der Technik zu benennen, der seines Erachtens für das Verständnis der Erfindung oder den Schutzbereich relevant ist. Dabei hat er nicht die Neuheit seines Erzeugnisses darzulegen. Er selbst muss das Erzeugnis nur abgrenzen, wenn das Patentamt Mängel feststellt und einen Prüfungsbescheid erlässt. Dann müssen aber auch konkrete Mängel bei der Neuheit bestehen, damit der Anmelder gehalten ist, sich hierzu zu äußern. Befindet das Amt zum Beispiel, dass die Erfindung nicht auf erfinderischer Tätigkeit beruht, muss der Anmelder keine Abgrenzung vornehmen. Schließlich

588 *Schrell/Heide*, GRUR 2006, 383 (385).
589 *Schrell/Heide*, GRUR 2006, 383 (385).
590 *Schrell/Heide*, GRUR 2006, 383 (385).
591 *Schrell/Heide*, GRUR 2006, 383 (386).
592 *Schrell/Heide*, GRUR 2006, 383 (386).

muss er sein Erzeugnis im Einspruchsverfahren nach §§ 59 ff. PatG zu etwaigen Entgegenhaltungen abgrenzen.[593]

Damit hat der Anmelder sein Erzeugnis nur dann vom Stand der Technik oder etwaigen Erzeugnissen abzugrenzen, wenn ein Prüfungsbescheid ergeht, der die Neuheit als mangelhaft ausweist, oder wenn es zum Einspruch kommt. Ein allgemeines Erfordernis einer solchen Darlegung besteht nicht.

Vor dem EPA ist dies anders. Das Amt hat in ständiger Rechtsprechung und in den Prüfungsrichtlinien festgelegt, dass es bei Product-by-process-Ansprüchen eines besonderen Nachweises der Neuheit bedarf.[594] Die Beweislast für ein angeblich unterscheidendes Product-by-process-Merkmal liegt hier beim Anmelder, sodass dieser nachweisen muss, dass die Abwandlung der Verfahrensparameter zu einem anderen Erzeugnis führt.[595] Dieses Erfordernis wurde jedoch im Zusammenhang mit Fällen entschieden, in denen die Herstellungsweise nur eine verfahrenstechnische Abwandlung eines im Prinzip bekannten Verfahrens darstellte.[596] In solchen Fällen bedürfe es der Neuheitsabgrenzung durch den Anmelder. Diese Überlegung geht auf den allgemeinen Erfahrungssatz in der Chemie zurück, dass annähernd gleiche Verfahrensbedingungen im Allgemeinen zu gleichen oder annähernd gleichen Verfahrenserzeugnissen führen.[597] Ein solcher Nachweis könne auf Grund zwingender, mit dem allgemeinen Fachwissen in Einklang stehender Überlegungen jedoch auch durch die Darlegung deutlicher Unterschiede in den Eigenschaften der Erzeugnisse erreicht werden.[598] In einer solchen Konstellation hat das Erfordernis des Neuheitsnachweises durch den Anmelder durchaus seine Berechtigung. Wandelt er ein bekanntes Verfahren, das zu bekannten Erzeugnissen führt, nur marginal ab, liegt die Vermutung nahe, dass die erhaltenen Erzeugnisse nicht neu sind. Es bedarf also einer Begründung, warum der Erfahrungssatz an dieser Stelle nicht greift. Damit fordert auch das EPA nicht in allen Fällen einen Neuheitsnachweis durch den Anmelder. Eines Nachweises bedarf es nur, wenn ein bekanntes Verfahren verfahrenstechnisch abgewandelt wird.

---

593 Nach 4.2 der Richtlinien für das Einspruchsverfahren vor dem DPMA entspr. Art. 101 EPÜ in der Erwiderung auf den Einspruchsschriftsatz.

594 *Kühnen*, Kap. A Rn. 105; *Reich*, Rn. 520; *Giebe*, FS 80 Jahre Düsseldorf, 125 (134 f.).

595 Richtlinien für die Prüfung im EPA, Teil F, Kap IV, 4.12.

596 EPA, T 205/83 – Vinylester-Crotonsäure-Copolymerisate/HOECHST = GRUR Int. 1986, 259 (260); EPA, T 279/84 = BeckRS 1987, 30555802.

597 EPA, T 205/83 – Vinylester-Crotonsäure-Copolymerisate/HOECHST = GRUR Int. 1986, 259 (260).

598 EPA, T 205/83 – Vinylester-Crotonsäure-Copolymerisate/HOECHST = GRUR Int. 1986, 259 (260).

Trotzdem verbleibt die Unsicherheit, welche der dem Erzeugnis durch das Verfahren verliehenen Eigenschaften die charakterisierenden sind. Diese werden nicht im Erteilungsverfahren identifiziert. Damit ist es Dritten gerade bei reinen Product-by-process-Ansprüchen nicht möglich alle Eigenschaften aus der Erteilung herauszulesen. Es fällt also erheblich schwerer, Verletzungen oder Entgegenhaltungen zu prüfen, um die Erfolgschancen zu beurteilen.

Im Erteilungsverfahren selbst bestehen somit keine besonderen Rechtsunsicherheiten. Aus der Besonderheit des Product-by-process-Anspruchs und dessen Niederschrift im Erteilungsverfahren ergeben sich jedoch Rechtsunsicherheiten für etwaige nachfolgende Verfahren.

B. Rechtsunsicherheiten im Rechtsbestands- und Verletzungsverfahren

Rechtsunsicherheiten ergeben sich im weiteren Umgang mit dem erteilten Patent. Dabei bestehen allgemeine Unsicherheiten im Hinblick auf den Schutzbereich. Diese verschärfen sich zudem in einzelnen Konstellationen. Dabei wirken sich insbesondere neue Analyse- und Messmethoden aus.

I. Allgemeine Unsicherheiten beim Schutzbereich

Dass bei Product-by-process-Ansprüchen eine erhöhte Unsicherheit bezüglich Auslegung und Bestimmung des Schutzbereichs besteht, dürfte schon aus der Darstellung der Auslegungsproblematik ersichtlich sein. Auch bei klassischen Erzeugnisansprüchen steht nicht fest, wie das Gericht die einzelnen Merkmale verstehen wird. Damit kann der Rechtsbestand oder die mangelnde Verletzung niemals sicher vor der Klärung durch das Gericht bestimmt werden. Auch wenn die BGH-Rechtsprechung zur Auslegung des Product-by-process-Anspruchs und der Bestimmung des Schutzbereichs als gefestigt angesehen werden kann, sind die Stimmen der Kritiker doch nicht zu überhören. Da die Meinungen weit auseinandergehen und es sich nicht nur um einen dogmatischen Streit handelt, ist nicht auszuschließen, dass der BGH diese Kritik hören und sich den kritischen Stimmen in der Literatur anschließen wird. Der Streit dreht sich zudem um die entscheidende Eigenschaft eines Patents, den Schutzbereich. Damit ist weder für Patentanmelder noch für potentielle Verletzer die Entscheidung des Gerichts vorhersehbar.

Insbesondere kann das Gericht, selbst wenn es generell von einem absoluten uneingeschränkten Schutz von Product-by-process-Ansprüchen ausgeht, im Einzelfall feststellen, der Anmelder habe nur Schutz für die Produkte angestrebt, die unmittelbar durch das angegebene Verfahren hergestellt werden. Dies sind die Unsicherheiten, die schon auf Grund der allgemeinen Auslegungsschwierigkeiten und der speziellen Natur des Product-by-process-Anspruchs bestehen.

Auch das Argument des BPatG im Rahmen der Entscheidung, die der *Trioxan*-Entscheidung vorausging, kann nicht ignoriert werden. Das BPatG hatte insbesondere angeführt, dass die Öffentlichkeit bei chemischen Stoffen, bei denen keine sichere Kenntnis des Aufbaus vorliege, nicht wisse, in welche Richtung sie arbeiten könne, ohne Gefahr zu laufen, dabei bestehende Schutzrechte zu verletzen.[599] Die Öffentlichkeit müsse also vor diffusen und unübersichtlichen Schutzrechten bewahrt werden.[600] Dieser Einwand wird vom BGH als nicht mit dem Ziel der Patentgesetzgebung vereinbar abgelehnt.[601] Dass diese Rechtsunsicherheit auf Grund verschiedener Erwägungen hinzunehmen ist, ändert jedoch nichts an ihrem Bestand.

Schließlich hätte die Änderung der Rechtsprechung zum absoluten Stoffschutz erhebliche Auswirkungen auf den Product-by-process-Anspruch.[602] Dieses Szenario aktuell unter die Rechtsunsicherheiten zu fassen ist sicherlich übereifrig, da keine Abkehr von der gefestigten Rechtsprechung absehbar ist. Sollte es jedoch zu einem verwendungsgebundenen Schutz kommen, würde der Schutzbereich des Product-by-process-Anspruchs auf das Verfahren beschränkt. Dann bliebe Product-by-process-Ansprüchen nur noch ein sehr kleiner und sicherlich dem Belohnungsgedanken nicht mehr gerecht werdender Schutzbereich.

II. Neue Analyse- und Messmethoden

Weiterhin besteht die Gefahr, dass zum Zeitpunkt des Rechtsbestands- oder Verletzungsverfahrens neue Analyse- oder Messmethoden zur Verfügung stehen.[603] Dabei kann es sein, dass der vermeintliche Verletzer durch bei der Patentanmeldung noch nicht bekannte Methoden Unterschiede feststellen kann, die ihn nun aus dem Schutzbereich hinausführen.[604] Zum Zeitpunkt der Patentanmeldung hätte er also das Patent verletzt. Im späteren Verletzungsprozesses kann er jedoch ausreichende Unterschiede belegen. Denkbar wäre es zum Beispiel, dass es zum Zeitpunkt des Verfahrens möglich ist, chemische Stoffe auf einer

599 BGH GRUR 1972, 80 (82) – Trioxan.

600 BGH GRUR 1972, 80 (82) – Trioxan.

601 BGH GRUR 1972, 80 (83) – Trioxan.

602 Vgl. die immer wieder laut werdende Kritik, angesprochen in E. Kritik am absoluten Stoffschutz.

603 *Bühling*, GRUR 1974, 299 (304); *Schrell/Heide*, GRUR 2006, 383 (386).

604 *Schrell/Heide*, GRUR 2006, 383 (386).

Strukturebene zu untersuchen, die man zuvor nicht kannte. Umgekehrt ist die Situation schwerlich denkbar. Dann müsste das Verletzerprodukt zum Zeitpunkt der Anmeldung nicht alle Merkmale erfüllt haben, wobei sich auf Grund neuer Messmethoden zu einem späteren Zeitpunkt herausstellen würde, dass das Produkt dennoch verletzend ist.

Jedenfalls bedeutet dies, dass sich zwar nicht der Schutzbereich, aber die von diesem umfasste Erzeugnisse im Laufe der Jahre verändern können. Wenn sich die vom Schutzbereich umfassten Erzeugnisse jedoch mit dem technischen und wissenschaftlichen Fortschritt verändern können, begründet dies Rechtsunsicherheit für den Patentinhaber. Es kann natürlich auch für den vermeintlichen Verletzer Rechtsunsicherheit bestehen. Denkbar ist, dass er so lange mit seinem Erzeugnis das Patent verletzt, bis die neue Methode zur Verfügung steht. Dann kommt es darauf an, wann das Verletzungsverfahren angestrengt wird. Zudem ist nie abschließend geklärt, in welche Richtung gewinnbringend geforscht werden kann.

Diese Problematik besteht insbesondere beim Product-by-process-Anspruch, da durch die Angabe des Herstellungswegs die genauen Merkmale und Parameter gerade nicht genannt werden, weil sie nicht bezeichnungsfähig sind. Damit sind die Eigenschaften maßgeblich, die das Herstellungsverfahren dem Erzeugnis verleiht. Kann eine dieser Eigenschaften durch eine neue Methode in ein bestimmtes Merkmal oder einen Parameter übersetzt werden, bestehen neue Abgrenzungsmöglichkeiten. Bei herkömmlichen Erzeugnisansprüchen sind alle Merkmale des Erzeugnisses exakt angegeben. Auch hier kann der wissenschaftliche Fortschritt das ursprünglich verletzende Produkt aus dem Schutzbereich herausführen. Dies dürfte jedoch nicht zu einem gänzlich anderen Verständnis eines Merkmals führen, denn dieses war schon vorher eindeutig benannt. Beim Product-by-process-Anspruch hingegen kann es sein, dass hierdurch ein Merkmal das erste Mal überhaupt bezeichnet werden kann, obwohl man sich zu diesem Zeitpunkt möglicherweise schon vor Gericht streitet.

C. Bestehende Lösungsansätze

Die Problematik der Rechtsunsicherheiten wird überwiegend über die Reichweite des Schutzbereichs zu lösen versucht. Dies spiegelt die obige Diskussion um die Auslegung wider. Diese Lösungsansätze[605] wurden schon dargestellt und

---

605 Benkard/*Bacher*, PatG, § 1 Rn. 26; Benkard/*Schäfers*, EPÜ, Art. 84 Rn. 69; Fitzner/Lutz/Bodewig/*Loth*, PatG, § 14 Rn. 280; *Mes*, PatG, § 14 Rn. 117, § 34 Rn. 38; Schulte/*Rinken*/*Kühnen*, § 14 Rn. 44; Haedicke/*Timmann*, § 6 Rn. 90; *Kühnen*, Kap. A Rn. 104; *Nieder*, Rn. 19; schon vor Tetraploide Kamille: *Bühling*, GRUR 1974, 299

sollen nicht noch einmal aufgegriffen werden. Nachfolgend sind nur solche Lösungsansätze angeführt, die versuchen, die Rechtsunsicherheiten des Product-by-process-Anspruchs auf andere Weise zu verringern oder zu vermeiden.

Eine allgemeine Beschränkung des Schutzbereichs des Product-by-process-Anspruchs auf die mittels des Verfahrens hergestellten Erzeugnisse wird nicht angenommen.[606] Damit ist dieser Ansatz auch nicht dazu geeignet, die Rechtsunsicherheiten zu vermeiden und gleichzeitig der Natur des Product-by-process-Anspruchs und seiner Aufgabe im Patentrecht gerecht zu werden. Dementsprechend sind auch die Meinungen, die nach den Formulierungsvarianten des Anspruchs unterscheiden wollen, nicht zielführend, um das Problem der Rechtsunsicherheiten zu lösen.

Einen anderen Lösungsansatz formulieren zwei Autoren, die die Lösung im Erteilungsverfahren suchen.[607] Absoluter Erzeugnisschutz sei nur dem Anmelder zu gewähren, der anhand der ursprünglich offenbarten Daten zeigen könne, dass sich seine Erzeugnisse anhand struktureller oder funktioneller Merkmale oder Parameter vom Stand der Technik unterscheiden und dass die Merkmale zur Lösung beitragen und die Patentfähigkeit stützen.[608] Dabei habe er die Merkmale und Parameter in seinem Patentanspruch genau anzugeben.[609] Nur ein solcher Anmelder bereichere die Öffentlichkeit um alle Erzeugnisse, unabhängig von der Herstellungsweise, und verdiene damit einen weit gehenden Schutz.[610] Deshalb solle der Erfinder, der das Erzeugnis am Anmeldetag nicht durch die benannten Merkmale und Parameter kennzeichnen könne, immer auf das Erzeugnis aus dem Verfahren beschränkt sein. Man müsse den Anmelder also an bestimmte Merkmale oder Parameter binden, indem er diese in den Patentanspruch aufzunehmen habe.[611] Der Anmelder soll damit im Erteilungsverfahren rechtsverbindlich an eindeutig identifizierbare körperliche oder funktionale Merkmale gebunden werden. Wenn er zu deren Benennung nicht in der Lage ist, soll der Schutz auf die durch das Verfahren hergestellten Erzeugnisse beschränkt

(303 f.); *Cepl*, Mitt. 2013, 62 (63); *Meier-Beck*, FS König, 323 (327); *Rogge*, Mitt. 2005, 145 (148); *Schrell*, GRUR Int. 2015, 119 (124).

606 S. hierzu die Beurteilung des Meinungsspektrums im Rahmen der Auslegung im 4. Teil: Die Bestimmung des Schutzbereichs.

607 *Schrell/Heide*, GRUR 2006, 383 (387).

608 *Schrell/Heide*, GRUR 2006, 383 (387).

609 *Schrell/Heide*, GRUR 2006, 383 (387).

610 *Schrell/Heide*, GRUR 2006, 383 (387).

611 *Schrell/Heide*, GRUR 2006, 383 (387 f.).

werden.[612] Dabei wird auch erkannt, dass dieser Vorschlag folgerichtig dazu führt, dass der Anmelder, der zu einer genauen Benennung dieser Merkmale in der Lage ist, nicht mehr auf den Product-by-process-Anspruch angewiesen ist.[613] Er könnte ebenso klassischen Erzeugnisschutz erlangen.

Allerdings werde diese Abgrenzung auch gewählt, weil eine Abgrenzung über die Formulierung nicht zielführend sei.[614] Es sei nicht einzusehen, warum der Anmelder, der mehr beanspruchen möchte, als er eindeutig identifizieren kann, die Öffentlichkeit mit einem mit Rechtsunsicherheiten behafteten Schutzrecht belasten dürfe.[615] Die Ermittlung der aus dem Verfahren hervorgehenden Eigenschaften solle nicht erst dem Konfliktfall überlassen werden.[616] Geschlussfolgert wird, dass Product-by-process-Ansprüche, bei denen das Erzeugnis ausschließlich durch das Verfahren gekennzeichnet wird, einen beschränkten Schutz genießen.[617] Product-by-process-Ansprüche, die zusätzlich zum Herstellungsverfahren auch eindeutig identifizierbare Merkmale und Parameter enthalten, sollen absoluten Schutz genießen.[618] Entscheidend sei schließlich, dass es dem Patentanmelder nicht erlaubt sein könne, nachträglich Schutz für etwas zu beanspruchen, was er bei der Anmeldung nicht unter Schutz habe stellen lassen.[619] Da der Anmelder es in der Hand habe, die Eigenschaften seines Erzeugnisses zu benennen, solle ihm nur absoluter Schutz gewährt werden, wenn er diese Angaben auch mache.[620]

Dieser Lösungsansatz ist abzulehnen. Die nach diesem Lösungsvorschlag unbeschränkten Product-by-process-Ansprüche dürften auf Grund der zu beachtenden Subsidiarität gar keine Product-by-process-Ansprüche, sondern müssten klassische Erzeugnisansprüche sein. Damit würde letztlich die Auslegung gänzlich unterdrückt, denn alle Product-by-process-Ansprüche wären von vornherein in ihrem Schutzbereich beschränkt. Da der Anmelder für einen unbeschränkten Schutz stets die genauen Eigenschaften des Erzeugnisses angeben müsste, würde ihm, soweit er hierzu in der Lage ist, ein klassischer Erzeugnisanspruch erteilt. Alle Product-by-process-Ansprüche wären hingegen beschränkt.

---

612 *Schrell/Heide*, GRUR 2006, 383 (388).
613 *Schrell/Heide*, GRUR 2006, 383 (388).
614 *Schrell/Heide*, GRUR 2006, 383 (388).
615 *Schrell/Heide*, GRUR 2006, 383 (388).
616 *Schrell/Heide*, GRUR 2006, 383 (388).
617 *Schrell/Heide*, GRUR 2006, 383 (388).
618 *Schrell/Heide*, GRUR 2006, 383 (388).
619 *Schrell/Heide*, GRUR 2006, 383 (388).
620 *Schrell/Heide*, GRUR 2006, 383 (388).

Damit könnte der Anmelder, dem lediglich die Kennzeichnung seines Erzeugnisses mit Hilfe des Herstellungsverfahrens möglich ist, niemals absoluten Erzeugnisschutz erlangen. Ein angemessener Interessenausgleich ist jedoch nicht in der Wiedereinführung der Diskriminierung zu sehen. Damit ist sie auch nicht dazu geeignet, die Rechtsunsicherheiten vertretbar zu minimieren. Gesucht wird vielmehr ein Weg, der den absoluten Erzeugnisschutz als allen Erfindern zugänglich beibehält und trotzdem die Rechtunsicherheiten um den Product-by-process-Anspruch minimiert.

Einer der Autoren hat seinen Lösungsvorschlag im Rahmen einer etwas anderen Fragestellung leicht verändert.[621] Im Rahmen der Auslegung müsse man für alle Product-by-process-Ansprüche zu dem Ergebnis kommen, dass diese nur solche Erzeugnisse umfassen, welche mittels des angegebenen Verfahrens erzeugt wurden.[622]

D. Eigener Lösungsansatz

Auch mit Blick auf alle Unsicherheiten und die weitgestreute Kritik, soll die Auslegung in der Regel zu einem unbeschränkten Schutz führen. Dies bedeutet hingegen nicht, dass die bestehenden Unsicherheiten nicht minimiert werden können. Es bedarf lediglich eines anderen Ansatzpunkts, der außerhalb der Auslegung liegt. Die Lösung soll hier nicht im Schutzbereich gesucht werden. Dieser soll in Übereinstimmung mit der BGH-Rechtsprechung und in Anbetracht der obigen Ausführungen richtigerweise alle Erzeugnisse umfassen, die dem patentierten Erzeugnis entsprechen, unabhängig davon, wie sie hergestellt wurden. Dies muss, wie noch zu erörtern sein wird, für alle Product-by-process-Ansprüche gelten.

Es ist an dem Ergebnis festzuhalten, dass der Product-by-process-Anspruch grundsätzlich unbeschränkten Schutz gewährt. Er umfasst alle Erzeugnisse, die dem eigenen entsprechen, gleichgültig mit welchem Verfahren sie hergestellt wurden. Diese Auslegungsfrage konnte ganz allgemein für den Product-by-process-Anspruch beantwortet werden. Die hinter dem Anspruch stehende Systematik muss immer dieselbe sein. Eine Unterscheidung zwischen verschiedenen Product-by-process-Ansprüchen gibt es auf der systematischen Ebene nicht.

---

621 *Schrell*, GRUR 2015, 119 f.

622 *Schrell*, GRUR 2015, 119 (121); hier nur zur vollständigen Darstellung angeführt, da dieser Lösungsvorschlag schon unter aa) Beschränkung durch beide Formulierungsvarianten behandelt wurde.

Es ist jedoch möglich, auf der Ebene der daraus resultierenden Rechtsunsicherheiten Unterscheidungen zu treffen. Dabei wird der Grundsatz des unbeschränkten Schutzes beibehalten. Es bestehen jedoch zwei Ansatzpunkte, um einen Teil der Rechtsunsicherheiten zu verhindert oder zumindest auszugleichen. Zu diesem Zwecke könnte entweder der Erfinder mit Beweisschwierigkeiten belastet oder gewissen Erfindungen der Schutz bei Verwendung eines Product-by-process-Anspruchs versagt werden.

Der Product-by-process-Anspruch ist für alle im Zweifelsfall Beteiligten mit den genannten Unsicherheiten behaftet. Gerne wird mit Blick auf diese Unsicherheiten vorgebracht, dass der Erfinder sich den Anspruch schließlich selbst ausgesucht habe, sodass er auch alle damit verbundenen Risiken tragen müsse. Diese Argumentation muss auf der Ebene des Schutzbereichs noch zurücktreten. Systematisch ist der Anspruch für die Fälle geschaffen, in denen der Erfinder gar keine andere Möglichkeit der Kennzeichnung hat. Dabei stand ein Aspekt bisher stets hinter der Unmöglichkeit der Kennzeichnung und der Hilflosigkeit des Anmelders zurück: Einem Erfinder wird der Product-by-process-Anspruch auch gewährt, wenn eine anderweitige Kennzeichnung „nur" gänzlich unpraktikabel ist.

Hinter den Grundgedanken, die Diskriminierung von Chemieerfindungen abzuschaffen und alle Erfinder gleich zu stellen, müssen die Rechtsunsicherheiten zurücktreten und sind damit hinzunehmen. Dieser Gedanke greift jedoch nur, soweit es sich um einen Product-by-process-Anspruch handelt, der gewählt wurde, weil eine andere Kennzeichnung absolut unmöglich war. Hier passt der Gedanke der Gleichstellung, sodass die entstehenden Rechtsunsicherheiten von der Gesellschaft zugunsten der Gleichstellung aller Erfinder hingenommen werden müssen. Schon allein dieser Grund lässt die Abschaffung des Product-by-process-Anspruchs nicht zu. Besteht im Einzelfall jedoch keine Gefahr der Diskriminierung, erscheint auch die Hinnahme der Rechtsunsicherheiten nicht mehr gerechtfertigt.[623]

Hat der Erfinder den Product-by-process-Anspruch gewählt, um einen erhöhten Aufwand zu umgehen oder weil es sonst einer komplizierten Patentschrift bedurft hätte, so hat er den Anspruch mit den damit einhergehenden Rechtsunsicherheiten freiwillig gewählt. Er bedient sich des Anspruchs dann letztlich aus Bequemlichkeit. In einem solchen Fall ist es durchaus angebracht, dafür, dass er Zeit, Aufwand und Kosten für die Anmeldung seiner Erfindung gespart hat, die

623 Eine ähnliche Differenzierung wird in *Schrell*, GRUR 2015, 119 (121) angedeutet, jedoch mit dem Ergebnis, dass alle Product-by-process-Ansprüche auf die Erzeugnisse beschränkt werden müssen, die mittels des angegebenen Verfahrens erzeugt wurden.

Rechtsunsicherheiten auf die Risikoseite des Anmelders zu verlagern. Wer es sich zunächst leicht macht, muss im Nachhinein einen höheren Anteil am Risiko tragen. Auch wenn die obige Auslegungsproblematik im Ergebnis zu einer sehr erfinderfreundlichen Auslegung und einem absoluten und unbeschränkten Schutz führt, heißt dies nicht, dass auf einer anderen Ebene diese Belastung der Allgemeinheit nicht wieder ausgeglichen werden kann. Ist es dem Anmelder tatsächlich unmöglich sein Erzeugnis anders zu kennzeichnen, so muss das Interesse an seiner Gleichbehandlung überwiegen. Dabei ist unbedeutend, ob nur einzelne oder alle Eigenschaften des Erzeugnisses mittels des Verfahrens gekennzeichnet werden. Dies stellt sich bei dem Erfinder, der den Product-by-process-Anspruch wählt, weil die übliche Kennzeichnung unpraktikabel ist, anders dar.

Dabei gilt es zu beachten, dass die Erfinder, die den Anspruch wählen, weil es unpraktikabel ist ihr Erzeugnis anders zu kennzeichnen, im Zweifel in der deutlichen Unterzahl sind. Mit der Wahl des Anspruchs entstehen bedeutende Rechtsunsicherheiten für den Erfinder. Diese wird er nur in Kauf nehmen, wenn ihm keine andere Möglichkeit verbleibt.

Dabei ist ein weiterer Vorteil dieser Differenzierung zu erkennen. Wird der Erfinder, der den Anspruch nur aus Bequemlichkeit wählt, mit Beweisschwierigkeiten belastet und trägt er das Risiko, dass Zweifelsfälle zu seinen Lasten gehen, so wird sich die Anzahl dieser Anmeldungen verringern. Dies ist auch genau so gewollt. Der Product-by-process-Anspruch soll allen Erfindern offenstehen, denen eine andere Kennzeichnung nicht möglich ist. Dann soll und muss er den gleichen Schutz wie ein herkömmlicher Erzeugnisanspruch bieten. Er soll allerdings nicht die Allgemeinheit unnötig mit Rechtsunsicherheiten belasten. Der Product-by-process-Anspruch wurde in das deutsche Rechtssystem eingeführt, um die Diskriminierung abzuschaffen. Nur dieser Hintergedanke rechtfertigt es, die entstehenden Rechtsunsicherheiten im Patentsystem hinzunehmen. Liegt ein Fall vor, in dem eine Diskriminierung nicht erkennbar ist, so darf das Interesse der Allgemeinheit an Rechtssicherheit nicht mehr zurückstehen, sondern muss überwiegen.

In der Praxis kann zur Umsetzung einer solchen Risikoverteilung an verschiedenen Stellen angesetzt werden.

I. Belastung mit Beweisschwierigkeiten

Möchte man an den vom BGH aufgestellten Voraussetzungen nichts ändern, müsste weiterhin der Product-by-process-Anspruch auch für solche Erfindungen erteilt werden, bei denen es für den Anmelder nur unpraktikabel ist, eine andere Kennzeichnung zu verwenden. In diesen Fällen könnte dem Patentinhaber dann aber im Rechtsbestands- oder Verletzungsverfahren die Beweisführung erschwert werden, indem bspw. Zweifel immer zu seinen Lasten gehen.[624] Kann der Anmelder nicht darlegen, dass es ihm gänzlich unmöglich war, seine Erfindung anders zu kennzeichnen, so kann angenommen werden, dass er mit der Gewährung des Product-by-process-Anspruchs privilegiert wurde. Liegt die Unmöglichkeit einer anderen Kennzeichnung vor, so handelt es sich bei der Gewährung des Anspruchs nicht um eine Privilegierung, sondern um eine notwendige Gleichstellung des Erfinders. Wurde ein Erfinder also privilegiert, so müssen alle Zweifel und Unsicherheiten im Prozess zu seinen Lasten gehen, denn die durch sein Patent entstandenen Rechtsunsicherheiten für die Allgemeinheit sind nicht gerechtfertigt.

Dieser Lösungsweg führt allerdings nicht dazu, dass Rechtsunsicherheiten vermieden werden. Er würde die schon entstandenen Rechtsunsicherheiten nur in gewisser Form ausgleichen. Ziel ist es jedoch, einen Teil der Rechtsunsicherheiten, die mit dem Product-by-process-Anspruch verbunden sind, gänzlich zu vermeiden. Jedenfalls aber sollen die Fälle, in denen diese Rechtsunsicherheiten bestehen, minimiert werden.

Da dieser Ansatz dies nicht leistet, sollte ein anderer Ansatzpunkt gewählt werden. Dabei soll ein Teil der Erfindungen im Ergebnis von dem Schutz des Product-by-process-Anspruchs ausgeschlossen werden.

II. Verschärfung der Subsidiarität

Eine Möglichkeit, die Rechtsunsicherheiten in der Praxis zu minimieren, besteht darin, die Subsidiarität zu verschärfen. Dies soll insofern geschehen, als dass der Product-by-process-Anspruch nur noch den Erfindern zugänglich ist, denen es tatsächlich unmöglich ist, ihr Produkt in anderer Weise zu kennzeichnen. Der Einfachheit halber können Product-by-process-Ansprüche, bei denen es dem Anmelder tatsächlich unmöglich war, sein Produkt anders als mittels des Verfahrens zu kennzeichnen, als „absolute Product-by-process-Ansprüche“ bezeichnet werden. Dementsprechend sind die „relativen Product-by-process-Ansprüche“ diejenigen, bei denen es für den Anmelder „nur“ gänzlich unpraktikabel war, eine andere Kennzeichnung zu wählen.

Ziel der Verschärfung der Subsidiarität ist es, nur noch absolute Product-by-process-Ansprüche zuzulassen. Die relativen sind bei Umsetzung dieses Vorschlags gerade keine Product-by-process-Ansprüche mehr, sondern werden auf den Schutz durch den klassischen Erzeugnis- oder Verfahrensanspruch

624 Mit anderem Ergebnis und generell vorgeschlagen von *Rogge*, Mitt. 2005, 145 (149).

verwiesen. Um die Subsidiarität in der Praxis zu verschärfen, kann wiederum an verschiedenen Punkten angesetzt werden. Auf unterster Ebene steht das Erteilungsverfahren beim Patentamt. Es ist jedoch auch denkbar, diesen Schritt erst auf Prozessebene durchzuführen.

1. *Verschärfung im Erteilungsverfahren*

Zunächst könnte eine solche Verschärfung schon im Erteilungsverfahren umgesetzt werden. Hierfür müsste das Patentamt von dem Anmelder verlangen, dass er die tatsächliche Unmöglichkeit der anderweitigen Kennzeichnung darlegt. Das Patentamt müsste dies prüfen und nur bei der Bejahung der Unmöglichkeit die Kennzeichnung mit Hilfe des Verfahrens zulassen und den Anspruch erteilen. Ist es für den Anmelder nur unpraktikabel, eine andere Kennzeichnung zu wählen, so müsste das Amt die Erteilung des Anspruchs und damit des Patents in dieser Form ablehnen und dem Anmelder die Möglichkeit geben, einen klassischen Erzeugnisanspruch zu formulieren. Um dies umzusetzen, müsste das Amt seine Anforderungen an die Erteilung von Product-by-process-Ansprüchen genau festlegen und eventuell die Prüfungsrichtlinien überarbeiten. Im Ergebnis würde das Patentamt nur noch absolute Product-by-process-Ansprüche erteilen.

Der Vorteil dieses Ansatzes ist freilich, dass es auf der Ebene des Prozesses die Sicherheit gäbe, dass die Unsicherheiten des Product-by-process-Anspruchs immer im Hinblick auf die Gleichbehandlung gerechtfertigt wären. Sicherlich müsste auch dann noch die Auslegung im Einzelfall feststellen, ob nicht doch eine Begrenzung des Schutzbereichs gewollt war. Allerdings kann davon ausgegangen werden, dass in der Regel absoluter unbeschränkter Schutz besteht. Es wäre schließlich nur eine Prüfung auf Ausnahmen von der Regel vorzunehmen, wobei solche Ausnahmen stets möglich wären. Es wäre auch weiterhin eine Auslegung erforderlich. Das Gericht müsste dann aber die vorgelagerte Wertung nicht mehr vornehmen, ob es überhaupt gerechtfertigt ist, einen absoluten Schutz zu gewähren. Dies wäre schon dadurch entschieden, dass es sich bei allen vor Gericht geltend gemachten Product-by-process-Ansprüchen nur noch um absolute Ansprüche handeln würde. Bei ihnen sind die Rechtsunsicherheiten zur Vermeidung einer Diskriminierung hinzunehmen. Die Durchsetzung des Anspruchs wäre damit deutlich rechtssicherer, als dies gegenwärtig der Fall ist.

Der Nachteil dieses Ansatzes ist, dass das Patentamt durch die Erteilung zunächst abschließend über die Subsidiarität entscheidet. Auf Grund der Bindung des Verletzungsrichters an die Erteilung durch das Patentamt wird der Richter in seiner Auslegung und Beurteilung in gewisser Weise beschränkt. Dies ist allerdings keine Besonderheit bei Product-by-process-Ansprüchen. Die benannte

Bindung besteht bei allen Patenten und findet ihre Grundlage darin, dass die Patenterteilung als Verwaltungsakt Bindungswirkung für die Zivilgerichte entfaltet.[625] Die Prüfungskompetenz bezüglich des Rechtsbestands eines Patents liegt beim DPMA, dem EPA, dem BPatG oder dem BGH.[626] Der Ansatz, dem Patentamt die Verschärfung der Subsidiarität zu überlassen, würde also keinen Widerspruch zum bisherigen System darstellen. Die formelle Prüfungskompetenz für Patente liegt so oder so beim Patentamt.[627] Dieses ist auf Grund der Beteiligung von technischen Mitgliedern hierfür auch organisationstechnisch kompetent, sodass Ressourcen und Kompetenzen optimal genutzt werden.[628] Es besteht kein Grund, an dieser Prüfungskompetenz etwas zu ändern. Das Trennungsprinzip erlaubt insbesondere eine schnelle und effiziente Patentdurchsetzung, indem es die unterschiedlichen Fragen den hierfür kompetenten Spruchkörpern zuweist.[629] Damit ist es durchaus berechtigt und effizient, dass das Patentamt über die formellen Voraussetzungen der Erteilung von Patenten entscheidet. Dementsprechend wäre es auch seine Aufgabe, eine strengere Subsidiarität des Product-by-process-Anspruchs umzusetzen.

Die Verschärfung der Subsidiarität ist jedoch auch auf der Ebene des Zivilprozesses denkbar.

2. Verschärfung im Rechtsbestands- oder Verletzungsverfahren

Es wäre auch möglich, die Subsidiarität von den Gerichten entscheiden zu lassen. Damit würde erst auf Verletzungsebene bzw. im Rechtsbestandsverfahren festgestellt, ob ein Product-by-process-Anspruch überhaupt erteilt werden durfte. War es für den Erfinder nur unpraktikabel, eine andere Kennzeichnung zu wählen, so müssten die Gerichte feststellen, dass die Anforderung der Subsidiarität nicht erfüllt ist. Dies stellt sich problematisch dar, da auf Grund des Trennungsprinzips nur das Gericht im Rechtsbestandsverfahren überhaupt eine solche Überprüfung vornehmen könnte. Das Verletzungsgericht ist an die Erteilung durch das Amt gebunden. Es könnte nur im Rahmen der Auslegung zu dem Ergebnis kommen, dass kein Product-by-process-Anspruch vorliegt oder dieser einen eingeschränkten Schutzbereich hat. Dann würde man, wenn auch etwas abgeschwächt, doch wieder der Auslegungsproblematik gegenüberstehen

---

625 *Osterrieth*, Rn. 936; *Heide*, InTeR 2013, 124 (125).

626 *Mes*, PatG, § 81 Rn. 6; *Osterrieth*, Rn. 936; *Heide*, InTeR 2013, 124 (125).

627 *Heide*, InTeR 2013, 124 (125).

628 *Meier-Beck*, GRUR 2015, 929 (930).

629 *Heide*, InTeR 2013, 124 (125); *Meier-Beck*, GRUR 2015, 929 (930).

und müsste in den Fällen der relativen Product-by-process-Ansprüche immer eine Einschränkung des Schutzbereichs annehmen.

Da das Verletzungsgericht an die Erteilung durch das Patentamt gebunden ist, ist für das Gericht die einschränkende Auslegung der einzige Weg, um eine zu weite Subsidiarität zu korrigieren. Dies würde wiederum keine Einzelfallentscheidung mehr darstellen. Das Gericht müsste bei jedem relativen Product-by-process-Anspruch, bei dem es dem Erfinder, wenn auch unter Schwierigkeiten, doch möglich gewesen wäre, das Erzeugnis anders zu kennzeichnen, den Schutzbereich einschränken. Die Lösung soll aber gerade nicht in der Auslegung gefunden werden. Diese muss nach den obigen Ausführungen für Product-by-process-Ansprüche feststehen. Sie gewähren einen absoluten unbeschränkten Schutz, der natürlich im Rahmen der Auslegung im Einzelfall – wie bei jedem anderen Anspruch auch – begrenzt sein kann.

Die Grundidee dieser Überlegungen besteht darin, zwischen zwei Fällen zu unterscheiden, wobei bei absoluten Product-by-process-Ansprüchen die Rechtsunsicherheiten gerechtfertigt und damit hinzunehmen sind und bei relativen Product-by-process-Ansprüchen nicht. In dem letzteren Fall kann der Product-by-process-Anspruch damit nicht gewährt werden.

Eine Verschärfung der Subsidiarität durch die Gerichte könnte nur im Instanzenzug für Rechtsbestandsverfahren stattfinden. Zudem würden die Rechtsunsicherheiten im Verletzungsverfahren weiter bestehen bleiben. Doch gerade für die Verletzungssituation soll die Rechtsunsicherheit auf ein Minimum reduziert werden.

3. Praktische Umsetzung

Über die Einschränkung der Subsidiarität würde den Erfindern, für die die anderweitige Kennzeichnung nur unpraktikabel ist, der Zugang zu Product-by-process-Ansprüchen versagt. Im Endeffekt dürften Product-by-process-Ansprüche nur noch in den Fällen erteilt werden, in denen eine andere Kennzeichnung unmöglich ist. Dabei ist es praktisch sinnvoll, diesen Schritt auf der Erteilungsebene zu vollziehen. Dies würde zumindest die Sicherheit für etwaige Prozesse erhöhen. Wird bei dieser Lösungsvariante ein Product-by-process-Anspruch erteilt, so wäre sicher, dass es keine andere Möglichkeit der Kennzeichnung gab und damit eine Erfindung vorliegt, die zur Patenterlangung auf den Product-by-process-Anspruch angewiesen ist. In der Konsequenz würden Diskriminierungen vermieden. Es wäre klar, dass im Zweifel wie bei jedem anderen Erzeugnisanspruch auch unbeschränkter Schutz besteht und nur die Auslegung im Einzelfall zu einer Beschränkung führen kann.

Am effizientesten wäre damit die Umsetzung einer verschärften Subsidiarität auf der Ebene des Erteilungsverfahrens. Hierzu müsste das DPMA seine Erteilungspraxis abändern. Dabei müssten die Richtlinien für die Prüfung von Patentanmeldungen nicht geändert werden. Diese bestimmen – wenn man sie denn wörtlich verstehen will – schon jetzt eine strenge Subsidiarität. Hier heißt es, dass der Product-by-process-Anspruch zulässig ist, „wenn weder die Strukturformel des Stoffs bekannt ist, noch der Stoff durch feststellbare Charakteristika identifiziert werden kann".[630] Bei einer exakt wörtlichen Umsetzung der schon bestehenden Richtlinien würde eine verschärfte Subsidiarität praktiziert. Da der Product-by-process-Anspruch zudem ein ungeschriebener Anspruch ist, also keinen Niederschlag im Gesetz findet, stehen auch keine gesetzlichen Vorschriften dieser Handhabung entgegen. Die Anerkennung des Product-by-process-Anspruchs beruht auf einer dem Willen des Gesetzgebers entsprechenden Auslegung des Gesetzes.[631]

Angesichts der Tatsache, dass es sich beim Product-by-process-Anspruch allerdings um einen Anspruch handelt, der erst durch die Rechtsprechung in das deutsche Patentsystem eingeführt wurde, müssten sich wohl der BGH und das BPatG diesem Vorschlag anschließen. Eine verschärfte Subsidiarität kann nur wirksam durchgesetzt werden, wenn die erteilten Patente nicht auf Prozessebene wieder für nichtig erklärt werden bzw. das Patent erteilt oder die Entscheidung zurückverwiesen wird. Da das BPatG ein echtes Rechtsmittelgericht ist, kann es den ersuchten Verwaltungsakt an Stelle des Amts auch selbst erlassen.[632]

a) Grenze zur Unmöglichkeit

Entscheidend ist zudem, wann die Grenze von mangelnder Praktikabilität zur Unmöglichkeit erreicht ist. Hierfür muss zunächst festgestellt werden, was unter der Formulierung „gänzlich unpraktikabel" verstanden wird.

In der Ursprungsentscheidung *Trioxan* verwendet der BGH diesen Ausdruck so noch nicht. Hier stellt er fest, dass ein Stoff nicht vom Patentschutz ausgeschlossen werden darf, wenn er anders eindeutig identifiziert werden kann. Dies soll gerade in den Fällen gelten, in denen eine exakte Strukturaufklärung unmöglich ist oder aber „in der Praxis einen im Verhältnis zum wirtschaftlichen

---

630 DPMA, Richtlinien für die Prüfung von Patentanmeldungen, Kap. 3.3.3.6.

631 S. unter A. Rechtsnatur – Historische Entwicklung.

632 Benkard/*Schäfers/Schwarz*, PatG, § 79 Rn. 36; Fitzner/Lutz/Bodewig/*Kubis*, PatG, § 79 Rn. 20; *Mes*, PatG, § 79 Rn. 11.

Nutzen“ nicht vertretbaren Aufwand erfordern würde.[633] Hieraus formte der BGH in weiteren Entscheidungen die Formulierung „unmöglich oder gänzlich unpraktikabel“[634], was die Möglichkeit einer Abgrenzung der beiden Begriffe impliziert. Unpraktikabel ist die anderweitige Kennzeichnung also, wenn sie eines unverhältnismäßig hohen Aufwands bedarf. Letztlich handelt es sich um eine Verhältnismäßigkeitsabwägung zum wirtschaftlichen Nutzen. Unmöglichkeit liegt hingegen vor, wenn es tatsächlich nicht möglich ist, das Erzeugnis hinreichend zu kennzeichnen.

Hierzu kann es bspw. kommen, wenn die Wissenschaft für bestimmte Zustände keine Parameter kennt. Der Schichtaufbau eines Schmiermittels kann nicht mit Hilfe von Merkmalen wie Dichte, Härte oder Viskosität angegeben werden. Soll der Schichtaufbau erst auf der Anwendungsfläche entstehen, so gibt es keine körperlichen Merkmale und keine Parameter, die angeben können, dass zwei Schichten in einer bestimmten Reihenfolge vorliegen. Jedenfalls genügt hier die reine Angabe, dass ein Schichtaufbau vorliegt, wobei eine Substanz unter der anderen Substanz liegt, nicht, um das Erzeugnis hinreichend zu kennzeichnen. Die erfinderischen Eigenschaften des Erzeugnisses entstehen nämlich nur, wenn man die beiden Substanzen nacheinander aufträgt. Hierfür gibt es wiederum keinen Parameter.

Denkbar ist auch, dass der Anmelder ohne die Verwendung des Herstellungsverfahrens auf die Kennzeichnung mit Hilfe der Aufgabe angewiesen wäre, die der Erfindung zugrunde liegt. Dies ist hingegen unzulässig.[635]

Könnte der Anmelder in irgendeiner anderen Form Erzeugnisschutz für seine Erfindung erlangen, so ist die anderweitige Kennzeichnung lediglich unpraktikabel. Würde seine Anmeldung, trotz Nennung aller zur Verfügung stehender Merkmale und Parameter zurückgewiesen und der Anmelder damit kein Patent erlangen, so ist die Grenze zur Unmöglichkeit überschritten.

b) *Kurze und genaue Bezeichnung*

Stellt die Charakterisierung der Erfindung ein größeres Problem dar, weil es sich um einen relativen Product-by-process-Anspruch handelt – der Anmelder also nach der hier vertretenen Auffassung keinen Product-by-process-Anspruch formulieren darf, sondern einen herkömmlichen Erzeugnisanspruch formulieren muss –, kann es vorkommen, dass durch die aufwendige Umschreibung die Patentschrift umfangreicher wird als bei anderen Erzeugnisansprüchen.

---

633 BGH GRUR 1972, 80 (83) – Trioxan.

634 BGH NJW 1979, 1607 (1608) – Farbbildröhre; BGH NJW 1985, 493 (494) – Acrylfasern.

635 S.o. B. Existenzberechtigung des Product-by-process-Anspruchs.

Auch bei relativen Product-by-process-Ansprüchen stellt sich das Problem jedoch nicht zwingend. Es ist ebenso möglich, dass die Charakterisierung mittels herkömmlicher Parameter nur deutlich kostenintensiver ist, hingegen nicht eine längere Patentschrift erfordert. Selbst wenn die Patentschrift deutlich länger wird, heißt dies aber nicht, dass die Erfindung gemäß § 34 Abs. 3 Nr. 2 PatG, § 4 Abs. 2 Nr. 2 PatV nicht kurz und deutlich beschrieben werden kann. Die Normen bestimmen, dass der Antrag auf Erteilung des Patents die Erfindung kurz und genau bezeichnen muss. Die Vorschrift bezieht sich jedoch explizit nur auf den formellen Antrag auf Erteilung.[636] Zudem soll die kurze Bezeichnung lediglich dazu dienen, den Antrag einer bestimmten Anmeldung zuordnen zu können und das technische Gebiet zu erkennen, auf dem die Erfindung liegt.[637] Die Bezeichnung muss also nicht den Umfang des wirklich Geschützten abdecken.[638] Um diesen Vorschriften zu genügen, ist lediglich ein grober Überbegriff erforderlich, der es zulässt, den Antrag einer Anmeldung zuzuordnen sowie das technische Gebiet zu bestimmen.[639]

Zudem ist die Patentschrift auch nicht auf eine bestimmte Länge oder Seitenzahl beschränkt. Damit bestehen in formeller Hinsicht keine Probleme, selbst wenn eine deutlich umfassendere Patentschrift erforderlich wird. Damit stehen auch die formellen Anforderungen an Patentanmeldungen der vorgeschlagenen Lösung nicht entgegen.

c) Durchsetzung einer verschärften Subsidiarität

Damit die Praktikabilität des erbrachten Vorschlags überprüft werden kann, ist eine weitere Frage zu begutachten. Zur abschließenden Beurteilung wird die Durchsetzbarkeit der Subsidiarität untersucht. Interessant ist hierbei, ob ihr Fehlen vor Gericht geltend gemacht und der Patentanspruch korrigiert werden könnte. Um die Durchsetzbarkeit der Subsidiarität beurteilen zu können, wird den Überlegungen die einfachste Konstellation zugrunde gelegt: Gegenstand ist ein erteiltes Patent mit einem Product-by-process-Anspruch, wobei die Erfindung alle Voraussetzungen der §§ 1–5 PatG erfüllt, jedoch anders hätte gekennzeichnet werden können. Einziges Manko ist damit die Subsidiarität des Anspruchs.

Der BGH hat für den ungeschriebenen Product-by-process-Anspruch eine ebenfalls ungeschriebene Erteilungsvoraussetzung geschaffen: um die entstehende

636 BPatG GRUR 1979, 629 (630) – Gardimycin.
637 BPatG GRUR 1979, 629 (630) – Gardimycin; Benkard/*Schäfers*, PatG, § 34 Rn. 47.
638 BPatG GRUR 1979, 629 (630) – Gardimycin.
639 BPatG GRUR 1979, 629 (630) – Gardimycin; Benkard/*Schäfers*, PatG, § 34 Rn. 47.

Rechtsunsicherheit auf ein Mindestmaß zu beschränken, soll der Product-by-process-Anspruch nur subsidiär gewährt werden.[640] Hier spiegeln sich die schon erläuterten Gedanken wider, dass die Rechtssicherheit nur dann zurücktreten muss, wenn der Anmelder auf keine andere Weise eine berechtigte Belohnung für seine Erfindung erlangen kann.[641] Ausschließlich in dieser Situation kann insbesondere mit den Gesichtspunkten der Gleichbehandlung und der zu vermeidenden Diskriminierung argumentiert werden und nur dann ist es gerechtfertigt, der Allgemeinheit eine beschränkte Rechtssicherheit aufzubürden.[642] Der BGH erläutert hingegen nicht, welche Konsequenzen es hat, wenn das Patentamt einen Product-by-process-Anspruch erteilt, obwohl es dem Anmelder möglich und es praktikabel gewesen wäre, körperliche Merkmale zur Kennzeichnung seines Erzeugnisses zu wählen. In der *Trioxan*-Entscheidung hat der BGH dies sogar ausdrücklich offengelassen.[643]

Es würde zu einer erhöhten Rechtssicherheit beitragen, wenn die Einhaltung der Subsidiarität überprüft werden könnte. Sicherlich wäre zunächst die Verschärfung der Subsidiarität als Erteilungsvoraussetzung insoweit ausreichend, als dass das Patentamt nur noch absolute Product-by-process-Ansprüche erteilen würde. Auch dem Patentamt unterlaufen jedoch Fehler.

Gerade im Hinblick auf die bestehenden Rechtsunsicherheiten bei Product-by-process-Ansprüchen wäre die Möglichkeit einer Korrektur der Patentansprüche begrüßenswert. Der entwickelte Lösungsansatz schmälert zwar auch dann die Rechtsunsicherheiten, wenn das Vorliegen der Subsidiarität nicht gerichtlich überprüft werden könnte. Eine finale Abhilfe ist hingegen nur möglich, wenn die Möglichkeit besteht, Fehler zu korrigieren. Dabei ist für eine etwaige Geltendmachung vor Gericht entscheidend, wie die Subsidiarität zu charakterisieren ist.

Der BGH hat die Subsidiarität ausdrücklich als Zulässigkeitsvoraussetzung formuliert.[644] Dabei steht sie den allgemeinen Patentierungsvoraussetzungen nicht gleich, denn die Patentierbarkeit der Erfindung tangiert die Subsidiarität nicht.

---

640 BGH NJW 1979, 1607 (1608) – Farbbildröhre; BGH NJW 1985, 493 (494) – Acrylfasern; BGH NJW 1994, 199 (202) – Tetraploide Kamille; BGH GRUR 2001, 1129 (1134) – Zipfelfreies Stahlband.

641 S.o. D. Eigener Lösungsansatz.

642 S.o. D. Eigener Lösungsansatz.

643 BGH GRUR 1972, 80 (88) – Trioxan.

644 BGH NJW 1979, 1607 (1608) – Farbbildröhre; BGH NJW 1985, 493 (494) – Acrylfasern; BGH NJW 1994, 199 (202) – Tetraploide Kamille.

Die Subsidiarität muss jedoch vorliegen, damit ein Product-by-process-Anspruch erteilt werden kann. Seine Erteilung ist sonst unzulässig.[645]

aa) Mögliche Verfahren zur Korrektur

Zunächst ist entscheidend, dass die Erteilung eines Patents einen Verwaltungsakt darstellt.[646] Liegt eine Erteilungsvoraussetzung nicht vor, so wurde der Verwaltungsakt zu Unrecht erteilt und ist damit rechtswidrig. Im allgemeinen Verwaltungsrecht ist die Rücknahme eines rechtswidrigen und begünstigenden Verwaltungsakts nur unter engen Voraussetzungen möglich.[647] Hiervon unterscheidet sich die Praxis im Patentrecht. Im Patentrecht ist es auch noch nach der neunmonatigen Einspruchsfrist möglich, das Patent als Ergebnis des Verwaltungsakts zu beseitigen.[648] Die Nichtigkeitsklage im Patentrecht ist nicht fristgebunden und kann nach Ablauf der Einspruchsfrist jederzeit erhoben werden.[649] Dabei gilt es zu beachten, dass die Erteilung eines Product-by-process-Anspruchs trotz mangelnder Subsidiarität zwar rechtswidrig, der dem Patentrecht zugrunde liegende Gedanke allerdings trotzdem erfüllt ist. Das geschützte Erzeugnis ist schließlich eine Erfindung, neu, erfinderisch und gewerblich anwendbar. Diese Erfindung offenbart der Anmelder auch der Allgemeinheit, sodass der „Deal" des Patentrechts – Offenbarung von technischen Neuerungen und im Gegenzug Erlangung eines Ausschließlichkeitsrechts – erfüllt ist.[650] Trotzdem handelt es sich um eine mittelbare Kennzeichnung, die zu erheblichen Schwierigkeiten führen kann. Zudem ist es auch im Interesse der Allgemeinheit, zu Unrecht erteilte Patente zu beseitigen.[651] Somit ist zu beachten, dass ein Patent nicht lediglich auf Grund der nicht eingehaltenen Subsidiarität gänzlich vernichtet werden darf. Jedoch wäre eine Korrektur der Patentschrift wünschenswert.

---

645 Vgl. BGH NJW 1985, 493 (4994) – Acrylfasern; BGH NJW 1994, 199 (202) – Tetraploide Kamille.

646 Benkard/*Bacher*, PatG, § 1 Rn. 2a; *Mes*, PatG, § 1 Rn. 5; *Pitz*, Rn. 24a; *Ann*, Mitt. 2016, 245 (246); *Hoeren*, FS Fezer, S. 1002.

647 Bader/Ronellenfitsch/*Abel*, § 49 vor Rn. 1; *Ann*, Mitt. 2016, 245 (246).

648 Vgl. Fitzner/Lutz/Bodewig/*Schnekenbühl*, § 81 Rn. 4 ff., 51; *Ann*, Mitt. 2016, 245 (246).

649 Vgl. § 81 PatG; Benkard/*Hall*/*Nobbe*, PatG, § 81 Rn. 26; Fitzner/Lutz/Bodewig/*Schnekenbühl*, § 81 Rn. 51; *Keukenschrijver*, Rn. 108; Kraßer/*Ann*, § 26 Rn. 224.

650 Benkard/*Rogge*/*Melullis*, PatG, Einl. Rn. 1; *Fitzner*/Lutz/Bodewig, PatG, Vorb. § 1 Rn. 4ff; Haedicke/*Timmann*, § 1 Rn. 6; Kraßer/*Ann*, § 3 Rn. 11; *Osterrieth*, Rn. 18.

651 Kraßer/*Ann*, § 26 Rn. 124.

Das Patentrechtssystem lässt nicht nur die Vernichtung, sondern auch die Änderung von Patentansprüchen nach der Erteilung zu. Dem entsprechen § 21 Abs. 2 und § 22 Abs. 2 PatG. Hernach können auch lediglich Teile der Patentansprüche geändert und beschränkt aufrechterhalten werden. Zudem hat der Patentinhaber gemäß § 64 Abs. 1 PatG jederzeit die Möglichkeit, die Patentansprüche zu ändern, solange er sie hierdurch nicht erweitert, sondern beschränkt. Das Patent kann damit nach seiner Erteilung mittels dreier Verfahren weiter gestaltet werden: dem Einspruchs-, Nichtigkeits- und Beschränkungsverfahren.[652] Das Beschränkungsverfahren nach § 64 PatG kann jedoch nur von dem Patentinhaber selbst genutzt werden.[653] Es ermöglicht damit keine Kontrolle.

Dritte können in zwei Verfahren geltend machen, dass die erforderliche Subsidiarität nicht vorliegt.

Liegt ein Widerrufsgrund nach § 21 PatG vor, so kann gemäß § 59 Abs. 1 PatG innerhalb von neun Monaten nach der Veröffentlichung der Erteilung Einspruch vor dem Patentamt erhoben werden. Gegen die Entscheidung des Patentamts findet nach § 73 PatG die Beschwerde statt, die, wenn ihr nicht durch das Patentamt abgeholfen wird, vor das Bundespatentgericht gebracht wird.

Das Nichtigkeitsverfahren wird gemäß § 81 Abs. 1 PatG direkt durch Klage vor dem Bundespatentgericht eingeleitet. Sowohl im Einspruchs- als auch im Nichtigkeitsverfahren ist gemäß §§ 100, 110 PatG die letzte Instanz der BGH.[654] § 21 Abs. 1 PatG bestimmt die Widerrufsgründe, § 22 Abs. 1 PatG die Nichtigkeitsgründe. § 22 Abs. 1 PatG verweist dabei auf § 21 Abs. 1 PatG, sodass sich die Widerrufs- und Nichtigkeitsgründe weitgehend decken. Die Widerrufsgründe des § 21 Abs. 1 PatG gelten damit auch im Nichtigkeitsverfahren. § 22 Abs. 1 PatG fügt dem Katalog lediglich den Grund der Erweiterung des Schutzbereichs hinzu. Bei der Erweiterung des Schutzbereichs handelt es sich letztlich jedoch um eine spezielle Art der unzulässigen Erweiterung im Sinne

---

652 Busse/*Keukenschrijver*, § 22 Rn. 26; Fitzner/Lutz/Bodewig/*Stortnik*, PatG, § 34 Rn. 150.

653 Vgl. § 64 Abs. 1 PatG; Benkard/*Schäfers*/*Schwarz*, PatG, § 64 Rn. 16; *Mes*, PatG, § 64 Rn. 20.

654 Die Patentabteilung des Patentamts entscheidet gemäß § 61 Abs. 1 S. 1 PatG durch Beschluss über den Einspruch. Gemäß § 73 Abs. 1 findet gegen Beschlüsse der Patentabteilungen die Beschwerde vor dem Patentgericht statt. Nach § 100 Abs. 1 PatG findet über eine Beschwerde nach § 73 PatG die Rechtsbeschwerde an den Bundesgerichtshof statt. § 110 PatG bestimmt, dass gegen Urteile der Nichtigkeitssenate des Patentgerichts die Berufung an den Bundesgerichtshof möglich ist.

von § 21 Abs. 1 Nr. 4 PatG.[655] Die Erweiterung des Schutzbereichs kann üblicherweise noch nicht Gegenstand des Einspruchsverfahrens sein, weshalb § 22 Abs. 1 PatG den Nichtigkeitsgrund speziell normiert.[656] Da beide Verfahren voraussetzen, dass einer der genannten Gründe vorliegt, können sie zusammen untersucht und beurteilt werden.

bb) Charakterisierung des Subsidiaritätsdefizits

Damit eine Korrektur nach §§ 21 Abs. 2, 22 Abs. 2 PatG in Betracht kommen kann, muss die mangelnde Subsidiarität einen Widerrufs- bzw. Nichtigkeitsgrund darstellen.

Der Katalog der Widerrufs- und Nichtigkeitsgründe ist abschließend. Dies ist ein wichtiger Grundsatz, an dem der BGH in ständiger Rechtsprechung festhält. Er bestimmt, dass es nicht möglich ist, ein Patent über die abschließende Aufzählung der Widerrufsgründe in § 21 PatG hinaus zu widerrufen.[657] Da der abschließende Katalog des § 21 PatG neben dem Einspruchsverfahren auch für das Nichtigkeitsverfahren gilt, ist der abschließende Charakter für beide Verfahren maßgeblich.[658] Diesem Verständnis hat sich auch die Literatur angeschlossen.[659] Der abschließende Charakter bleibt auch bestehen, wenn die geltend gemachten Gründe im Erteilungsverfahren die Zurückweisung der Anmeldung gerechtfertigt hätten.[660]

Damit steht fest, dass reine Verfahrensfehler nicht zum Widerruf oder der Nichtigerklärung eines Patents führen können.[661] Im Erteilungsverfahren unbemerkt gebliebene Fehler oder Mängel stellen damit nicht den Rechtsbestand des Patents in Frage.[662] Ein Teil der Literatur geht von der Heilung unbemerkt

---

655 Benkard/*Rogge*/*Kober-Dehm*, PatG, § 22 Rn. 14.

656 Benkard/*Rogge*/*Kober-Dehm*, PatG, § 22 Rn. 14.

657 BGH GRUR 1965, 473 (479) – Dauerwellen; BGH GRUR 1994, 439 (441) – Sulfonsäure-chlorid; BGH GRUR 1997, 612 (614) – Polyäthylenfilamente; BGH NJW-RR 2003, 34 (35) – Sammelhefter; BGH GRUR 2004, 47 (48) – Blasenfreie Gummibahn; BGH GRUR 2011, 607 (609) – Kosmetisches Sonnenschutzmittel III.

658 Benkard/*Rogge*/*Kober-Dehm*, PatG, § 22 Rn. 14; Busse/*Keukenschrijver*, § 21 Rn. 15.

659 Benkard/*Rogge*/*Kober-Dehm*, PatG, § 21 Rn. 9; Busse/*Keukenschrijver*, § 21 Rn. 15; Fitzner/Lutz/Bodewig/*Einsele*, PatG, § 21 Rn. 68; *Mes*, PatG, § 21 Rn. 14; *Keukenschrijver*, Rn. 26; Kraßer/*Ann*, § 26 Rn. 137.

660 BGH GRUR 1997, 612 (614) – Polyäthylenfilamente.

661 Benkard/*Rogge*/*Kober-Dehm*, PatG, § 22 Rn. 27; Kraßer/*Ann*, § 26 Rn. 138.

662 Vgl. Benkard/*Rogge*/*Kober-Dehm*, PatG, § 22 Rn. 27; *Mes*, PatG, § 49 Rn. 6.

gebliebener Mängel durch den unanfechtbaren Erteilungsbeschluss aus.[663] Das Patentgesetz sieht jedoch ausdrücklich keine Heilung vor und bestimmt auch keinen einschlägigen Widerrufs- oder Nichtigkeitsgrund.[664] Der BGH nahm sich der Frage an, ob Mängel derart geheilt werden können, dass sie jeder Nachprüfung entzogen sind. Hierzu komme es darauf an, welche Aspekte im Einzelnen von der Tatbestandswirkung des Verwaltungsakts der Erteilung umfasst seien.[665]

Demnach ist es entscheidend, ob der Mangel der Subsidiarität einen Grund nach §§ 21, 22 PatG oder lediglich einen Verfahrensfehler darstellt.

(1) Fehlende Subsidiarität als Widerrufs- bzw. Nichtigkeitsgrund

Da die Liste der Widerrufs- bzw. Nichtigkeitsgründe abschließend ist, müsste der Mangel der Subsidiarität von einem der aufgelisteten Gründe umfasst sein. Ist dies nicht der Fall, kann es sich lediglich um einen einfachen Verfahrensfehler handeln.

(a) Charakterisierung durch den BGH?

Problematisch ist jedoch, dass der BGH in einem ähnlichen Fall den Widerruf des Patents verneint hat. Dort hatte das Patentamt einen Product-by-process-Anspruch erteilt, obwohl es dem Anmelder möglich war, das Erzeugnis anders als mittels des Herstellungsverfahrens zu kennzeichnen.[666] Hierzu stellte der BGH fest, es fehle an dem erforderlichen gesetzlichen Widerrufsgrund, um das Patent auf Grund dieses Verstoßes widerrufen zu können.[667]

Das Verfahren warf an verschiedenen Stellen Probleme auf. Der Anmelder hatte sein Erzeugnis teilweise mittels des Herstellungsverfahrens gekennzeichnet. Das Patentamt hielt die Formulierung als Product-by-process-Anspruch zwar für zulässig, verneinte jedoch die Voraussetzung der erfinderischen Tätigkeit.[668] Es widerrief das Patent.

Dagegen richtete sich die Beschwerde vor dem BPatG.[669] Das BPatG stellte fest, dass das angegebene Verfahren dem Erzeugnis keine charakteristische Eigenschaft verleihe.[670] Hieraus schloss es, dass es dem Erzeugnis selbst dann, wenn der Product-by-process-Anspruch

---

663 Benkard/*Schäfers*, PatG, § 49 Rn. 9; Fitzner/Lutz/Bodewig/*Wickenhöfer*, PatG, § 49 Rn. 16.

664 BGH GRUR 2003, 47 (48) – Sammelhefter; *Mes*, PatG, § 49 Rn. 6.

665 BGH GRUR 2003, 47 (48) – Sammelhefter.

666 BGH GRUR 1997, 612 – Polyäthylenfilamente.

667 BGH GRUR 1997, 612 (615) – Polyäthylenfilamente.

668 BPatG BeckRS 1995, 11910 Tz. 2.

669 BPatG BeckRS 1995, 11910 Tz. 3.

670 BPatG BeckRS 1995, 11910 Tz. 24 f.

zulässig wäre, an Neuheit fehlen würde.[671] Das Erzeugnis sei nämlich aus dem Stand der Technik bekannt. Das Herstellungsverfahren könne, da es keine charakteristischen Eigenschaften verleihe, ebenfalls nicht neuheitsstiftend sein.[672] Problematisch war wiederum, dass die Patentinhaberin nun Parameter angeben konnte, die die Neuheit des Erzeugnisses begründeten. Diese Parameter hatte sie jedoch ursprünglich nicht offenbart und beansprucht.[673] Nachdem das BPatG die Neuheit verneint hatte, führte es aus, dass nun, da die Inhaberin unterscheidende Parameter angeben könne, deutlich werde, dass schon die Product-by-process-Formulierung nicht zulässig gewesen sei.[674] Damit sei die Beschwerde zurückzuweisen und die Entscheidung des Patentamts aufrechtzuerhalten.[675]

Das Bundespatentgericht hat in dieser Entscheidung in problematischer Weise verschiedene Ebenen der Prüfung vermischt. Aus der Erkenntnis, das angegebene Verfahren verleihe keine charakteristischen Eigenschaften, zog es den Schluss, das Erzeugnis sei nicht neu. Richtig wäre hingegen gewesen, hieraus den Schluss zu ziehen, dass gar kein Product-by-process-Anspruch vorliegt. Verleiht das angegebene Verfahren keine Eigenschaften, so muss auch bei einer Formulierung, die die Annahme eines Product-by-process-Anspruchs nahelegt, festgestellt werden, dass ein herkömmlicher Erzeugnisanspruch gegeben ist. Kann die Anmelderin das Erzeugnis nun mit weiteren Parametern kennzeichnen, dann hat dies nichts mit dem aufgenommenen Verfahren zu tun. Dieses kennzeichnet das Erzeugnis nicht, damit ist es im Anspruch überflüssig.

Über das Korrektiv der Auslegung auf zwei Ebenen[676] wird erreicht, dass einfache Formulierungen den Inhalt des Anspruchs nicht bestimmen können. Sieht das Patentamt dies anders, ist es trotzdem Aufgabe des Gerichts, eine entsprechende Auslegung vorzunehmen.[677] Gegenstand der Prüfung ist auch im Einspruchs- und Nichtigkeitsverfahren der Gegenstand des Patents, also der Inhalt der Patentansprüche.[678] Nachdem das BPatG die mangelnde Neuheit festgestellt hatte, führte es hingegen aus, dass Parameter vorlägen, die die Neuheit des

671 BPatG BeckRS 1995, 11910 Tz. 28.

672 BPatG BeckRS 1995, 11910 Tz. 30.

673 BPatG BeckRS 1995, 11910 Tz. 31.

674 BPatG BeckRS 1995, 11910 Tz. 35 f.

675 BPatG BeckRS 1995, 11910 Tenor.

676 Die zwei Ebenen bezeichnen einmal die Auslegung, ob überhaupt ein Product-by-process-Anspruch vorliegt, und sodann die Auslegung, ob dieser beschränkt oder unbeschränkt ist; s.o. B. Die Auslegung des Product-by-process-Anspruchs.

677 BGH GRUR 2004, 1023 (1025) – Bodenseitige Vereinzelungseinrichtung; BGH GRUR 2009, 653 (653 f.) – Straßenbaumaschine; BGH GRUR 2015, 868 (870) – Polymerschaum II.

678 Busse/*Keukenschrijver*, § 21 Rn. 29; *Keukenschrijver*, Rn. 31.

Erzeugnisses begründen könnten; diese Eigenschaften würden nur nicht durch das Herstellungsverfahren verliehen. Diese Argumentationslinie kritisiert auch der BGH in seiner Entscheidung *Polyäthylenfilamente.*

Zunächst stellt auch der BGH fest, dass das Verfahren dem Erzeugnis keine charakteristische Eigenschaft verleiht.[679] Die Überlegungen des BPatG zur Neuheit halten der Überprüfung durch den BGH jedoch nicht stand.[680] Sei das Erzeugnis nicht neu, so sei das Patent gemäß § 21 Abs. 1 Nr. 1 PatG zu widerrufen. Dies sei aber nicht festgestellt worden. Das BPatG habe den Patentanspruch nicht hinreichend ausgelegt.[681] Der BGH greift die vom BPatG festgestellten Parameter auf, welche zwar nicht im Patentanspruch benannt, für das Erzeugnis jedoch trotzdem neuheitsstiftend sind, und stellt damit die Neuheit der Erfindung fest.[682] Im Übrigen müsse ein Widerruf nur wegen der Unzulässigkeit der Form des Product-by-process-Anspruchs ausscheiden.[683] Ein Patent könne nur unter den Voraussetzungen des § 21 PatG widerrufen werden, der die Widerrufsgründe abschließend aufzähle.[684] Für die vorliegende Situation greife jedoch keiner der aufgezählten Gründe.[685] Der BGH verwies die Entscheidung zurück an das BPatG und gab diesem insbesondere auf, sein Verständnis der Anspruchsfassung zu überprüfen, die Neuheit festzustellen und auf erfinderische Tätigkeit zu prüfen.[686]

Der BGH stellt in *Polyäthylenfilamente* fest, dass die Widerrufsgründe des § 21 PatG abschließend sind und zudem keine Möglichkeit bieten, einen Anspruch nur auf Grund der fälschlichen Kennzeichnung durch das Herstellungsverfahren zu widerrufen.[687] Der Fall, welcher der Entscheidung zugrunde liegt, war hingegen weit von dem oben skizzierten „Normalfall" der fehlenden Subsidiarität entfernt.

Trotz weiterer Probleme und verschiedener Prüfungsstufen formuliert der BGH jedoch scheinbar eine allgemeine Regel. Er bestimmt allgemein, dass ein Patent nicht allein deswegen widerrufen werden kann, weil das Patentamt die Identifizierung eines Stoffs durch das Herstellungsverfahren zugelassen hat und das Beschwerdegericht dies aufgrund der Möglichkeit einer anderweitigen Kennzeichnung anders sieht.[688]

679 BGH GRUR 1997, 612 (614) – Polyäthylenfilamente.
680 BGH GRUR 1997, 612 (614) – Polyäthylenfilamente.
681 BGH GRUR 1997, 612 (614 f.) – Polyäthylenfilamente.
682 BGH GRUR 1997, 612 (615) – Polyäthylenfilamente.
683 BGH GRUR 1997, 612 (615) – Polyäthylenfilamente.
684 BGH GRUR 1997, 612 (614) – Polyäthylenfilamente.
685 BGH GRUR 1997, 612 (615) – Polyäthylenfilamente.
686 BGH GRUR 1997, 612 (615) – Polyäthylenfilamente.
687 BGH GRUR 1997, 612 (615) – Polyäthylenfilamente.
688 BGH GRUR 1997, 612 (615) – Polyäthylenfilamente.

Bei genauer Betrachtung kann *Polyäthylenfilamente* jedoch auch anders verstanden werden. Der BGH hat in dieser Entscheidung an keinem Punkt festgestellt, dass es sich überhaupt um einen Product-by-process-Anspruch handelte. Er spricht lediglich davon, dass es sich bei der Anspruchsfassung um eine solche „in der Form" eines Product-by-process-Anspruchs handele.[689] Zudem stellt er fest, das BPatG habe den Anspruch nicht hinreichend ausgelegt. Schließlich stimmt er ausdrücklich der Auffassung zu, dass das Verfahren dem Erzeugnis keine charakteristische Eigenschaft verleiht.[690] Damit stellt der BGH letztlich fest, dass es sich bei dem in Frage stehenden Anspruch nicht um einen Product-by-process-Anspruch, sondern um einen herkömmlichen Erzeugnisanspruch handelt.

Wenn es sich nicht um einen Product-by-process-Anspruch handelt, weil das benannte Verfahren an den charakteristischen Eigenschaften des Erzeugnisses keine Teilhabe hat, es dieses also gar nicht kennzeichnet, so kann die Voraussetzung der Subsidiarität nicht verletzt oder umgangen werden. Ein Product-by-process-Anspruch wurde gar nicht erteilt. Dies wäre nur der Fall, wenn das Verfahren das Erzeugnis auch kennzeichnen würde. Es besteht auch keine Rechtfertigung dafür, das Patent nur auf Grund dieses „Formfehlers" zu widerrufen. In einem solchen Fall scheint ein herkömmlicher Erzeugnisanspruch ein Product-by-process-Anspruch zu sein. Genau dies deckt die erforderliche Auslegung auf. Diese Konstellation zeigt noch einmal die enorme Wichtigkeit einer zweifachen Auslegung. Der erste Schritt, der überhaupt feststellt, ob es sich um einen materiellen Product-by-process-Anspruch handelt, ist von hoher Relevanz. Gleichzeitig wird noch einmal die Ungenauigkeit und Fehleranfälligkeit der Sprache und die bestehende Gefahr von Missverständnissen im Erteilungsverfahren deutlich. Die reine Aufnahme des Herstellungsverfahrens in den Patentanspruch führt nicht dazu, dass ein Product-by-process-Anspruch vorliegt.

Damit kann das Urteil des BGH auch so verstanden werden, dass er den Widerruf eines klassischen Erzeugnispatents nicht auf Grund der Aufnahme des Herstellungsverfahrens in den Anspruch zulassen möchte. Beim Erzeugnisanspruch ist die Subsidiarität auch keine materielle Voraussetzung. Dies schließt die Möglichkeit nicht aus, die Widerrufsmöglichkeit bei einem tatsächlichen Product-by-process-Anspruch anders zu beurteilen. Jedenfalls stünde eine solche Beurteilung nicht der Rechtsprechung des BGH entgegen.

Damit können die Widerrufsgründe des § 21 Abs. 1 PatG auf die Anwendbarkeit bei mangelnder Subsidiarität bei einem erteilten, „echten" Product-

689 BGH GRUR 1997, 612 (613, 615) – Polyäthylenfilamente.
690 BGH GRUR 1997, 612 (614) – Polyäthylenfilamente.

by-process-Anspruch überprüft werden, ohne dass dem BGH widersprochen würde. Er hat nicht über den Charakter der Subsidiarität entschieden.

(b) § 21 Abs. 1 Nr. 1 PatG

§ 21 Abs. 1 Nr. 1 PatG lässt den Widerruf bzw. die Nichtigerklärung zu, wenn der Gegenstand des Patents nicht nach §§ 1–5 PatG patentfähig ist. Da es sich bei der Subsidiarität um eine ungeschriebene Voraussetzung handelt, ist diese nicht in §§ 1–5 PatG niedergeschrieben. Damit kann § 21 Abs. 1 Nr. 1 PatG nicht direkt angewendet werden. Somit drängt sich die Idee der analogen Anwendung des § 21 Abs. 1 Nr. 1 PatG auf. Diese Überlegung resultiert aus dem Umstand, dass es sich bei der Subsidiarität nicht nur um eine einfache Formvorschrift handeln kann. Sie dient der Wahrung der Gleichbehandlung, wenn auch Chemieerfindern Erzeugnisschutz zugänglich gemacht wird.[691] Damit beschränkt die Subsidiarität die Anwendung von Product-by-process-Ansprüchen auf die Fälle, in denen sie zur Vermeidung von Diskriminierung zwingend erforderlich ist.[692]

Trotzdem fehlt es an einer planwidrigen Regelungslücke, als Voraussetzung einer analogen Anwendung. Der BGH betont regelmäßig, dass die Aufzählung der Gründe in § 21 PatG abschließend ist.[693] Zudem schließt *Polyäthylenfilamente* die Anwendung der Widerrufs- bzw. Nichtigkeitsgründe bei mangelnder Subsidiarität zwar nicht aus[694], doch hat der BGH sich in diesem ähnlichen Fall so ausdrücklich geäußert, dass von einer analogen Anwendung des Katalogs des § 21 Abs. 1 PatG im Allgemeinen und speziell in diesem Fall abgesehen wird. Die mangelnde Subsidiarität fällt damit nicht unter § 21 Abs. 1 Nr. 1 PatG.

(c) § 21 Abs. 1 Nr. 2 PatG

§ 21 Abs. 1 Nr. 2 PatG bestimmt die Möglichkeit des Widerrufs, wenn das Patent die Erfindung nicht so deutlich und vollständig offenbart, dass ein Fachmann sie ausführen kann. Dabei muss dem Fachmann nur ein gangbarer Weg zur Ausführung der Erfindung an die Hand gegeben werden.[695] Der BGH hat

---

691 S.o. D. Eigener Lösungsansatz.

692 S.o. D. Eigener Lösungsansatz.

693 BGH GRUR 1965, 473 (479) – Dauerwellen; BGH GRUR 1994, 439 (441) – Sulfonsäure-chlorid; BGH GRUR 1997, 612 (614) – Polyäthylenfilamente; BGH NJW-RR 2003, 34 (35) – Sammelhefter; BGH GRUR 2004, 47 (48) – Blasenfreie Gummibahn; BGH GRUR 2011, 607 (609) – Kosmetisches Sonnenschutzmittel III.

694 S.o. (a) Charakterisierung durch den BGH?.

695 Benkard/*Rogge*/*Kober-Dehm*, PatG, § 21 Rn. 15; Busse/Keukenschrijver, § 21 Rn. 34; *Mes*, PatG, § 21 Rn. 35; *Keukenschrijver*, Rn. 42.

zudem festgestellt, dass seine Rechtsprechung zur eindeutigen Identifizierbarkeit der Erfindung nicht ohne Weiteres auf § 21 Abs. 1 Nr. 2 PatG übertragen werden kann.[696] Eine mangelnde Identifizierbarkeit sei nur dann von Bedeutung, wenn sie der ausführbaren Offenbarung der Erfindung entgegenstehe.[697] Damit ist nicht entscheidend, inwieweit der Fachmann beim Product-by-process-Anspruch die Eigenschaften des Erzeugnisses anhand des Herstellungsverfahrens erkennen kann. Entscheidend ist nur, dass er in die Lage versetzt wird, die Erfindung auszuführen.[698] Dies wird ihm durch die Angabe des Herstellungsverfahrens erleichtert. Gerade wenn das Verfahren im Patentanspruch angegeben wird, ist die Erfindung für den Fachmann ausführbar. § 21 Abs. 1 Nr. 2 PatG scheidet damit zur Durchsetzung der Subsidiarität aus.

(d) § 21 Abs. 1 Nr. 3 PatG

§ 21 Abs. 1 Nr. 3 PatG erfasst den Fall der widerrechtlichen Entnahme. Dieser Widerrufs- bzw. Nichtigkeitsgrund steht dem Inhaber des materiellen Rechts auf das Patent zu, wenn er nicht zugleich Patentinhaber ist und die Anmeldung ohne seine Einwilligung stattgefunden hat.[699] Dabei liegt die Entnahmehandlung in der Verwertung der erlangten Kenntnis durch die Patentanmeldung.[700] Hierbei ist es unerheblich, ob die Kenntnis von der Erfindung befugt oder unbefugt erlangt wurde.[701] Selbst wenn der Erfinder die Erfindung mitgeteilt hat, ist ein Dritter nicht ohne die konkrete Einwilligung zur Anmeldung berechtigt.[702] Die widerrechtliche Entnahme ist im Fall der mangelnden Subsidiarität eines Product-by-process-Anspruchs jedoch ungeeignet, um die Korrektur der Patentansprüche zu ermöglichen. Auch § 21 Abs. 1 Nr. 3 PatG muss als Widerrufs- oder Nichtigkeitsgrund im Fall von mangelnder Subsidiarität ausscheiden.

---

696 BGH GRUR 2009, 749 (750) – Sicherheitssystem.

697 BGH GRUR 2009, 749 (750) – Sicherheitssystem.

698 BGH GRUR 2009, 749 (750) – Sicherheitssystem; Benkard/*Rogge*/*Kober-Dehm*, PatG, § 21 Rn. 15; *Mes*, PatG, § 21 Rn. 35; *Keukenschrijver*, Rn. 42.

699 Benkard/*Rogge*/*Kober-Dehm*, PatG, § 21 Rn. 19; Busse/Keukenschrijver, § 21 Rn. 43 f.

700 Benkard/*Rogge*/*Kober-Dehm*, PatG, § 21 Rn. 19; Fitzner/Lutz/Bodewig/*Einsele*, PatG, § 21 Rn. 60.

701 Benkard/*Rogge*/*Kober-Dehm*, PatG, § 21 Rn. 19; Busse/*Keukenschrijver*, § 21 Rn. 65; Fitzner/Lutz/Bodewig/*Einsele*, PatG, § 21 Rn. 60.

702 Benkard/*Rogge*/*Kober-Dehm*, PatG, § 21 Rn. 19; Busse/*Keukenschrijver*, § 21 Rn. 65; Fitzner/Lutz/Bodewig/*Einsele*, PatG, § 21 Rn. 60.

(e) § 21 Abs. 1 Nr. 4 PatG

Nach § 21 Abs. 1 Nr. 4 PatG kann ein Patent widerrufen oder für nichtig erklärt werden, wenn durch Änderung der Patentschrift der Gegenstand des Patents gegenüber der ursprünglichen Anmeldung erweitert wird.[703] Diese Problematik kann sich auch im Zusammenhang mit dem Product-by-process-Anspruch stellen, jedoch nicht im Hinblick auf eine unter Umständen nicht eingehaltene Subsidiarität. Zudem erweitert der Product-by-process-Anspruch den Gegenstand des Patents auch nicht gegenüber einem herkömmlichen Erzeugnisanspruch. Gegenstand der Patentansprüche ist das Erzeugnis mit seinen kennzeichnenden Eigenschaften. Die Gefahr der Erweiterung des Gegenstands besteht damit nicht, sollte der Anmelder das Erzeugnis zunächst durch körperliche Merkmale kennzeichnen und im Nachhinein, aber vor der Erteilung, doch das Herstellungsverfahren zur Kennzeichnung verwenden. Dies würde zudem nicht den Fall abdecken, dass der Anmelder von vornherein und trotz fehlender Subsidiarität das Herstellungsverfahren zur Kennzeichnung verwendet. § 21 Abs. 1 Nr. 4 PatG ist damit ebenfalls nicht dazu geeignet, die Wahrung der Subsidiarität zu gewährleisten. Damit kommt auch die unzulässige Erweiterung nach § 22 Abs. 1 PatG nicht in Betracht.[704]

Keiner der normierten Widerrufs- bzw. Nichtigkeitsgründe erfasst die Erteilung von Product-by-process-Ansprüchen, obwohl eine Kennzeichnung durch körperliche Merkmale möglich war.

(2) Fehlende Subsidiarität als Verfahrensfehler

Damit kann es sich nur um einen einfachen Verfahrensfehler[705] handeln, wenn das Patentamt einen Product-by-process-Anspruch erteilt, obwohl es dem Anmelder möglich gewesen wäre, das Erzeugnis anderweitig zu kennzeichnen.

Dem BGH zufolge ist entscheidend, ob Verfahrensfehler durch die Patenterteilung derart geheilt werden, dass sie jeder Nachprüfung entzogen sind.[706] Hierfür sei maßgeblich, worauf sich die Tatbestandswirkung des Verwaltungsakts der Erteilung im Einzelnen erstrecke.[707] Dies bedeute, dass der Erteilungsbeschluss

---

703 Benkard/*Rogge*/*Kober-Dehm*, PatG, § 21 Rn. 30; Busse/*Keukenschrijver*, § 21 Rn. 85; Fitzner/Lutz/Bodewig/*Einsele*, PatG, § 21 Rn. 34; *Keukenschrijver*, Rn. 45; Kraßer/*Ann*, § 26 Rn. 193; *Osterrieth*, Rn. 623.

704 Zum Verhältnis des Widerrufs- und Nichtigkeitsgrunds der unzulässigen Erweiterung zu den Gründen aus § 21 Abs. 1 PatG s.o. aa) Mögliche Verfahren zur Korrektur.

705 S.o. bb) Charakterisierung des Subsidiaritätsdefizits.

706 BGH GRUR 2003, 47 (48) – Sammelhefter.

707 BGH GRUR 2003, 47 (48) – Sammelhefter; s.a. *Mes*, PatG, § 49 Rn. 6.

bspw. die formelle Patentlaufzeit bestimme, was hingegen nicht zwangsläufig heiße, dass der angegebene Tag auch den Zeitrang der Anmeldung angebe.[708] Damit werde der Fehler jedenfalls in der Form „geheilt", dass er nicht die Anfechtbarkeit der Erteilung begründen könne.[709] Das bedeute jedoch nicht zwangsläufig, dass die fehlende Voraussetzung fingiert werde.[710] Wann dies der Fall ist und wann nicht, war jedoch nicht zu entscheiden und ist auch bisher nicht entscheidungsrelevant geworden.[711]

Jedenfalls hat der BGH entschieden, dass Verfahrensmängel nicht zum Widerruf oder zur Nichtigerklärung und damit nicht zur Korrektur der Patentschrift führen können. Offengeblieben ist lediglich die Frage, ob die entsprechende Voraussetzung fingiert wird.

cc) Durchsetzungsmöglichkeit

Folglich kann der Patentanmelder nicht dazu gezwungen werden, seinen zu Unrecht erteilten Product-by-process-Anspruch zu korrigieren. Die Unsicherheiten des Product-by-process-Anspruchs können damit in dem Fall, dass das Patentamt bei der Feststellung der Subsidiarität einen Fehler macht, nicht im Vorlauf des Verletzungsprozesses verhindert werden.

Damit sieht sich der Verletzungsrichter wieder mit den erörterten Auslegungsschwierigkeiten konfrontiert und die hieraus resultierenden Unsicherheiten können nicht vermieden werden. Die Auslegung müsste dann zu dem Ergebnis kommen, dass der Anmelder das Verfahren freiwillig angegeben hat und damit der Schutzumfang beschränkt ist.

Somit besteht derzeit keine Möglichkeit, einen erteilten Product-by-process-Anspruch auf Grund mangelnder Subsidiarität anzugreifen. Das Patentamt selbst kann den Erteilungsbeschluss von Amts wegen nur ausnahmsweise und nur gemäß §§ 95, 96 PatG ändern.[712] Eine Berichtigung kommt nur bei offenkundigen Unrichtigkeiten in Betracht.[713] Der BGH hat die Subsidiarität zwar als Zulässigkeitsvoraussetzung für die Erteilung von Product-by-process-Ansprüchen

708 BGH GRUR 2003, 47 (48) – Sammelhefter.

709 BGH GRUR 2003, 47 (48) – Sammelhefter.

710 BGH GRUR 2003, 47 (48) – Sammelhefter.

711 BGH GRUR 2003, 47 (48) – Sammelhefter; BGH GRUR 2017, 148 (149) – Opto-Bauelement.

712 Benkard/*Schäfers*, PatG, § 47 Rn. 33; Fitzner/Lutz/Bodewig/*Stortnik*, PatG, § 34 Rn. 150a, *Wickenhöfer*, § 47 Rn. 39 f.

713 Benkard/*Schäfers*, PatG, § 47 Rn. 33; Fitzner/Lutz/Bodewig/*Stortnik*, PatG, § 34 Rn. 150a, *Wickenhöfer*, § 47 Rn. 40.

festgelegt, ihr Mangel kann jedoch nicht in der Patentschrift korrigiert werden. Macht das Patentamt somit bei der Feststellung der Subsidiarität einen Fehler, können die Rechtsunsicherheiten – gerade im Verletzungsprozess – derzeit nicht vermieden werden.

Bei jedem Lösungs- und Verbesserungsvorschlag müssen jedoch, soll dieser nicht rein theoretisch bleiben, menschliche Fehler hingenommen und einkalkuliert werden. Die Verschärfung der Subsidiarität führt bei Product-by-process-Ansprüchen trotz allem zu erhöhter Rechtssicherheit. Die Berechtigung des Product-by-process-Anspruchs steht im Sinne der Vermeidung von Diskriminierungen in direkter Wechselwirkung zur Subsidiarität. Der Product-by-process-Anspruch ist mit den einhergehenden Unsicherheiten jedenfalls gerechtfertigt, wenn der Anmelder keinen anderen Erzeugnisschutz erlangen kann, ihm also eine Kennzeichnung durch körperliche Merkmale unmöglich ist. Dann darf der Anmelder die Allgemeinheit mit Rechtsunsicherheiten belasten. Damit ist der Ansatz bei der Subsidiarität auch der richtige Weg, diese Rechtsunsicherheiten zu minimieren.

Hilfreich wäre es, wenn das Patentamt vom Anmelder den Nachweis der Subsidiarität verlangen würde. Dann müsste der Anmelder die Unmöglichkeit der anderweitigen Kennzeichnung nachweisen, sobald er einen Product-by-process-Anspruch formuliert.

Für eine gerichtliche Kontrolle im Sinne einer Korrekturmöglichkeit bedürfte es hingegen einer Gesetzesänderung.

III. Zusammenfassung

Es wird vorgeschlagen, die Subsidiarität für die Erteilung von Product-by-process-Ansprüchen zu verschärfen. Um die Rechtsunsicherheiten zu minimieren, sollen dabei nur noch für solche Erfindungen Product-by-process-Ansprüche erteilt werden können, bei denen eine andere Kennzeichnung als mittels des Herstellungsverfahrens unmöglich ist. Selbst wenn eine anderweitige Kennzeichnung gänzlich unpraktikabel ist, soll der Anmelder auf den herkömmlichen Erzeugnisanspruch oder Verfahrensanspruch verwiesen werden. Damit werden Product-by-process-Ansprüche nur noch denjenigen Erfindern erteilt, die sonst zwangsläufig diskriminiert würden. Dann sind die Rechtsunsicherheiten, die mit dem Product-by-process-Anspruch einhergehen, gerechtfertigt und von der Allgemeinheit hinzunehmen. Dabei kann von absoluten und relativen Product-by-process-Ansprüchen gesprochen werden. Absolute Product-by-process-Ansprüche sind diejenigen, bei denen eine Kennzeichnung nur mit Hilfe des Verfahrens möglich ist. Jede andere Kennzeichnung ist absolut unmöglich.

Relative Product-by-process-Ansprüche liegen dagegen vor, wenn eine andere Kennzeichnung möglich ist. Diese relativen Product-by-process-Ansprüche sollen nicht mehr erteilt werden. In der Konsequenz wären Product-by-process-Ansprüche damit immer absolut.

Derzeit besteht keine Möglichkeit, einen erteilten Product-by-process-Anspruch auf Grund mangelnder Subsidiarität anzugreifen. Deshalb sollte die Subsidiarität auf der Ebene des Erteilungsverfahrens verschärft werden. Nur so werden die Rechtsunsicherheiten für das Rechtsbestands- und insbesondere für das Verletzungsverfahren vermieden.

6. Teil: Die Durchsetzung von Product-by-process-Ansprüchen in der Praxis

Die Durchsetzung von Product-by-process-Ansprüchen kann mit erheblichen Schwierigkeiten verbunden sein. Unabhängig von der problematischen Bestimmung des Schutzbereichs[714] birgt auch der Verletzungsnachweis Risiken.[715] Im Rahmen der Durchsetzung spielen insbesondere die verschiedenen Patentverletzungsformen eine Rolle.[716]

A. Die Patentverletzung

Ein Patent kann auf verschiedene Art und Weise verletzt werden. Nach § 139 Abs. 1 PatG liegt eine Patentverletzung vor, wenn die Erfindung entgegen der §§ 9–13 PatG benutzt wird. Begeht ein Dritter eine der bezeichneten Handlungen, so kommt es weiter darauf an, ob das Erzeugnis oder Verfahren des vermeintlichen Verletzers die geschützte Erfindung verwirklicht.[717] Dabei werden die unmittelbare und mittelbare Verletzung sowie die wortsinngemäße und äquivalente Verwirklichung unterschieden.[718] Jedenfalls darf kein Ausnahmetatbestand nach §§ 11–13 PatG vorliegen.[719]

Diese Ausnahmetatbestände bestimmen Handlungen, die nicht von dem Monopolrecht des Patentinhabers erfasst sind.[720] Sie können damit nicht patentverletzend sein. Hierunter fällt nach § 11 PatG bspw. die private Nutzung, Handlungen zu Versuchszwecken oder Einzelzubereitungen von Arzneimitteln. Insgesamt sieht § 11 PatG 8 Ausnahmetatbestände vor. Weiter begründet § 12 PatG das sogenannte Vorbenutzungsrecht. Das Vorbenutzungsrecht gewährt dem redlichen Erfindungsbesitzer das Recht zur Weiterbenutzung, sofern

---

714 S. hierzu 4. Teil: Die Bestimmung des Schutzbereichs.

715 *Cepl*, Mitt. 2013, 62 (63).

716 *Cepl*, Mitt. 2013, 62 (63).

717 Benkard/*Scharen*, PatG, § 14 Rn. 91; Fitzner/Lutz/Bodewig/*Loth*, PatG, § 14 Rn. 347 f.

718 Benkard/*Scharen*, PatG, § 14 Rn. 91; § 10 Rn. 1; Fitzner/Lutz/Bodewig/*Loth*, PatG, § 14 Rn. 346; *Mes*, PatG, § 139 Rn. 595.

719 Fitzner/Lutz/Bodewig/*Pitz*, PatG, § 139 Rn. 191; *Mes*, PatG, § 139 Rn. 121; weitere Ausnahmen enthalten die § 123 Abs. 5–7 und § 9c, Busse/*Keukenschrijver*, § 11 Rn. 6.

720 Vgl. BVerfG GRUR 2001, 43 (44) – Klinische Versuche; Busse/*Keukenschrijver*, § 11 Rn. 6; *Mes*, PatG, § 11 Rn. 1.

er zum Zeitpunkt der Anmeldung des Patents schon Besitzer war.[721] Zudem muss er zum Zeitpunkt der Anmeldung mit der Verwertung der Erfindung schon begonnen haben, also den ernstlichen Willen zur Verwertung durch Veranstaltungen zur Benutzung betätigt oder die Erfindung bereits verwertet haben.[722] Zweck des Vorbenutzungsrechts ist es, den Besitzstand des Vorbenutzers zu schützen.[723] Dabei soll insbesondere die Zerstörung rechtmäßig geschaffener wirtschaftlicher Werte verhindert werden.[724] Der Besitzer soll seine Zeit, seine Kraft und sein Kapital nicht vergeblich aufgewendet haben. Die Entwertung seines Besitzstands wird durch die Entstehung des Vorbenutzungsrechts verhindert.[725]

Die dritte Ausnahme betrifft Handlungen der öffentlichen Hand gemäß § 13 PatG, die ausnahmsweise nicht patentverletzend sind. Das Recht an einem Patent ist Eigentum und damit gemäß Art. 14 GG grundrechtlich geschützt.[726] Die Zuordnung der vermögenswerten Ergebnisse der erfinderischen Leistung zum Erfinder und die Freiheit, hierüber frei verfügen zu können, gehören zum geschützten Kern dieses Rechts.[727] Somit sind auch öffentliche Stellen nicht ohne Weiteres dazu befugt, geschützte Erfindungen zu benutzen.[728] Allerdings lässt § 13 PatG Beschränkungen des Patentrechts im Interesse des Gemeinwohls zu.[729] § 13 PatG schafft eine Eingriffsbefugnis, einerseits aus Gründen der öffentlichen Wohlfahrt und andererseits im Interesse der Sicherheit des Bundes.[730] Wird eine Benutzung gemäß § 13 PatG angeordnet, so verliert der Patentinhaber in den

721 Busse/*Keukenschrijver*, § 12 Rn. 3; Fitzner/Lutz/Bodewig/*Ensthaler*, PatG, § 12 Rn. 1.

722 BGH NJW 1963, 2370 (2371) – Taxilan; Benkard/*Scharen*, PatG, § 12 Rn. 2; Busse/*Keukenschrijver*, § 12 Rn. 3; Fitzner/Lutz/Bodewig/*Ensthaler*, PatG, § 12 Rn. 1.

723 Benkard/*Scharen*, PatG, § 12 Rn. 2; Busse/*Keukenschrijver*, § 12 Rn. 3; Fitzner/Lutz/Bodewig/*Ensthaler*, PatG, § 12 Rn. 1.

724 Benkard/*Scharen*, PatG, § 12 Rn. 2; Busse/*Keukenschrijver*, § 12 Rn. 3; Fitzner/Lutz/Bodewig/*Ensthaler*, PatG, § 12 Rn. 1.

725 BGH NJW 1963, 2370 (2371) – Taxilan; Benkard/*Scharen*, PatG, § 12 Rn. 2; Busse/*Keukenschrijver*, § 12 Rn. 3.

726 BVerfG GRUR 2001, 43 (43) – Klinische Versuche; Maunz/Dürig/*Papier*, Art. 14 Rn. 198.

727 BVerfG GRUR 2001, 43 (44) – Klinische Versuche; Benkard/*Scharen*, PatG, § 13 Rn. 1.

728 Benkard/*Scharen*, PatG, § 13 Rn. 1; Busse/*Keukenschrijver*, § 13 Rn. 4.

729 Die Rechtsnatur von § 13 PatG wird unterschiedlich beurteilt: Zwangslizenz, Enteignung oder Ausdruck der Sozialbindung des Eigentums, Benkard/*Scharen*, PatG, § 13 Rn. 1; Busse/*Keukenschrijver*, § 13 Rn. 6; Schulte/*Rinken*/*Kühnen*, § 13 Rn. 4.

730 Benkard/*Scharen*, PatG, § 13 Rn. 1; Busse/*Keukenschrijver*, § 13 Rn. 8, 10; Schulte/*Rinken*/*Kühnen*, § 13 Rn. 7.

Grenzen der Anordnung sein Verbietungsrecht.[731] Dies hat zur Folge, dass keine Patentverletzung vorliegt.

Soweit keiner der Ausnahmetatbestände erfüllt ist, kann eine unmittelbare oder mittelbare Verletzung durch wortsinngemäße oder äquivalente Verwirklichung vorliegen. Maßgebend ist in jedem Fall, dass eine Verletzung nur vorliegt, wenn alle Merkmale des Patentanspruchs von der angegriffenen Verletzungsform verwirklicht werden.[732] Dabei ist es unerheblich, ob alle Merkmale wortsinngemäß oder äquivalent verwirklicht sind, oder auch eine Mischung dieser Verletzungsformen vorliegt. Entscheidend ist die Verwirklichung des Erfindungsgedankens.[733]

I. Wortsinngemäße und äquivalente Verwirklichung

Die angegriffene Ausführungsform kann den Patentanspruch wortsinngemäß oder äquivalent verwirklichen.[734] Damit eine Patentverletzung angenommen werden kann, muss die angegriffene Form zwingend den Sinngehalt des Patentanspruchs realisieren, also dessen sämtliche Anweisungen befolgen, mithin alle patentgemäßen Merkmale verwirklichen.[735] Es kommt also darauf an, ob die technische Lehre der Erfindung verwirklicht wird.[736] Diese ist immer erst das Ergebnis der Auslegung.[737] Entscheidend ist, ob das Problem dem Patentanspruch entsprechend technisch gelöst wird.[738]

1. Wortsinngemäße Verwirklichung

Folgt der Verletzer der technischen Lehre des Patents ohne Änderungen vorzunehmen, folgt er also exakt dem Sinngehalt des Patentanspruchs, so verwirklicht er den Patentanspruch wortsinngemäß.[739] Dabei ist entscheidend, dass die angegriffene Ausführungsform insgesamt alle Merkmale der Erfindung realisiert,

---

731 Benkard/*Scharen*, PatG, § 13 Rn. 7; Busse/*Keukenschrijver*, § 13 Rn. 16; Fitzner/Lutz/Bodewig/*Ensthaler*, PatG, § 13 Rn. 5.

732 Benkard/*Scharen*, PatG, § 14 Rn. 87; Busse/*Keukenschrijver*, § 14 Rn. 61; Fitzner/Lutz/Bodewig/*Pitz*, PatG, § 139 Rn. 192; Schulte/*Rinken*/*Kühnen*, § 14 Rn. 68.

733 Benkard/*Scharen*, PatG, § 14 Rn. 87; Busse/*Keukenschrijver*, § 14 Rn. 63.

734 Benkard/*Scharen*, PatG, § 14 Rn. 91; Busse/*Keukenschrijver*, § 14 Rn. 63; Fitzner/Lutz/Bodewig/*Loth*, PatG, § 14 Rn. 346; *Mes*, PatG, § 139 Rn. 595.

735 Benkard/*Scharen*, PatG, § 14 Rn. 91; Fitzner/Lutz/Bodewig/*Pitz*, PatG, § 139 Rn. 192.

736 Benkard/*Scharen*, PatG, § 14 Rn. 89; Fitzner/Lutz/Bodewig/*Loth*, PatG, § 14 Rn. 348.

737 Benkard/*Scharen*, PatG, § 14 Rn. 89; vgl. Schulte/*Rinken*/*Kühnen*, § 14 Rn. 10.

738 Benkard/*Scharen*, PatG, § 14 Rn. 89; vgl. Busse/*Keukenschrijver*, § 14 Rn. 69.

739 Benkard/*Scharen*, PatG, § 14 Rn. 91; Schulte/*Rinken*/*Kühnen*, § 14 Rn. 67.

sodass es nicht darauf ankommt, ob der Verletzer die Erfindung exakt nach dem sprachlichen Wortlaut des Anspruchs verwirklicht.[740] Das bedeutet auch, dass darüber hinausgehende Merkmale für die Verletzung unerheblich sind.[741] Die Verletzungsform muss auch nicht alle von der Erfindung bezweckten Vorteile erreichen.[742] Es kommt lediglich auf die objektive Eignung dazu an, die patentgemäßen Eigenschaften und Wirkungen zu erzielen.[743] Dies genügt selbst dann, wenn die Ausführungsform regelmäßig so bedient wird, dass dies nicht der Fall ist.[744] Es ist also unerheblich, ob die patentgemäßen Eigenschaften und Wirkungen regelmäßig oder nur zufällig erreicht werden und ob es der Verletzer darauf absieht, diese Wirkungen zu erzielen.[745]

2. *Äquivalente Verwirklichung*

Liegt eine wortsinngemäße Verwirklichung nicht vor, so kann dessen ungeachtet eine Patentverletzung bestehen. Das ist der Fall, wenn die Ausführungsform die geschützte Lehre äquivalent verwirklicht. Der Patentanspruch umfasst damit auch solche Verwirklichungen, die von der geschützten Lehre abweichen. Seit 2007 bestimmt dies Art. 2 des Protokolls über die Auslegung des Art. 69 EPÜ sogar ausdrücklich. Unabhängig von dieser ausdrücklichen Regelung hat der BGH schon 1986 mit seiner *Formstein*-Entscheidung erklärt, dass sich der Schutzbereich eines Patents auch auf Äquivalente erstreckt.[746] Hintergrund der Einbeziehung von Äquivalenten in den Schutzbereich des Patents ist der Umstand, dass neues Wissen den Fachmann dazu befähigen kann, den patentgemäßen Erfolg durch eine abgewandelte Gestaltung zu verwirklichen.[747] Zudem kann der Anmelder nicht immer alle möglichen Umgehungsvarianten seiner Erfindung voraussehen, sodass es unbillig sein kann, wenn am Wortsinn der Patentansprüche

---

740 Benkard/*Scharen*, PatG, § 14 Rn. 92; Fitzner/Lutz/Bodewig/*Loth*, PatG, § 14 Rn. 355; Schulte/*Rinken*/*Kühnen*, § 14 Rn. 67.

741 Benkard/*Scharen*, PatG, § 14 Rn. 92; Fitzner/Lutz/Bodewig/*Loth*, PatG, § 14 Rn. 367.

742 Benkard/*Scharen*, PatG, § 14 Rn. 92; Schulte/*Rinken*/*Kühnen*, § 14 Rn. 67, 90.

743 BGH GRUR 2006, 399 (401) – Rangierkatze; BGH GRUR 2007, 959 (962) – Pumpeneinrichtung; BGH BeckRS 2010, 28829 Tz. 18.

744 BGH GRUR 2006, 399 (401) – Rangierkatze; BGH GRUR 2007, 959 (962) – Pumpeneinrichtung; BGH BeckRS 2010, 28829 Tz. 18.

745 BGH GRUR 2006, 399 (401) – Rangierkatze; BGH GRUR 2007, 959 (962) – Pumpeneinrichtung; BGH BeckRS 2010, 28829 Tz. 18.

746 BGH GRUR 1986, 803 (805) – Formstein; *Meibom*/*Nack*, FS Reimann, 551 (553).

747 Benkard/*Scharen*, PatG, § 14 Rn. 99.

festgehalten wird.[748] Damit soll der Patentinhaber davor geschützt werden, dass er durch eine Umgehung seines Patents um den ihm gebührenden Lohn für die Offenbarung seiner Erfindung gebracht wird.[749] Die Lehre der Äquivalenz dehnt den Schutzbereich über die wortlautgemäße Verwirklichung hinaus aus.[750] Der Schutzbereich erfasst somit Ausführungsformen, die über den durch die Auslegung originär ermittelten Schutzbereich des Patentanspruchs hinausgehen.[751]

Auch für die Prüfung der Äquivalenz ist der Sinngehalt des Anspruchs maßgeblich.[752] Dabei ist die äquivalente Verwirklichung in drei Schritten zu prüfen. Zunächst muss festgestellt werden, ob das Problem der Erfindung mit objektiv gleichwirkenden Mitteln gelöst wird.[753] Das Austauschmittel muss also dieselbe technische Wirkung erzielen, die das Mittel nach der Lehre des Patents erreichen soll.[754] Dabei ist es erforderlich, nicht nur die einzelne Wirkung des Merkmals zu betrachten, sondern auch diejenigen Wirkungen in die Überlegungen einzubeziehen, die das Merkmal im Gesamtkontext der Erfindung erzielen soll.[755] Hierbei genügt es wiederum nicht, wenn die angegriffene Lösung nur die Gesamtwirkung der Erfindung erreicht, denn sie muss gerade auch diejenige Wirkung erzielen, die das nicht wortsinngemäß verwirklichte Merkmal erreichen soll.[756] Damit gilt es festzustellen, welche patentgemäßen Merkmale für sich betrachtet welche Wirkungen erzielen und inwiefern sie insgesamt zur Lösung des zugrunde liegenden Problems beitragen.[757] Die angegriffene Ausführungsform

---

748 Busse/*Keukenschrijver*, § 14 Rn. 66; Schulte/*Rinken*/*Kühnen*, § 14 Rn. 72.

749 BGH GRUR 1975, 425 (427) – Metronidazol; Busse/*Keukenschrijver*, PatG, § 14 Rn. 66; Schulte/*Rinken*/*Kühnen*, § 14 Rn. 72.

750 Benkard/*Scharen*, PatG, § 14 Rn. 99; Fitzner/Lutz/Bodewig/*Loth*, PatG, § 14 Rn. 377; Schulte/*Rinken*/*Kühnen*, § 14 Rn. 72; *Grabinski*, GRUR 2006, 714 (715).

751 Benkard/*Scharen*, PatG, § 14 Rn. 99; *Grabinski*, GRUR 2006, 714 (717).

752 Benkard/*Scharen*, PatG, § 14 Rn. 91; Busse/*Keukenschrijver*, § 14 Rn. 67; Fitzner/Lutz/Bodewig/*Loth*, PatG, § 14 Rn. 383; *Mes*, PatG, § 14 Rn. 64; *Meier-Beck*, FS König, 323 (337).

753 BGH GRUR 2015, 361 (363) – Kochgefäß; Benkard/*Scharen*, PatG, § 14 Rn. 101; Busse/*Keukenschrijver*, § 14 Rn. 70; *Mes*, PatG, § 14 Rn. 67; Schulte/*Rinken*/*Kühnen*, § 14 Rn. 73; *Meibom*/*Nack*, FS Reimann, 551 (554).

754 BGH GRUR 2015, 361 (363) – Kochgefäß; Fitzner/Lutz/Bodewig/*Loth*, PatG, § 14 Rn. 390; *Mes*, PatG, § 14 Rn. 73; Schulte/*Rinken*/*Kühnen*, § 14 Rn. 73.

755 Busse/*Keukenschrijver*, § 14 Rn. 70; Fitzner/Lutz/Bodewig/*Loth*, PatG, § 14 Rn. 390; Schulte/*Rinken*/*Kühnen*, § 14 Rn. 74.

756 BGH GRUR 2012, 1122 (1123) – Palettenbehälter III; BGH GRUR 2015, 361 (363) – Kochgefäß; Fitzner/Lutz/Bodewig/*Loth*, PatG, § 14 Rn. 396; *Mes*, PatG, § 14 Rn. 74.

757 Busse/*Keukenschrijver*, § 14 Rn. 70; Fitzner/Lutz/Bodewig/*Loth*, § 14 Rn. 391.

muss die erfindungsgemäßen Wirkungen allerdings nicht ohne Einschränkung erreichen. Es kann genügen, wenn diese im Wesentlichen, also in einem praktisch noch erheblichen Maße erzielt werden, wobei ein Mindestmaß an Qualität und Quantität der gewollten Wirkung erfüllt sein muss.[758] Die Gleichwirkung entfällt jedenfalls, wenn der erstrebte erfindungswesentliche Vorteil überhaupt nicht oder nur in bedeutungslosem Umfang erreicht wird.[759]

Weiterhin muss der Fachmann dazu befähigt sein, die angegriffene Ausführungsform als gleichwirkend aufzufinden.[760] Entscheidend ist, ob der Fachmann zum Prioritätszeitpunkt das Mittel ohne erfinderische Überlegungen als gleichwirkend auffinden konnte.[761] Somit darf der Fachmann nicht erfinderisch tätig werden müssen. Dieser Schritt darf damit keinen das Erkenntnisvermögen des Fachmanns übersteigenden Aufwand verlangen.[762] Dies schließt ein sorgfältiges Studium der Patentschrift und üblicher Fachliteratur sowie Orientierungsversuche nicht aus, solange der Fachmann im Rahmen üblichen Nachdenkens die Gleichwirkung erkennen kann.[763] Dabei kann für das Naheliegen nicht nur der in der Patentschrift angeführte, sondern der gesamte zum Prioritätszeitpunkt bekannte Stand der Technik herangezogen werden.[764]

Schließlich muss der Fachmann die Ausführung als eine der wortsinngemäßen Verwirklichung gleichwertige Lösung in Betracht ziehen.[765] Das ist der Fall, wenn die Überlegungen des Fachmanns so nah am Sinngehalt der im Patentanspruch unter Schutz gestellten Lehre orientiert sind, dass er die Lösung als

---

758 BGH GRUR 1999, 909 (914) – Spannschraube; BGH GRUR 2000, 1005 (1006) – Bratgeschirr; BGH GRUR 2012, 1122 (1123) – Palettenbehälter III; BGH GRUR 2015, 361 (363) – Kochgefäß; *Mes*, PatG, § 14 Rn. 74.

759 Fitzner/Lutz/Bodewig/*Loth*, PatG, § 14 Rn. 399; Schulte/*Rinken*/*Kühnen*, § 14 Rn. 74.

760 BGH GRUR 2015, 361 (363) – Kochgefäß; Benkard/*Scharen*, PatG, § 14 Rn. 101; *Mes*, PatG, § 14 Rn. 68; Schulte/*Rinken*/*Kühnen*, § 14 Rn. 73; *Meibom*/*Nack*, FS Reimann, 551 (554).

761 Fitzner/Lutz/Bodewig/*Loth*, PatG, § 14 Rn. 408; Schulte/*Rinken*/*Kühnen*, § 14 Rn. 73.

762 BGH GRUR 1999, 977 (982) – Räumschild; Busse/*Keukenschrijver*, § 14 Rn. 71; Fitzner/Lutz/Bodewig/*Loth*, PatG, § 14 Rn. 410.

763 Fitzner/Lutz/Bodewig/*Loth*, PatG, § 14 Rn. 413; Schulte/*Rinken*/*Kühnen*, § 14 Rn. 76.

764 Fitzner/Lutz/Bodewig/*Loth*, PatG, § 14 Rn. 411; *Mes*, PatG, § 14 Rn. 79; Schulte/*Rinken*/*Kühnen*, § 14 Rn. 76.

765 BGH GRUR 2015, 361 (363) – Kochgefäß; Benkard/*Scharen*, PatG, § 14 Rn. 101; Busse/*Keukenschrijver*, § 14 Rn. 74; *Mes*, PatG, § 14 Rn. 69; Schulte/*Rinken*/*Kühnen*, § 14 Rn. 78; *Meibom*/*Nack*, FS Reimann, 551 (554).

gleichwertig in Betracht zieht.[766] Im Rahmen der Gleichwertigkeit hat der BGH mehrere Fallgruppen entwickelt, bei denen eine äquivalente Verwirklichung verneint wird.[767] Dabei sind die einzelnen Fallgruppen nicht immer einer der drei Äquivalenzprüfungsstufen zuzuordnen. Einzelne dieser Fallgruppen haben das Potential, sich auch auf den Product-by-process-Anspruch auszuwirken.[768]

Nur wenn das Austauschmittel gleichwirkt, dies für den Fachmann naheliegend ist und Gleichwertigkeit vorliegt, ist die Ausführungsform trotz ihrer Abweichungen vom Schutzbereich des Patentanspruchs erfasst.[769] Dabei ist entscheidend, dass die Ausführungsformen in ihrer Gesamtheit betrachtet werden, sodass es nicht nur darauf ankommt, ob die Mittel im Einzelvergleich gleichwirkend sind, sondern vor allem darauf, ob die angegriffene Ausführungsform insgesamt eine gleichwertige Lösung des der Erfindung zugrundeliegenden Problems darstellt.[770]

3. *Äquivalente Verwirklichung des Product-by-process-Anspruchs*

Auch der Product-by-process-Anspruch ist dem Schutz gegen äquivalente Benutzungsformen zugänglich.[771] Für die Prüfung der Äquivalenz ist wiederum der technische Sinngehalt des Anspruchs maßgeblich. Damit ist hier ebenfalls die Problematik von Relevanz, die charakteristischen Eigenschaften beim Product-by-process-Anspruch festzustellen.[772]

766 BGH GRUR 2015, 361 (363) – Kochgefäß; Busse/*Keukenschrijver*, § 14 Rn. 74; Fitzner/Lutz/Bodewig/*Loth*, PatG, § 14 Rn. 418, 420; Schulte/*Rinken*/*Kühnen*, § 14 Rn. 78; *Meibom*/*Nack*, FS Reimann, 551 (554).

767 Vgl. Schulte/*Rinken*/*Kühnen*, § 14 Rn. 78 f.; *Kühnen*, Kap. A Rn. 128 ff.; *Neuhaus*, FS Reimann, 339 (345).

768 Vgl. die Darstellung der relevanten Fallgruppen unten unter bb) Gesamtbetrachtung.

769 Benkard/*Scharen*, PatG, § 14 Rn. 101; Fitzner/Lutz/Bodewig/*Loth*, PatG, § 14 Rn. 385; Schulte/*Rinken*/*Kühnen*, § 14 Rn. 73.

770 Benkard/*Scharen*, PatG, § 14 Rn. 101; Busse/*Keukenschrijver*, § 14 Rn. 74; *Mes*, PatG, § 14 Rn. 70.

771 *Cepl*, Mitt. 2013, 62 (70); *Giebe*, FS 80 Jahre Düsseldorf, 125 (235); *Meier-Beck*, FS König, 323 (337); *Rogge*, Mitt. 2005, 145 (149).

772 *Cepl*, Mitt. 2013, 62 (70); *Giebe*, FS 80 Jahre Düsseldorf, 125 (235); *Meier-Beck*, FS König, 323 (337).

a) Anwendbarkeit der Lehre von der Äquivalenz beim unbeschränkten Product-by-process-Anspruch

Beim unbeschränkten Product-by-process-Anspruch – die Auslegung hat also keine Begrenzung des Schutzbereichs auf das Herstellungsverfahren ergeben[773] – ist bei der Prüfung der Äquivalenz entscheidend, dass es nicht darauf ankommt, ob der vermeintliche Verletzer ein insgesamt gleichwertiges Herstellungsverfahren verwendet. Maßgeblich ist lediglich, ob die charakteristischen Eigenschaften, die das Verfahren dem Erzeugnis verleiht, äquivalent verwirklicht sind.[774] Dann kann die Lehre der Äquivalenz auch auf Product-by-process-Ansprüche angewendet werden.

Beispiele aus der BGH-Rechtsprechung sind derzeit nicht bekannt. In einer der letzten Entscheidungen des BGH zu Product-by-process-Ansprüchen wurde zwar über eine äquivalente Verwirklichung entschieden. Hierbei ging es jedoch um eines der Merkmale, das nicht als Product-by-process-Merkmal formuliert war.[775]

Das OLG Düsseldorf hatte hingegen schon die Äquivalenz eines Product-by-process-Merkmals zu beurteilen. Das OLG ging im Einklang mit der BGH-Rechtsprechung von einem unbeschränkten und absoluten Schutz des Erzeugnisses aus, auch wenn es durch seinen Herstellungsweg definiert ist. Der Senat verneinte eine wortsinngemäße Verletzung und prüfte die Verwirklichung des Product-by-process-Merkmals in äquivalenter Form. Hier schied eine äquivalente Verletzung im Rahmen der dreiteiligen Prüfung auf der Ebene der Gleichwertigkeit aus. Streitgegenständlich war wiederum das Schmiermittel für die Züge von Posaunen. Eines der Merkmale forderte den Aufbau des Mittels durch zwei übereinanderliegende Filme. Dies war für die Erfindung auch von zentraler Bedeutung. Angegriffene Ausführungsform war eine Emulsion.

Hierzu urteilte das OLG, dass die Annahme einer Gleichwertigkeit auf die Eliminierung des Product-by-process-Merkmals hinauslaufen würde, welches ja gerade den Schichtaufbau zwingend vorsehe. Außerdem würde die Verwendung einer Emulsion anstatt von zwei Schichten in den Augen des Durchschnittsfachmannes dem Erfindungsgedanken widersprechen.[776]

Die Entscheidung des OLG zeigt, dass der Product-by-process-Anspruch ebenso der Äquivalenz zugänglich ist wie herkömmliche Erzeugnisansprüche. An der dreistufigen Prüfung ändert sich nichts. Zunächst stellte das OLG die Eigenschaft fest, die das Verfahren dem Erzeugnis verlieh: Aufbau des Schmiermittels durch zwei übereinanderliegende Filme. Hierbei sei es gleichgültig, wie dieser Aufbau

773 S.o. IV. Auslegung des Anspruchs.

774 Vgl. auch *Cepl*, Mitt. 2013, 62 (70).

775 BGH GRUR 2015, 361 (362) – Kochgefäß.

776 OLG Düsseldorf, BeckRS 2008, 04705.

erreicht werde. Jedenfalls müsse aber, um eine äquivalente Verwirklichung annehmen zu können, etwas Gleichwertiges zu einem Schichtaufbau vorliegen. Bei einer Emulsion hingegen sei gerade das Gegenteil gegeben.

Das OLG prüfte somit, nachdem es eine wortsinngemäße Verwirklichung abgelehnt hatte, die drei Stufen der Äquivalenz. Das ersatzlose Fehlen eines Merkmals[777] und der eindeutige Widerspruch des Ersatzmittels zu der beanspruchten technischen Lehre[778] sind hier zwei der allgemein anerkannten Fallgruppen, in denen die Äquivalenz abgelehnt wird.[779] Bei unbeschränkten Product-by-process-Ansprüchen oder -Merkmalen wird die Lehre der Äquivalenz damit uneingeschränkt angewendet. Wichtig ist nur, dass die angegriffene Ausführungsform die dem Erzeugnis durch das Verfahren verliehene Eigenschaft mit äquivalenten Mitteln verwirklicht.

b) *Anwendbarkeit der Lehre von der Äquivalenz beim beschränkten Product-by-process-Anspruch*

Ist der Schutzbereich des Product-by-process-Anspruchs allerdings ausnahmsweise auf das Verfahren beschränkt, ist die Anwendung der Lehre der Äquivalenz mindestens problematisch, wenn nicht ausgeschlossen.[780]

Ist der Schutzbereich des Product-by-process-Anspruchs auf das benannte Verfahren beschränkt, so umfasst dieser lediglich Produkte, die durch das Verfahren hergestellt wurden. Produkte, die durch andere Verfahren gewonnen werden, sind nicht erfasst. Trotzdem könnte der Schutzbereich nach der Lehre der Äquivalenz auch bei einer solchen Beschränkung abweichende Verfahren umfassen. In einer solchen Konstellation darf auf das Verfahren selbst abgestellt werden, sodass nicht notwendigerweise die hierdurch vermittelten Eigenschaften ermittelt und herangezogen werden müssen. Ist der Product-by-process-Anspruch nämlich beschränkt, so wirkt das Herstellungsverfahren selbst als direkte Begrenzung. Diese Konstellation ist ein Grund, warum es leicht zu Unschärfen im Umgang mit dem Product-by-process-Anspruch kommt. Im Rahmen des ausnahmsweise beschränkten Anspruchs kann und muss unmittelbar auf das Verfahren abgestellt werden, denn in dieser Ausnahmesituation beschränkt das Verfahren selbst den Schutzbereich unmittelbar. Da nur dieses

777 BGH GRUR 1991, 444 (446) – Autowaschvorrichtung; BGH GRUR 2007, 1059 (1062 f.) – Zerfallszeitmessgerät.

778 BGH GRUR 1999, 977 (981) – Räumschild.

779 Busse/*Keukenschrijver*, § 14 Rn. 72; Fitzner/Lutz/Bodewig/*Loth*, PatG, § 14 Rn. 437; *Kühnen*, Kap. A Rn. 128 ff.; s. hierzu unten unter bb) Gesamtbetrachtung.

780 *Giebe*, FS 80 Jahre Düsseldorf, 125 (136).

Verfahren dem Erzeugnis seine charakteristischen Eigenschaften verleihen kann, steht es den Eigenschaften des Erzeugnisses gleich. Diese Überlegung kann im Umkehrschluss aber nicht auf alle Product-by-process-Ansprüche übertragen werden. Im Regelfall werden auch Erzeugnisse anderer Verfahren erfasst, sodass es nur auf die durch das Verfahren verliehenen Eigenschaften ankommt.

Die Rechtsprechung hatte die Äquivalenz im Rahmen von beschränkten Product-by-process-Ansprüchen bisher noch nicht zu beurteilen. Auch die Literatur äußert sich kaum.[781] Damit die Beurteilung der Äquivalenz bei einem beschränkten Product-by-process-Anspruch entscheidend ist, muss zunächst die Ausnahmesituation der Beschränkung eintreten, wobei es dann auf eine äquivalente Verwirklichung der Eigenschaft ankommen muss, die das Verfahren verleiht. Die Rechtsprechung geht von einem generell unbeschränkten Schutzbereich aus, wobei eine Beschränkung im Einzelfall möglich ist.[782] Eine solche Beschränkung im Einzelfall wurde hingegen noch nicht angenommen.[783] Eine Beurteilung kann sich damit nur an allgemeinen systematischen Überlegungen orientieren. Die Diskussionsebene wird auf Grund von Zweifeln an der Anwendbarkeit der Äquivalenz eröffnet.[784]

Damit sind die Voraussetzungen einer äquivalenten Verwirklichung abstrakt im Hinblick auf den beschränkten Product-by-process-Anspruch zu prüfen. Gründe für eine generelle Unanwendbarkeit der Lehre der Äquivalenz sind nicht ersichtlich. In Anbetracht der Tatsache, dass Art. 2 des Protokolls über die Auslegung des Art. 69 EPÜ die Einbeziehung von Äquivalenten in den Schutzbereich ausdrücklich bestimmt, kann die Äquivalenz lediglich im Rahmen der drei Prüfungsstufen oder der einzelnen Fallgruppen ausscheiden, in denen eine äquivalente Verwirklichung abgelehnt wird. Nur wenn eine der Fallgruppen bei allen begrenzten Product-by-process-Ansprüchen einschlägig wäre, könnten diese generell von der äquivalenten Verwirklichung ausgeschlossen sein.

Dabei lassen sich durchaus Argumente dafür finden, dass das Produkt gegen äquivalente Verwirklichungen nach den allgemeinen Grundsätzen Schutz genießt. Dies scheint auch berechtigt, wenn der Verletzer ein so ähnliches Verfahren verwendet, dass nach der dreistufigen Prüfung Äquivalenz zu bejahen ist. Andererseits kann auch ein genereller Ausschluss von der Äquivalenz begründet werden. Schließlich hat die Auslegung gerade ergeben, dass lediglich das benannte Verfahren die charakteristischen Eigenschaften verleihen kann.

---

781 *Giebe*, FS 80 Jahre Düsseldorf, 125 (136).

782 S.o. 1. Die Rechtsprechung.

783 S.o. IV. Auslegung des Anspruchs.

784 *Giebe*, FS 80 Jahre Düsseldorf, 125 (136).

aa) Systematische Beurteilung anhand eines Fallbeispiels

Eine systematische Übersicht hilft dabei, über die Äquivalenz im Rahmen von beschränkten Product-by-process-Ansprüchen urteilen zu können. Als Beispiel dient der schon an mehreren Stellen angesprochene folgende Sachverhalt:

Die Erfindung ist ein Schmiermittel für die Züge von Posaunen oder ähnlicher Musikinstrumente. Das Schmiermittel besteht aus zwei Komponenten, nämlich Siliconöl und wässriger Seifenlösung. Diese werden nacheinander, in einer vorgegebenen Reihenfolge auf den Zug des entsprechenden Musikinstruments aufgetragen. Hierdurch wird ein Schmiermittel gewonnen – und das ist die Aufgabe der Erfindung –, welches eine besonders lange Schmierfähigkeit besitzt. Diese erhöhte Dauer der Schmierfähigkeit resultiert aus dem vorgegebenen Schichtaufbau. Indem die Komponenten nacheinander aufgebracht werden, bildet sich ein lang anhaltender Schmierfilm.[785]

Ausgehend von diesem Beispiel sind verschiedene Konstellationen denkbar, deren Betrachtung das systematische Verständnis fördert.

(1) Äquivalenz beim Verfahrensanspruch

Der Erfinder könnte einen Verfahrensanspruch anmelden. Der Schutzbereich kann wie folgt dargestellt werden.

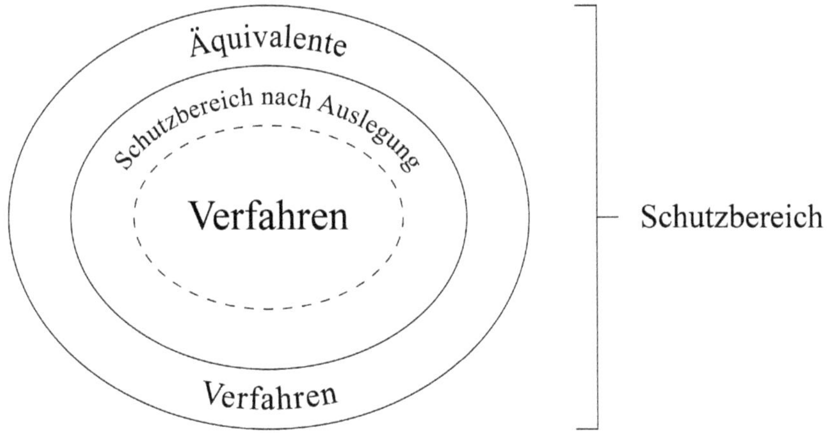

Abbildung 1: Schutzbereich des Verfahrensanspruchs

785 Angelehnt an LG Düsseldorf, BeckRS 2008, 19888 und in zweiter Instanz OLG Düsseldorf, BeckRS 2008, 04705; das zugrundeliegende Patent wird in vereinfachter Form als Fallbeispiel genutzt.

Gegenstand des Patentanspruchs ist das Verfahren selbst. Der Schutzbereich ergibt sich zunächst durch die Auslegung des Anspruchs. Weiterhin werden auch Äquivalente in den Schutzbereich einbezogen. Die Auslegung und die Einbeziehung der Äquivalente orientieren sich immer am Gegenstand und damit an dem Sinngehalt des Patentanspruchs, also am Verfahren selbst.[786]

Vereinfacht könnte eine Merkmalsgliederung wie folgt lauten:

1. Verfahren zum Herstellen eines Schmiermittels mit einem Schichtaufbau für die Züge von Posaunen oder ähnlicher Musikinstrumente, wobei
2. zuerst Siliconöl auf den Zug aufgetragen
3. und anschließend eine wässrige Seifenlösung auf das Siliconöl aufgebracht wird.

Der Schutzbereich nach der Auslegung umfasst alle Verfahren, bei denen die zwei Komponenten nacheinander aufgebracht werden. Dieser Schutzbereich entspricht der wortsinngemäßen Verwirklichung des Patentanspruchs.

Zudem umfasst der Schutzbereich auch Äquivalente. Eines oder alle Merkmale können durch äquivalente, also gleichwirkende, als solche auffindbare und gleichwertige Lösungsmittel verwirklicht sein. Die allgemeinen Grundsätze der Lehre der Äquivalenz sind auch auf Verfahrenspatente anwendbar[787], wobei Besonderheiten beachtet werden müssen. Diese können auch für den Product-by-process-Anspruch maßgeblich sein.

Dabei erlangen die folgenden Fragestellungen besondere Bedeutung: Muss bei einer äquivalenten Verfahrensverwirklichung immer das exakt gleiche Erzeugnis erhalten werden und darf damit tatsächlich nur die Herstellungsweise abweichen? Oder kommt es nicht auf das erhaltene Erzeugnis oder Ergebnis, sondern nur auf die Art und Weise an, wie dieses erlangt wird?

Die entsprechenden Urteile und die maßgebliche Literatur zur Äquivalenz bei Verfahrensansprüchen kommen zu unterschiedlichen Antworten. Hierbei findet die Diskussion mit Rahmen der Gleichwirkung statt: Kann ein Austauschmittel gleichwirkend sein, wenn es zu einem anderen Erzeugnis führt? Einerseits gibt es durchaus Anhaltspunkte dafür, dass der Anwender dasselbe Erzeugnis – Endprodukt – erlangen muss und damit nur die Verfahrensschritte voneinander

786 Vgl. hierzu die Ausführung zu 4. Teil: Die Bestimmung des Schutzbereichs und 2. Äquivalente Verwirklichung.

787 BGH GRUR 1975, 425 (427) – Metronidazol; BGH GRUR 2000, 1005 (1006) – Bratgeschirr; BGH BeckRS 2001, 05929; OLG Düsseldorf, GRUR-RS 2016, 06348 Tz. 22; LG München, BeckRS 2004, 18041 Tz. 128; Busse/*Keukenschrijver*, § 14 Rn. 70; Fitzner/Lutz/Bodewig/*Loth*, PatG, § 14 Rn. 405; Schulte/*Rinken*/*Kühnen*, § 14 Rn. 75.

abweichen dürfen.[788] Demgegenüber finden sich an mehreren Stellen Ausführungen, die eine solche Bewertung offenlassen. So wird zwar angemerkt, dass eine Übereinstimmung im Verfahrensergebnis erforderlich sei[789], unklar bleibt hingegen, wie dieses definiert wird. Mit dem Verfahrensergebnis könnte sowohl die reine Lösung der zugrundeliegenden Aufgabe[790] als auch die Herstellung eines bestimmten Erzeugnisses gemeint ist.

Richtig dürfte sein, dass eine pauschale Beantwortung nicht möglich ist. Entscheidend ist, worin der von der Erfindung verfolgte Sinn zu sehen ist. Besteht dieser maßgeblich darin, ein bestimmtes Produkt zu erhalten, wird die Gleichwirkung zu verneinen sein, sobald das Austauschmittel zu einem anderen Erzeugnis führt. Erschöpft sich der Sinn der Erfindung jedoch bspw. in einem schnelleren, effizienteren Verfahrensgang, ist es durchaus möglich, von Gleichwirkung auszugehen, auch wenn nicht das identische Erzeugnis erlangt wird.

Jedenfalls ist die bloße Übereinstimmung im Verfahrensergebnis nicht ausreichend, denn das Ersatzmittel ist nur dann gleichwirkend, wenn das angegriffene Verfahren außerdem von dem für die Lehre maßgeblichen technischen Gedanken Gebrauch macht.[791] Deswegen ist die Gleichwirkung und damit die Äquivalenz zu verneinen, wenn der Lösungsweg von dem patentgeschützten Weg so weit entfernt ist, dass er nicht mehr als dessen Verwirklichung angesehen werden kann.[792] Es muss gewährleistet sein, dass lediglich solche Ausgestaltungen noch vom Schutzbereich des Anspruchs umfasst sind, bei denen der von der geschützten Erfindung verfolgte Sinn erhalten bleibt.[793]

Zum Teil wird eine wortsinngemäße Verwirklichung schon verneint, wenn weitere Verfahrensschritte angehängt werden, weil die Anzahl der Schritte selbst sowie deren Reihenfolge Merkmal des Anspruchs sei.[794] Werde die Anzahl der Verfahrensschritte verändert, so werde das Merkmal ersetzt und nicht ein neues

788 Vgl. BGH GRUR 1975, 425 (427) – Metronidazol.

789 LG Düsseldorf, BeckRS 2012, 05026; Busse/*Keukenschrijver*, § 14 Rn. 70 verwendet den Begriff des „Leistungsergebnisses“; Fitzner/Lutz/Bodewig/*Loth*, PatG, § 14 Rn. 405; Schulte/*Rinken/Kühnen*, § 14 Rn. 75.

790 Dahingehend BGH GRUR 2000, 1005 (1006 f.) – Bratgeschirr.

791 BGH GRUR 2000, 1005 (1006) – Bratgeschirr; LG Düsseldorf, BeckRS 2012, 05026; Busse/*Keukenschrijver*, § 14 Rn. 70; Fitzner/Lutz/Bodewig/*Loth*, PatG, § 14 Rn. 405; Schulte/*Rinken/Kühnen*, § 14 Rn. 75.

792 Fitzner/Lutz/Bodewig/*Loth*, PatG, § 14 Rn. 405; Schulte/*Rinken/Kühnen*, § 14 Rn. 75.

793 BGH GRUR 2000, 1005 (1006) – Bratgeschirr; OLG Düsseldorf, GRUR-RS 2016, 06348 Tz. 25.

794 LG München, BeckRS 2004, 18041 Tz. 154 ff.

hinzugefügt.[795] Hier besteht ein Unterschied zum Erzeugnispatent, für dessen Verletzung zusätzliche Merkmale der angegriffenen Ausführungsform unbeachtlich sind.[796]

> Der BGH hat eine Äquivalenz für möglich gehalten, wenn sowohl der Ausgangsstoff als auch die Verfahrensweise von der patentierten Lösung abweichen, wobei in dem Fall jedoch der abweichende Ausgangsstoff zu demselben Endprodukt umgesetzt wurde.[797]

Jedenfalls aber wird die Lehre von der Äquivalenz auch auf den Verfahrensanspruch angewendet. Auch hier findet eine Orientierung am Sinngehalt des Anspruchs statt. Im Einzelfall ist damit zu prüfen, ob der Durchschnittsfachmann die abgewandelte Ausführung als gleichwirkende Lösung der dem Patent zugrundeliegenden Aufgabe auffinden kann, und ob er die Lösung als gleichwertig in Betracht zieht.[798] Weil hierbei die Wirkungen der substituierten Merkmale und der technischen Lehre insgesamt – zumindest im Wesentlichen[799] – erreicht werden müssen, bedarf es stets einer Einzelfallentscheidung. Das äquivalente Mittel muss jedenfalls noch vom Sinngehalt der technischen Lehre gedeckt sein.

Zum Fallbeispiel: Eine äquivalent verletzende Ausführungsform wäre damit bspw. ein Verfahren, nach welchem eine Mischung aus Siliconöl und wässriger Seifenlösung verwendet wird, deren Komponenten sich nach dem Auftragen wieder aufspalten und so ebenfalls ein Schmiermittel mit einem Schichtaufbau entstehen würde. Allerdings dürfte auch ein Verfahren, das eine Mischung aus Siliconöl und einer dritten Substanz verwendet, ein äquivalentes Verfahren darstellen, solange bspw. eine chemische Reaktion zu einem Ergebnis aus Siliconöl und wässriger Seifenlösung führen würde. Der verfolgte Sinn der Verfahrenslehre ist hier die Erlangung eines bestimmten Produkts. Nach dem oben Gesagten ist damit die Gleichwirkung zu verneinen, sobald das Austauschmittel zu einem anderen Erzeugnis führt. Damit muss das Schmiermittel, welches erlangt wird, mit dem erfindungsgemäßen identisch sein, sodass es sich um ein Mittel handeln muss, welches aus einem Schichtaufbau aus Siliconöl und wässriger

795 LG München, BeckRS 2004, 18041 Tz. 154 ff.

796 Benkard/*Scharen*, PatG, § 14 Rn. 92; Fitzner/Lutz/Bodewig/*Loth*, PatG, § 14 Rn. 367.

797 BGH GRUR 1975, 425 (427) – Metronidazol.

798 BGH GRUR 1975, 425 (427) – Metronidazol; BGH BeckRS 2001, 05929; OLG Düsseldorf, GRUR-RS 2016, 06348 Tz. 24; LG Düsseldorf, BeckRS 2012, 05026 unter III.

799 BGH GRUR 1999, 909 (914) – Spannschraube; BGH GRUR 2000, 1005 (1006) – Bratgeschirr; BGH BeckRS 2001, 5929; BGH GRUR 2012, 1122 (1123) – Palettenbehälter III; BGH GRUR 2015, 361 (363) – Kochgefäß; *Mes*, PatG, § 14 Rn. 74.

Seifenlösung besteht. Lediglich das Verfahren selbst kann von dem erfindungsgemäßen Verfahren abweichen.

(2) Äquivalenz beim Erzeugnisanspruch

Auf das Schmiermittel könnte auch ein klassischer Erzeugnisanspruch gerichtet werden. Das Beispiel ist letztlich auf den Product-by-process-Anspruch ausgerichtet. Dies führt dazu, dass zur Darstellung der Äquivalenz beim Erzeugnisanspruch das Product-by-process-Merkmal außer Acht bleiben muss. So können anhand eines gedanklichen Beispiels die äquivalenten Schutzbereiche des einfachen Verfahrens- und Erzeugnisanspruchs sowie des Product-by-process-Anspruchs dargestellt werden. Somit bleibt das Merkmal des Schichtaufbaus für die Betrachtung des herkömmlichen Erzeugnisanspruchs außer Acht, sodass der Schutzbereich wie folgt dargestellt werden kann.

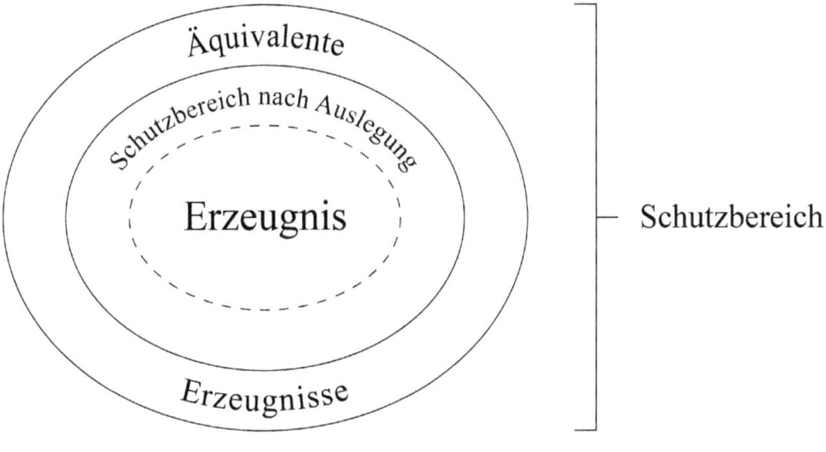

Abbildung 2: Schutzbereich des Erzeugnisanspruchs

Gegenstand des Patentanspruchs ist hier das Erzeugnis, nämlich das Schmiermittel. Auch hier ergibt sich zunächst der Schutzbereich aus der Auslegung sowie dessen Erweiterung nach der Lehre der Äquivalenz.

Eine vereinfachte Merkmalsgliederung lautet wie folgt:

1. Schmiermittel für die Züge von Posaunen oder ähnlicher Musikinstrumente, bestehend aus
2. einer ersten Komponente, nämlich Siliconöl
3. und einer zweiten Komponente, nämlich wässriger Seifenlösung.

Der Schutzbereich nach der Auslegung umfasst alle Schmiermittel, die aus Siliconöl und wässriger Seifenlösung bestehen.[800]

Zudem umfasst der Schutzbereich wiederum Äquivalente. Eines oder beide Merkmale können durch äquivalente Lösungsmittel ersetzt werden. Damit wäre ein Schmiermittel, das aus Siliconöl und einer gleichwirkenden, naheliegenden und gleichwertigen Ersatzsubstanz zu der wässrigen Seifenlösung besteht, eine äquivalente Verletzungsform. Ebenso werden Schmiermittel als Äquivalente erfasst, die aus einer entsprechenden Ersatzsubstanz zu Siliconöl oder aus gleichwirkenden, naheliegenden und gleichwertigen Ersatzsubstanzen beider Komponenten bestehen.

(3) Äquivalenz beim Product-by-process-Anspruch

Beim Product-by-process-Anspruch ist es erforderlich, den unbeschränkten und den beschränkten Product-by-process-Anspruch zu unterscheiden.[801] Regelmäßig ist der Schutzbereich als Ergebnis der Auslegung des Product-by-process-Anspruchs unbeschränkt.[802] Die Auslegung kann jedoch auch zu dem Ergebnis führen, dass der Product-by-process-Anspruch auf das kennzeichnende Verfahren beschränkt ist und damit der Schutzbereich nur Erzeugnisse genau dieses Verfahrens umfasst.[803]

(a) Äquivalenz beim unbeschränkten Product-by-process-Anspruch

Kennzeichnet der Anmelder im Beispielfall sein Erzeugnis mittels des Verfahrens, so formuliert er einen Product-by-process-Anspruch. Dieser ist in der Regel in seinem Schutzbereich unbeschränkt, umfasst also nicht nur Erzeugnisse, die mittels des gleichen, sondern auch solche, die mittels anderer Verfahren hergestellt wurden. Der Schutzbereich lässt sich wie folgt darstellen.

800 Starke Vereinfachung zu Beispielszwecken.
801 S.o. 3. Äquivalente Verwirklichung des Product-by-process-Anspruchs.
802 Vgl. hierzu oben A. Auslegung und Schutzbereich.
803 S.o. IV. Auslegung des Anspruchs.

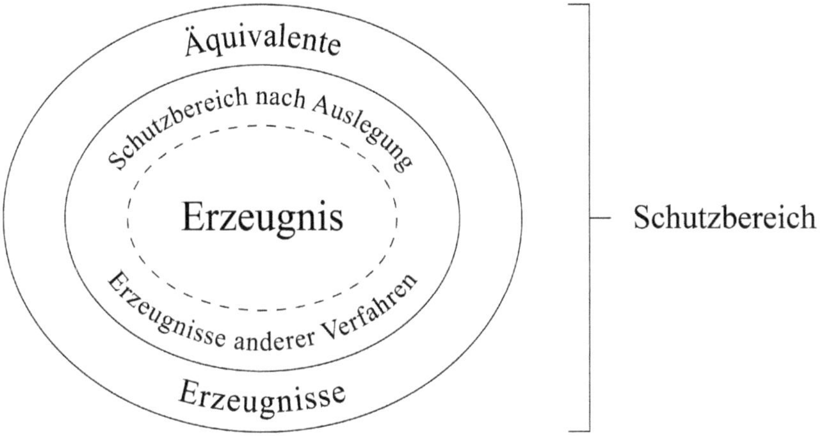

Abbildung 3: Schutzbereich des unbeschränkten Product-by-process-Anspruchs

Gegenstand des Patentanspruchs ist das Erzeugnis, also das Schmiermittel selbst. Wieder wird der Schutzbereich zunächst durch die Auslegung bestimmt. Zudem erstreckt er sich nach der Lehre der Äquivalenz auch auf äquivalente Ausführungsformen.

Eine vereinfachte Merkmalsgliederung lautet wie folgt:

1. Schmiermittel für die Züge von Posaunen oder ähnlicher Musikinstrumente, bestehend aus
2. einer ersten Komponente, nämlich Siliconöl
3. und einer zweiten Komponente, nämlich wässriger Seifenlösung,
4. wobei die zwei Komponenten in der angegebenen Reihenfolge auf den entsprechenden Zug aufgebracht werden.

Der Schutzbereich nach der Auslegung umfasst alle Erzeugnisse, die die gleichen Eigenschaften aufweisen, die das patentierte Erzeugnis charakterisieren. Da es sich um einen Product-by-process-Anspruch handelt, ist im Hinblick auf das Verfahren entscheidend, welche Eigenschaft das Verfahren, also Merkmal 4, dem Erzeugnis verleiht. Die Eigenschaft, die das Aufbringen in der angegebenen Reihenfolge verleiht, ist der Schichtaufbau. Genauer ist es der Aufbau des Mittels durch zwei übereinanderliegende Filme.[804] Erst das Zusammenführen der beiden Komponenten

804 Vgl. hierzu OLG Düsseldorf, BeckRS 2008, 04705, wonach das Beispiel gebildet ist.

in diesem Schichtaufbau führt zu der erhöhten Dauer der Schmierfähigkeit.[805] Wortsinngemäß verwirklicht damit jedes Erzeugnis den Patentanspruch, das aus Siliconöl und wässriger Seifenlösung besteht sowie einen Schichtaufbau dieser zwei Komponenten in der angegebenen Reihenfolge aufweist.

Nach der Lehre der Äquivalenz werden zudem solche Erzeugnisse in den Schutzbereich einbezogen, die eines oder mehrere der Merkmale durch äquivalente Mittel verwirklichen. Zunächst kann auf die allgemeinen Grundsätze der Äquivalenz und die Darstellungen zu herkömmlichen Erzeugnisansprüchen verwiesen werden.[806] Damit wäre ein Erzeugnis, das eine gleichwertige Substanz zu Siliconöl oder wässriger Seifenlösung verwendet und bei dem die Komponenten nacheinander aufgebracht werden, eine äquivalente Ausführungsform, unabhängig von dem Product-by-process-Merkmal.

Allerdings kann auch das Product-by-process-Merkmal – Merkmal 4 – substituiert werden. Dann müsste das Erzeugnis ein äquivalentes Lösungsmittel zu einem Schichtaufbau aufweisen. Hier kann im Zweifel wenig Raum für eine äquivalente Verwirklichung verbleiben. Ein Äquivalent zu einem Schichtaufbau könnte möglicherweise wie folgt aussehen:

Schichtaufbau nach Patentanspruch:	——— w. Seifenl. ——— ——— Siliconöl ———
Äquivalente Verwirklichung:	SL SÖ SL SÖ SL SÖ SL SÖ SL SÖ

Ob der Vorschlag tatsächlich eine äquivalente Verwirklichung darstellt, hängt natürlich davon ab, ob ein solcher Aufbau nach den allgemeinen Regeln vom Fachmann als gleichwirkend und naheliegend aufgefunden werden kann und er ihn als gleichwertige Lösung in Betracht zieht. Jedenfalls ist gerade im Gegensatz zu den Äquivalenzüberlegungen bei Verfahrensansprüchen die Art und Weise unerheblich, wie die Komponenten aufgebracht werden.[807] Entscheidend ist lediglich die durch das Verfahren verliehene Eigenschaft des Erzeugnisses.

(b) Äquivalenz beim beschränkten Product-by-process-Anspruch

Schließlich kann es dazu kommen, dass die Auslegung des Product-by-process-Anspruchs zu dem Ergebnis kommt, dass der Schutzbereich auf das angegebene

805 Das ist die Aufgabe, deren Lösung die Erfindung darstellt.

806 S.o. 2. Äquivalente Verwirklichung und (2) Äquivalenz beim Erzeugnisanspruch.

807 S.o. (1) Äquivalenz beim Verfahrensanspruch.

Verfahren beschränkt ist.[808] Ist dies der Fall, erfasst der Schutzbereich nur noch solche Erzeugnisse, die tatsächlich mittels des angegebenen Verfahrens hergestellt wurden. Der Schutzbereich stellt sich dann wie folgt dar.

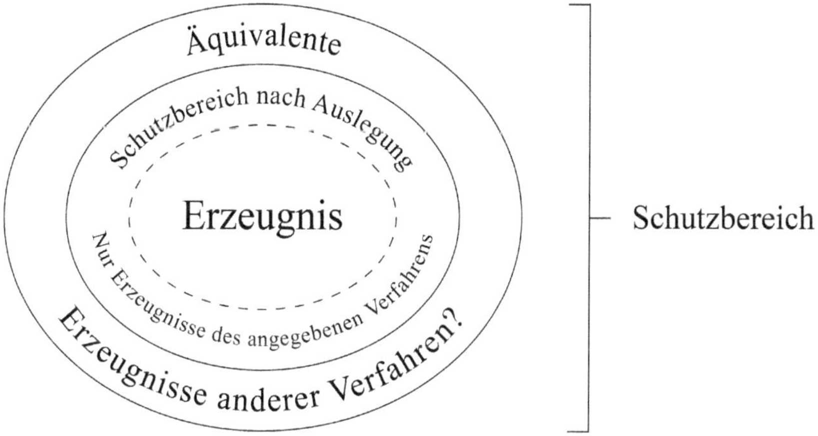

Abbildung 4: Schutzbereich des beschränkten Product-by-process-Anspruchs

Zunächst gelten auch hier die allgemeinen Erwägungen zum unbeschränkten Product-by-process-Anspruch. Auch die Merkmalsgliederung kann übernommen werden:

1. Schmiermittel für die Züge von Posaunen oder ähnlicher Musikinstrumente, bestehend aus
2. einer ersten Komponente, nämlich Siliconöl
3. und einer zweiten Komponente, nämlich wässriger Seifenlösung,
4. wobei die zwei Komponenten in der angegebenen Reihenfolge auf den entsprechenden Zug aufgebracht werden.

Der Schutzbereich nach der Auslegung ist jedoch im Vergleich deutlich enger. Ist der Schutzbereich des Anspruchs beschränkt, so kann nur das angegebene Verfahren dem Erzeugnis seine charakteristischen Eigenschaften verleihen. Damit wird das Verfahren faktisch zu einer Eigenschaft des Erzeugnisses. Demzufolge verletzen nur noch solche Erzeugnisse den Anspruch wortsinngemäß, die

808 BGH BeckRS 2010, 18946 Tz. 23; ausdrückliche Erwähnung dieser Möglichkeit in BGH GRUR 2015, 361 (362) – Kochgefäß; LG Mannheim BeckRS 2015, 07516.

dadurch erlangt werden, dass zunächst Siliconöl und dann Seifenlösung auf den Zug eines Musikinstruments aufgebracht wird. Es ist nur noch das exakt gleiche Erzeugnis vom Schutzbereich umfasst.

Auch hier ist zunächst problemlos die Einbeziehung von Äquivalenten möglich. Sowohl das Siliconöl als auch die Seifenlösung können durch gleichwertige Ersatzsubstanzen ersetzt werden. Hier richten sich die Überlegungen zur Äquivalenz nach den Ausführungen zum Erzeugnisanspruch.[809] Systematisch betrachtet ist es möglich, jedes Merkmal zu substituieren. Das Product-by-process-Merkmal enthält die Anweisung, die Komponenten in der vorgegebenen Reihenfolge auf den Zug aufzutragen. Da es sich nach der Auslegung um einen beschränkten Schutzbereich handelt, steht die charakteristische Eigenschaft, die das Verfahren dem Erzeugnis verleiht, dem benannten Verfahren gleich.[810]

Damit könnte es möglich sein, Merkmal 4 nach den Grundsätzen der Äquivalenz zu Verfahrensansprüchen zu substituieren.[811] Da es beim beschränkten Product-by-process-Anspruch auf die Verwendung des Verfahrens selbst ankommt, besteht die Parallele zu den Verfahrensansprüchen. Systematisch müsste also ein Verfahren, welches äquivalent zu dem angegebenen ist, ein Äquivalent des Product-by-process-Merkmals darstellen. Hiernach müssten also die oben benannten möglichen Äquivalente zum Verfahrensanspruch Äquivalente des Product-by-process-Merkmals im beschränkten Product-by-process-Anspruch sein. Für Merkmal 2 und 3 dürfte damit auf die Äquivalente zum Erzeugnisanspruch und für Merkmal 4 auf die Äquivalente zum Verfahrensanspruch zurückgegriffen werden.

Dann müssten jedoch Verfahrensäquivalente im Einzelfall überhaupt möglich sein. Problematisch erscheint die Gleichwirkung einer etwaigen äquivalenten Verwirklichung des Product-by-process-Merkmals. Auf den ersten Blick müsste die Gleichwirkung immer entfallen. Denn die Auslegung hat ergeben, dass nur das benannte Verfahren dem Erzeugnis seine charakteristischen Eigenschaften verleihen kann. Damit steht ja schon fest, dass kein anderes Verfahren gleichwirkend sein kann. Zu diesem Schluss kommt jedoch nur die erste Schutzbereichsbestimmung.

Die Lehre der Äquivalenz soll diesen zunächst bestimmten Schutzbereich jedoch gerade ausdehnen.[812] Im Rahmen der Bestimmung eines äquivalenten

---

809 S.o. (2) Äquivalenz beim Erzeugnisanspruch.

810 S. hierzu b) Anwendbarkeit der Lehre von der Äquivalenz beim beschränkten Product-by-process-Anspruch.

811 S.o. (1) Äquivalenz beim Verfahrensanspruch.

812 Fitzner/Lutz/Bodewig/*Loth*, PatG, § 14 Rn. 377; Schulte/*Rinken*/*Kühnen*, § 14 Rn. 72.

Verfahrens stellt sich dann die Frage, ob das Austauschmittel dieselbe technische Wirkung erzielt, die das Mittel einzeln und in seinem Zusammenwirken im Gesamtkontext nach der Lehre des Patents erreichen soll. Da der verfolgte Zweck der Erfindung hier jedoch darin besteht, ein spezielles Erzeugnis zu generieren, müsste, um bei einem anderen Verfahren die Gleichwirkung bejahen zu können, das identische Erzeugnis erlangt werden.[813] Gerade dies ist hier jedoch nicht der Fall. Auch wenn der beschränkte Product-by-process-Anspruch Verfahrensmerkmale als Gegenstand der Erfindung definiert, bleibt es dabei, dass er auf das Erzeugnis selbst gerichtet ist. Damit ergibt sich die Äquivalenzprüfung nur, wenn die in Frage stehende Ausführungsform gerade nicht mit derjenigen der Erfindung identisch ist. Denn sonst läge eine wortsinngemäße Verwirklichung vor. Damit ist das Ergebnis einer äquivalenten Ausführungsform des beschränkten Product-by-process-Anspruchs zwangsläufig nicht mit dem der Erfindung identisch. Nach den systematischen Erwägungen zu Äquivalenten bei Verfahrensansprüchen ist die Identität der Erzeugnisse jedoch zwingende Voraussetzung für die benötigte Gleichwirkung.[814] Damit ist die äquivalente Verwirklichung des Product-by-process-Merkmals bei einem beschränkten Product-by-process-Anspruch nach dem systematischen Vergleich nicht möglich.

Möglich bleibt jedoch die äquivalente Verwirklichung der Merkmale 2 und 3. Damit sind durchaus äquivalente Verwirklichungen eines beschränkten Product-by-process-Anspruchs möglich, solange das Product-by-process-Merkmal selbst nicht betroffen – also wortsinngemäß verwirklicht – ist.

bb) Gesamtbetrachtung

Ergebnis der systematischen Betrachtung ist damit, dass auch der beschränkte Product-by-process-Anspruch durch äquivalente Erzeugnisse verletzt werden kann. Es werden jedoch keine Erzeugnisse anderer Verfahren erfasst. Das Auslegungsergebnis, dass der Anspruch auf das Verfahren beschränkt ist, steht der allgemeinen Anwendung der Lehre von der Äquivalenz damit nicht entgegen. Trotzdem bildet der Sinngehalt des Patentanspruchs nicht nur den Ausgangspunkt, sondern die maßgebliche Grundlage für die Bestimmung des Schutzbereichs und damit auch für die Feststellung der Äquivalenz.[815] Deshalb kann ein

---

813 S.o. (1) Äquivalenz beim Verfahrensanspruch.

814 S.o. (1) Äquivalenz beim Verfahrensanspruch.

815 BGH GRUR 2002, 511 (512) – Kunststoffrohrteil; BGH GRUR 2002, 515 (517) – Schneidmesser I; BGH GRUR 2002, 519 (521) – Schneidmesser II; BGH GRUR 2002, 523 (524) – Custodiol I; BGH GRUR 2002, 527 (529) – Custodiol II.

abweichendes Verfahren bei einem beschränkten Product-by-process-Anspruch niemals gleichwirkend sein, sodass die Einbeziehung von äquivalenten Verwirklichungen des Product-by-process-Merkmals auf der ersten Prüfungsstufe scheitert. Das Product-by-process-Merkmal selbst kann im Rahmen beschränkter Product-by-process-Ansprüche – im Gegensatz zu unbeschränkten Product-by-process-Ansprüchen – somit nicht äquivalent verwirklicht werden.

Dieses Ergebnis wird auch von einer Meinung in der Literatur unterstützt. Diese wählt jedoch einen anderen Ansatzpunkt. Der Ausschluss der Äquivalenz ist auch über die Anwendung der entwickelten Fallgruppen denkbar.[816] Ist eine dieser Fallgruppen bei Product-by-process-Merkmalen eines beschränkten Product-by-process-Anspruchs immer einschlägig, scheidet die Einbeziehung von Äquivalenten auch hiernach aus.[817]

(1) Verfahren als kritischer Wert – Rechtsprechung zu Zahlen- und Maßangaben

Anstoß zu der Untersuchung der die Äquivalenz ausschließenden Fallgruppen gibt eine Literaturmeinung, die bei einem beschränkten Product-by-process-Anspruch das Verfahren als „kritischen" Wert betrachtet.[818] Ein „kritischer" Wert ist ein starrer Grenzwert, außerhalb von dem die angestrebten technischen Wirkungen nicht mehr eintreten und damit der Durchschnittsfachmann einen abweichenden Wert nicht mehr als gleichwertig auffinden kann.[819] Der Ausschluss der Äquivalenz bei „kritischen" Werten wurde im Hinblick auf Zahlen- und Maßangaben in Patentansprüchen entwickelt.[820] Der BGH stellte fest, dass von Zahlen- und Maßangaben auf Grund ihrer Genauigkeit grundsätzlich nicht abstrahiert werden dürfe.[821] Deswegen könne der Fachmann nur eine solche Ausführungsform als gleichwirkend auffinden, die diejenige Wirkung erzielt,

---

816 S.o. 2. Äquivalente Verwirklichung.

817 Vgl. Schulte/*Rinken*/*Kühnen*, § 14 Rn. 78 f.; *Kühnen*, Kap. A Rn. 128 ff.; *Neuhaus*, FS Reimann, 339 (345).

818 *Giebe*, FS 80 Jahre Düsseldorf, 125 (136).

819 Schulte/*Rinken*/*Kühnen*, § 14 Rn. 87; *Reimann*/*Köhler*, GRUR 2002, 931 (934).

820 BGH GRUR 2002, 511 (513) – Kunststoffrohrteil; BGH GRUR 2002, 515 (518) – Schneidmesser I; BGH GRUR 2002, 519 (522) – Schneidmesser II; BGH GRUR 2002, 523 (525) – Custodiol I; BGH GRUR 2002, 527 (530) – Custodiol II; Fitzner/Lutz/Bodewig/*Loth*, PatG, § 14 Rn. 424a; Schulte/*Rinken*/*Kühnen*, § 14 Rn. 87.

821 BGH GRUR 2002, 511 (513) – Kunststoffrohrteil; BGH GRUR 2002, 515 (518) – Schneidmesser I; BGH GRUR 2002, 519 (522) – Schneidmesser II; BGH GRUR 2002, 523 (525) – Custodiol I; BGH GRUR 2002, 527 (530) – Custodiol II.

die der zahlenmäßigen Eingrenzung des Merkmals zukommt.[822] Der Fachmann wird dabei auf Grund der Exaktheit der Angabe deren Wirkung nur dann als erzielt ansehen, wenn genau diese Angabe eingehalten wird, wobei übliche Toleranzen berücksichtigt werden können.[823]

Sonstige verbale Umschreibungen seien jedoch in jedem Fall auslegungsbedürftig, da ihnen gerade nicht das Maß an Eindeutigkeit und Exaktheit zukomme, welche der Fachmann mit Zahlen- und Maßangaben verbinde.[824] Damit könne ein Merkmal nur dann zu einem Grenzwert erklärt werden, wenn dies durch die Patentbeschreibung gestützt werde.[825] Der BGH grenzt somit ausdrücklich exakte Zahlenangaben von sonstigen verbalen Angaben ab. Einer verbalen Angabe kann nur ausnahmsweise eine entsprechende Exaktheit und Eindeutigkeit zukommen. Die Rechtsprechung zu Zahlen- und Maßangaben ist damit nicht ohne Weiteres auf sonstige Angaben im Patentanspruch übertragbar. Beim beschränkten Product-by-process-Anspruch liegt eine vergleichbare Konstellation vor. Auch hier versteht der Fachmann das angegebene Herstellungsverfahren als strikt begrenzenden Wert. Der BGH führt jedoch in *Kunststoffrohrteil* zu schon an sich exakten Angaben wie Zahlen oder Maßen aus, dass diese zwar der Annahme einer wortsinngemäßen Benutzung, nicht aber notwendigerweise auch der Annahme einer äquivalenten Benutzung entgegenstehen.[826] Dies verbiete schon der Grundsatz, dass in den Schutzbereich eines Patents auch Ausführungsformen einzubeziehen seien, die vom Wortsinn nicht erfasst werden.[827]

Dabei sei bspw. ein äquivalenter Stoffaustausch denkbar, der auch dann in den Schutzbereich fallen könne, wenn der im Anspruch genannte ausgetauschte Stoff durch eine Mengenangabe präzisiert sei.[828]

---

822 BGH GRUR 2002, 511 (513) – Kunststoffrohrteil; BGH GRUR 2002, 515 (518) – Schneidmesser I; BGH GRUR 2002, 519 (522) – Schneidmesser II; BGH GRUR 2002, 523 (525) – Custodiol I; BGH GRUR 2002, 527 (530) – Custodiol II.

823 BGH GRUR 2002, 511 (513) – Kunststoffrohrteil; BGH GRUR 2002, 515 (517) – Schneidmesser I; BGH GRUR 2002, 519 (522) – Schneidmesser II; BGH GRUR 2002, 523 (525) – Custodiol I; BGH GRUR 2002, 527 (530) – Custodiol II.

824 BGH GRUR 2005, 41 (42) – Staubsaugersaugrohr; BGH GRUR 2007, 410 (416) – Kettenradanordnung; vgl. *Kühnen*, Kap. A Rn. 179.

825 BGH GRUR 2007, 410 (416) – Kettenradanordnung; vgl. Schulte/*Rinken*/*Kühnen*, § 14 Rn. 37.

826 BGH GRUR 2002, 511 (514) – Kunststoffrohrteil; vgl. auch BGH GRUR 2016, 921 (926) – Pemetrexed.

827 BGH GRUR 2002, 511 (514) – Kunststoffrohrteil.

828 BGH GRUR 2002, 511 (514) – Kunststoffrohrteil.

Bei dem Herstellungsverfahren im Product-by-process-Anspruch handelt es sich nicht um einen „kritischen" Wert im Sinne der Rechtsprechung zu Zahlen- und Maßangaben. Dem Herstellungsverfahren kommt keine vergleichbare Eindeutigkeit und Exaktheit zu. Es wird im Anspruch lediglich verbal und gerade nicht mit Hilfe von mathematischen Einheiten angegeben. Die Rechtsprechung zu mathematisch definierten Einheiten im Patentanspruch kann mangels entsprechender Exaktheit auf rein wörtliche Umschreibungen nicht übertragen werden. Auf Grund der zwangsläufigen Ungenauigkeiten von Sprache kann eine verbale Umschreibung mathematischen Angaben nicht gleichstehen.

Dabei gilt es trotzdem zu beachten, dass es in der Rechtsprechung des BGH zu Zahlen- und Maßangaben insbesondere um die Auslegung solcher Angaben ging. Beim beschränkten Product-by-process-Anspruch steht das Auslegungsergebnis schon fest. Selbst bei Zahlen- und Maßangaben sieht der BGH die Möglichkeit, Äquivalente einzubeziehen. Auf Grund des speziellen Charakters von mathematischen Angaben, gerade im Vergleich zu sonstigen verbalen Umschreibungen, kann die Rechtsprechung hier nicht übertragen werden. Das Herstellungsverfahren ist auch beim beschränkten Product-by-process-Anspruch kein „kritischer" Wert.

Von den Fallgruppen, die den Einbezug von Äquivalenten in den Schutzbereich ausschließen, kommen mit Blick auf den beschränkten Product-by-process-Anspruch jedoch zwei weitere in Betracht.

(2) Auswahlentscheidung

Der BGH hatte schon mehrfach den Fall zu entscheiden, in dem der Patentanmelder mehrere Möglichkeiten zur Erzielung einer technischen Wirkung in der Patentbeschreibung benennt, wobei nur eine dieser Möglichkeiten tatsächlich in den Anspruch aufgenommen wurde.[829] Dann müsste der Patentanmelder in der Patentbeschreibung weitere Verfahren benennen, die dem Erzeugnis seine charakteristischen Eigenschaften verleihen. Diese Konstellation ist beim beschränkten

829 BGH GRUR 2011, 701 – Okklusionsvorrichtung; BGH GRUR 2012, 45 – Diglycidverbindung; BGH GRUR 2016, 921 – Pemetrexed; BGH GRUR 2016, 1254 – V-förmige Führungsanordnung: Hier stellt der BGH noch einmal klar, dass eine die Äquivalenz ausschließende Auswahlentscheidung nur dann angenommen werden kann, wenn ausdrücklich einzelne andere Ausführungsformen in der Beschreibung benannt werden, aber nicht in den Anspruch aufgenommen wurden. Der Hinweis, dass andere Querschnittsformen möglich sind, genügt nicht, um einen U-förmigen Querschnitt nicht als Äquivalent ansehen zu können.

Product-by-process-Anspruch schwerlich denkbar. Denn die Auslegung hat gerade ergeben, dass nur das benannte Verfahren hierzu in der Lage ist.

(3) Widerspruch zur technischen Lehre, wesentliche Veränderung, ersatzloses Fehlen

Wesentlich für den beschränkten Product-by-process-Anspruch könnten hingegen die Erwägungen zur Orientierung am Sinngehalt des Patentanspruchs sein. Hierbei werden mehrere Konstellationen unterschieden. Dabei kommen solche Ausführungsformen nicht als Äquivalente in Betracht, die in eindeutigem Widerspruch zur technischen Lehre stehen, eine wesentliche Veränderung des Lösungsgedankens der Erfindung mit sich bringen, den erfindungswesentlichen Mitteln schroff entgegensetzt sind oder denen ein Merkmal ersatzlos fehlt.[830]

Sinngehalt des beschränkten Product-by-process-Anspruchs ist unter anderem, dass nur das benannte Verfahren dem Erzeugnis seine charakteristischen Eigenschaften verleihen kann. Hier können alle der oben genannten Fallgruppen argumentiert werden. Ist Inhalt des Patentanspruchs, dass die charakteristischen Eigenschaften nur mittels genau dieses Verfahrens erlangt werden können, so steht ein anderes Verfahren hierzu im Widerspruch. Ebenso umfasst der durch Auslegung ermittelte Lösungsgedanke gerade keine anderen Verfahren. Nur das eine Verfahren verleiht dem Erzeugnis seine Eigenschaften. Wird ein anderer Weg gewählt, steht dies nicht mehr im Einklang mit dem ursprünglichen Lösungsgedanken. Ebenso wird ein anderes Verfahren dem erfindungsgemäßen schroff entgegengesetzt sein. Schließlich kann nach dem Sinngehalt des Patentanspruchs das Erzeugnis seine Eigenschaften durch kein anderes Verfahren erlangen. Die technische Wirkung des Merkmals ist fest mit der Anwendung des Verfahrens verbunden. Im Einzelfall kann somit ebenfalls argumentiert werden, dass die Eigenschaft fehlt, die das Verfahren vermittelt, sobald ein anderes genutzt wird. Da kein anderes Verfahren die charakteristische Eigenschaft verleihen kann, fehlt dieses Merkmal bei der Verwendung eines anderen Verfahrens damit ersatzlos.

Damit schließen auch die entwickelten Fallgruppen des BGH die äquivalente Verwirklichung eines beschränkten Product-by-process-Merkmals aus.

---

830 BGH GRUR 1991, 444 (446 f.) – Autowaschvorrichtung; BGH GRUR 1999, 977 (981) – Räumschild; Busse/*Keukenschrijver*, § 14 Rn. 72; Fitzner/Lutz/Bodewig/*Loth*, PatG, § 14 Rn. 437; *Mes*, PatG, § 14 Rn. 87 f.

cc) Das Resultat der Überlegungen – Die Äquivalenz beim beschränkten Product-by-process-Anspruch

Die Äquivalenz wird insgesamt anhand einer Orientierung am Patentanspruch bestimmt.[831] Auch bei der Anwendung der Lehre der Äquivalenz bildet der durch die Auslegung ermittelte Sinngehalt der Patentansprüche die maßgebliche Grundlage.[832] Das bedeutet, dass der Fachmann seine Überlegungen an die unter Schutz gestellte Erfindung anknüpft.[833] Bei einem beschränkten Product-by-process-Anspruch ist die Auslegung zu dem Schluss gekommen, dass nur das benannte Verfahren dem Erzeugnis seine charakteristischen Eigenschaften verleihen kann. Der Fachmann wird somit ein anderes Verfahren nicht als gleichwirkend oder – nach den Fallgruppen – als gleichwertig betrachten.

Die Besonderheiten des Product-by-process-Anspruchs führen dazu, dass ihm in seiner beschränkten Form lediglich ein sehr enger Schutzbereich verbleibt. Dies ist in Ausnahmefällen gerade im Hinblick auf die Rechtssicherheit gerechtfertigt.[834] Liegt ein solcher Ausnahmefall vor, darf dieser nicht durch die Anwendung der Lehre von der Äquivalenz in sein Gegenteil verkehrt werden. Eine äquivalente Verwirklichung des beschränkten Product-by-process-Merkmals ist nicht möglich.

II. Unmittelbare und mittelbare Patentverletzung

§ 9 PatG beschreibt die unmittelbare Patentverletzung. Er bestimmt Handlungen, die dem Patentinhaber vorbehalten sind. Verwirklicht ein Dritter alle Merkmale der geschützten Erfindung und nimmt er eine dieser Handlungen vor, so verletzt er das Patent unmittelbar. Danach liegt eine unmittelbare Patentverletzung eines Erzeugnispatents gemäß § 9 S. 2 Nr. 1 PatG vor, wenn ein Dritter ohne Zustimmung des Patentinhabers das geschützte Erzeugnis herstellt, anbietet, in

---

831 BGH GRUR 2000, 1005 (1006) – Bratgeschirr; Fitzner/Lutz/Bodewig/*Loth*, PatG, § 14 Rn. 383; *Mes*, PatG, § 14 Rn. 64 f.

832 BGH GRUR 2002, 511 (512) – Kunststoffrohrteil; BGH GRUR 2002, 515 (517) – Schneidmesser I; BGH GRUR 2002, 519 (521) – Schneidmesser II; BGH GRUR 2002, 523 (524) – Custodiol I; BGH GRUR 2002, 527 (529) – Custodiol II; Fitzner/Lutz/Bodewig/*Loth*, PatG, § 14 Rn. 383.

833 BGH GRUR 2000, 1005 (1006) – Bratgeschirr; BGH GRUR 2002, 511 (512) – Kunststoffrohrteil; BGH GRUR 2002, 515 (517) – Schneidmesser I; BGH GRUR 2002, 519 (521) – Schneidmesser II; BGH GRUR 2002, 523 (524) – Custodiol I; BGH GRUR 2002, 527 (529) – Custodiol II.

834 S. hierzu die obige Diskussion rund um die Auslegung des Anspruchs unter B. Die Auslegung des Product-by-process-Anspruchs.

Verkehr bringt, gebraucht oder zu einem solchen Zweck einführt oder besitzt. Ist der Berechtigte Inhaber eines Verfahrenspatents, so ist es jedem Dritten gemäß § 9 S. 2 Nr. 2 PatG untersagt, das Verfahren anzuwenden oder es zur Anwendung anzubieten, wenn er weiß oder es aus den Umständen offensichtlich ist, dass die Anwendung ohne die Zustimmung des Rechteinhabers verboten ist. Schließlich liegt gemäß § 9 S. 2 Nr. 3 PatG eine unmittelbare Patentverletzung vor, wenn das unmittelbar durch ein geschütztes Verfahren hergestellte Erzeugnis angeboten, in Verkehr gebracht, gebraucht oder zu einem solchen Zweck eingeführt oder besessen wird. § 9 PatG statuiert damit die unmittelbaren Benutzungshandlungen, die dem Patentinhaber vorbehalten und damit Dritten untersagt sind, soweit kein Ausnahmetatbestand vorliegt.[835]

Eine unmittelbare Patentverletzung liegt jedoch nur dann vor, wenn die gesamte technische Lehre verwirklicht wird.[836] Verwirklicht der angegriffene Gegenstand nicht alle Merkmale des Patentanspruchs, so scheidet eine unmittelbare Verletzung aus.[837] Dabei kommt es nicht darauf an, ob die angegriffene Ausführungsform die Lehre wortsinngemäß oder äquivalent realisiert.

Auch wenn nur ein Teil des geschützten Erzeugnisses angeboten oder geliefert wird, besteht die Gefahr der Verletzung. Möglich ist, dass der Empfänger diesen Teil dazu nutzt, die geschützte Lehre vollständig zu verwirklichen.[838] Dieser Gefahr begegnet das Gesetz mit der mittelbaren Patentverletzung.

Die mittelbare Patentverletzung ist in § 10 PatG geregelt. Ursprünglich war die mittelbare Patentverletzung nur als besondere Form der Teilnahme an einer fremden Patentverletzung verfolgbar. Durch § 10 PatG wurde jedoch ein eigener Gefährdungstatbestand geschaffen.[839] Das bedeutet, dass es für die mittelbare Patentverletzung nicht darauf ankommt, ob der Empfänger des Mittels tatsächlich eine unmittelbare Benutzungshandlung vornimmt.[840] § 10 PatG soll die Durchsetzung des Patentrechts erleichtern, da sich der Inhaber nicht auf ein Vorgehen

---

835 Benkard/*Scharen*, PatG, § 9 Rn. 27.

836 Busse/*Keukenschrijver*, § 14 Rn. 61; Fitzner/Lutz/Bodewig/*Pitz*, PatG, § 139 Rn. 192; Schulte/*Rinken*/*Kühnen*, § 14 Rn. 68; *Scharen*, GRUR 2008, 944 (944).

837 Benkard/*Scharen*, PatG, § 14 Rn. 87; Fitzner/Lutz/Bodewig/*Pitz*, PatG, § 139 Rn. 192; Schulte/*Rinken*/*Kühnen*, § 14 Rn. 68; *Scharen*, GRUR 2008, 944 (944).

838 *Mes*, PatG, § 10 Rn. 1; *Osterrieth*, Rn. 588; *Scharen*, GRUR 2008, 944 (944).

839 Benkard/*Scharen*, PatG, § 10 Rn. 2; Fitzner/Lutz/Bodewig/*Ensthaler*, PatG, § 10 Rn. 2; *Osterrieth*, Rn. 588; *Witt*, S. 11 f.

840 BGH GRUR 2004, 758 (760) – Flügelradzähler; Fitzner/Lutz/Bodewig/*Ensthaler*, PatG, § 10 Rn. 7; *Mes*, PatG, § 10 Rn. 1; *Osterrieth*, Rn. 589; *Witt*, S. 12; *Scharen*, GRUR 2008, 944 (944).

gegen den unmittelbaren Verletzer verweisen lassen muss, sondern schon auf der Ebene des Lieferanten oder Herstellers tätig werden kann.[841] Die mittelbare Verletzungshandlung liegt darin, dass einem Dritten ermöglicht wird, die Erfindung unbefugt zu benutzen.[842] Dies geschieht gemäß § 10 Abs. 1 PatG durch das Anbieten und Liefern von Mitteln, die dazu geeignet und bestimmt sind, für die Benutzung der Erfindung verwendet zu werden. Das Mittel muss sich dabei auf ein wesentliches Element der Erfindung beziehen.[843] Benutzung meint wiederum die unmittelbaren Benutzungshandlungen nach § 9 S. 2 PatG.[844] Der Gefährdungstatbestand des § 10 PatG kann nach § 10 Abs. 2 PatG nicht durch allgemein im Handel erhältliche Mittel verwirklicht werden.[845]

B. Der allgemeine Nachweis der Patentverletzung

Im Patentverletzungsprozess ist der Nachweis der behaupteten Patentverletzung das Kernstück. Hierzu muss vorrangig der zugrundeliegende Sachverhalt hinreichend aufgeklärt sein.[846] Das Gesetz gewährt dem Rechteinhaber zur Sachverhaltsaufklärung insbesondere den Vorlage- und Besichtigungsanspruch nach § 140c PatG.[847] Daneben steht ihm das selbstständige Beweissicherungsverfahren nach §§ 485ff. ZPO, die Anordnung der Urkundenvorlegung nach § 142 ZPO sowie die Einnahme des Augenscheins und die Begutachtung durch Sachverständige nach § 144 ZPO zur Verfügung. Darüber hinaus kann es sinnvoll sein, einen Testkauf durchzuführen, um eine selbstständige Ermittlung der Tatsachen anzustrengen.[848]

Die Darlegungs- und Beweislast im Patentverletzungsprozess entspricht derjenigen im allgemeinen Zivilprozess. Damit hat jede Partei die tatsächlichen Voraussetzungen der von ihr als günstig in Anspruch genommenen Rechtsnorm

841 Benkard/*Scharen*, PatG, § 10 Rn. 2; vgl. Fitzner/Lutz/Bodewig/*Ensthaler*, PatG, § 10 Rn. 1; *Mes*, PatG, § 10 Rn. 1; *Osterrieth*, Rn. 588; *Witt*, S. 12.

842 Benkard/*Scharen*, PatG, § 10 Rn. 2; *Mes*, PatG, § 10 Rn. 1.

843 Fitzner/Lutz/Bodewig/*Ensthaler*, PatG, § 10 Rn. 5; *Mes*, PatG, § 10 Rn. 9 ff.; *Witt*, S. 20; *Scharen*, GRUR 2008, 944 (944).

844 Benkard/*Scharen*, PatG, § 10 Rn. 2; vgl. Fitzner/Lutz/Bodewig/*Ensthaler*, PatG, § 10 Rn. 3; vgl. *Mes*, PatG, § 10 Rn. 5; *Witt*, S. 26.

845 BGH GRUR 2004, 758 (760) – Flügelradzähler; Benkard/*Scharen*, PatG, § 10 Rn. 2; *Mes*, PatG, § 10 Rn. 34; *Witt*, S. 24 f.

846 *Mes*, PatG, § 139 Rn. 217; *Osterrieth*, PatG, Rn. 1048.

847 S. hierzu unten II. Das Besichtigungsverfahren.

848 *Mes*, PatG, § 139 Rn. 219; *Kühnen*, Kap. B Rn. 286.

darzulegen und zu beweisen.[849] Der Anspruchsteller trägt somit die Beweislast für die rechtsbegründenden, der Anspruchsgegner für die rechtshindernden, -vernichtenden und -hemmenden Tatbestandsmerkmale.[850] Dem Kläger obliegt es somit, die anspruchsbegründenden Voraussetzungen, also neben dem Rechtsbestand des geltend gemachten Patents insbesondere auch den Tatbestand der Patentverletzung darzulegen und zu beweisen.[851] In vielen Fällen gelangt der Patentinhaber ohne Schwierigkeiten in den Besitz des vermeintlich verletzenden Produkts.[852] Ergänzend finden sich Beweise und Informationen oft in zugänglichen Medien wie Werbeprospekten, Produktbeschreibungen, Handbüchern oder Informationen aus dem Firmenprofil.[853] In vielen Fällen bedarf es jedoch zusätzlicher Analysen, um die erfindungsrelevanten Eigenschaften festzustellen.[854] Auf Grund der mittelbaren Kennzeichnung im Product-by-process-Anspruch kann die Sachverhalts- und Tatsachenaufklärung hier zu besonderen Schwierigkeiten führen.

I. Vorlage- und Besichtigungsanspruch

§ 140c PatG gewährt dem Rechteinhaber den Vorlage- und Besichtigungsanspruch. § 140c PatG setzt die Art. 6 und 7 der Enforcement-Richtlinie[855] um.[856] Zweck der Vorschrift ist es, notwendige Beweise für die Vorbereitung des Patentverletzungsprozesses zu sichern, die dem Patentinhaber sonst verschlossen bleiben würden oder die er nur mit unverhältnismäßig hohem Aufwand beschaffen

---

849 BGH GRUR 2004, 268 (269) – Blasenfreie Gummibahn II; Benkard/*Grabinski*/*Zülch*, PatG, § 139 Rn. 115; Cepl/Voß/*Rinken*, § 284 Rn. 63; *Mes*, PatG, § 139 Rn. 375; MüKo/*Prütting*, ZPO, § 286 Rn. 110 ff.; Prütting/Gehrlein/*Laumen*, § 286 Rn. 64; *Saenger*, § 286 Rn. 58; *Osterrieth*, Rn. 1096.

850 BGH GRUR 2004, 268 (269) – Blasenfreie Gummibahn II; Benkard/*Grabinski*/*Zülch*, PatG, § 139 Rn. 115; Cepl/Voß/*Rinken*, § 284 Rn. 51; MüKo/*Prütting*, ZPO, § 286 Rn. 111; Prütting/Gehrlein/*Laumen*, § 286 Rn. 64; *Saenger*, § 286 Rn. 58.

851 BGH GRUR 2004, 268 (269) – Blasenfreie Gummibahn II; Benkard/*Grabinski*/*Zülch*, PatG, § 139 Rn. 115; vgl. Cepl/Voß/*Rinken*, § 284 Rn. 64; *Mes*, PatG, § 139 Rn. 377, 381; *Osterrieth*, Rn. 1096; *Mes*, GRUR 2013, 767 (767).

852 *Pitz*, Rn. 34.

853 Haedicke/Timmann/*Zigann*, § 11 Rn. 35; *Pitz*, Rn. 34.

854 *Pitz*, Rn. 34.

855 Richtlinie 2004/48/EG des Europäischen Parlaments und des Rates zur Durchsetzung der Rechte des geistigen Eigentums.

856 Fitzner/Lutz/Bodewig/*Pitz*, § 140c Rn. 2; *Mes*, PatG, § 140c Rn. 1; *Osterrieth*, Rn. 1054; *Kühnen*, Mitt. 2009, 211 (211); *Zöllner*, GRUR-Prax 2010, 74 (74).

könnte.[857] Der Patentinhaber wird in die Lage versetzt, die vermutete Schutzrechtsverletzung aufzuklären und etwaige Beweise zu sichern, um substantiiert vortragen zu können.[858] § 140c PatG ist seit dem 07. September 2008 in Kraft und stellt eine spezialgesetzliche Anspruchsnorm dar.[859] Der allgemeine zivilrechtliche Vorlage- und Besichtigungsanspruch aus §§ 809, 810 BGB bleibt von § 140c PatG unberührt, wobei der letztere im Patentrecht jedoch als Spezialregelung vorgeht.[860]

Der Anspruch auf Vorlage und Besichtigung entsteht, wenn die hinreichende Wahrscheinlichkeit einer Rechtsverletzung gegeben und die Besichtigung oder Vorlage zur Begründung von Ansprüchen erforderlich ist. Anspruchsberechtigt ist, wer Ansprüche aus dem Patent geltend machen kann, also der Rechteinhaber, der ausschließliche und einfache Lizenznehmer, der Nießbraucher, der Pfandgläubiger sowie der kraft Rechtsnachfolge Aktivlegitimierte.[861] Der Anspruch richtet sich gegen jeden, der Verpflichteter eines Patentanspruchs sein kann. Erfasst sind nur solche Urkunden oder Sachen, bezüglich derer Verfügungsgewalt des Anspruchsgegners besteht.[862] Schließlich ist auf Geheimhaltungsinteressen des Besichtigungsschuldners Rücksicht zu nehmen sowie die Verhältnismäßigkeitsprüfung nach § 140c Abs. 2 PatG zu beachten. Bei der Prüfung der Verhältnismäßigkeit ist allerdings Zurückhaltung geboten. Unverhältnismäßigkeit liegt nur dann vor, wenn die Nachteile, die dem Schuldner durch die Gewährung des Anspruchs entstehen, derart überwiegen, dass das Beharren auf der Vorlage oder Besichtigung missbräuchlich erscheinen würde.[863]

---

857 BT-Drucksache 16/5048, S. 40; Fitzner/Lutz/Bodewig/*Pitz*, § 140c Rn. 2.

858 BT-Drucksache 16/5048, S. 40; Benkard/*Grabinski/Zülch*, PatG, § 140c Rn. 4; Schulte/*Rinken/Kühnen*, § 140c Rn. 4; vgl. Schramm/*Oldekop*, Kap. 9 Rn. 97.

859 BGBl. 2008 I S. 1211; Benkard/*Grabinski/Zülch*, PatG, § 140c Rn. 3; *Mes*, PatG, § 140c Rn. 3; Schulte/*Rinken/Kühnen*, § 140c Rn. 6; Schramm/*Oldekop*, Kap. 9 Rn. 112; *Kühnen*, Mitt. 2009, 211 (211).

860 Benkard/*Grabinski/Zülch*, PatG, § 140c Rn. 3; *Mes*, PatG, § 140c Rn. 3; Schulte/*Rinken/Kühnen*, § 140c Rn. 6; Schramm/*Oldekop*, Kap. 9 Rn. 112; *Kühnen*, Mitt. 2009, 211 (211).

861 Benkard/*Grabinski/Zülch*, PatG, § 140c Rn. 5; Schramm/*Oldekop*, Kap. 9 Rn. 114; *Kühnen*, Mitt. 2009, 211 (211).

862 Schulte/*Rinken/Kühnen*, § 140c Rn. 17; *Kühnen*, Mitt. 2009, 211 (212); *Zöllner*, GRUR-Prax 2010, 74 (75).

863 *Mes*, PatG, § 140c Rn. 23; Schulte/*Rinken/Kühnen*, § 140c Rn. 27; *Kühnen*, Mitt. 2009, 211 (213).

Liegen die Tatbestandsvoraussetzungen des § 140c Abs. 1 PatG vor, kann der Anspruchsberechtigte als Rechtsfolge die Vorlage einer Urkunde sowie die Besichtigung einer Sache verlangen.[864]

Bei der Vorlage von Urkunden ist durch die reine Inaugenscheinnahme der Zweck der Beweissicherung meist noch nicht erreicht, sodass der Anspruchsinhaber die vorübergehende Aushändigung der Urkunde verlangen kann und auch Kopien hiervon anfertigen darf.[865] Urkunden sind bspw. Bedienungsanleitungen, Angebotsunterlagen oder Schriftwechsel, hingegen keine Konstruktionszeichnungen; bei diesen handelt es sich um Sachen.[866] Gemäß § 140c Abs. 1 S. 2 PatG besteht zudem die Möglichkeit, die Vorlage von Bank-, Finanz- oder Handelsunterlagen zu verlangen. Dies ist jedoch nur möglich, soweit die hinreichende Wahrscheinlichkeit einer in gewerblichem Ausmaß begangenen Rechtsverletzung besteht. Da gemäß § 11 Nr. 1 PatG Handlungen im privaten Bereich keine Patentverletzungen darstellen können, erstrecken sich die Rechtsfolgen stets auch auf die vorbezeichneten Unterlagen.[867] Dabei wird der Vorlageanspruch lediglich in seinen Rechtsfolgen erweitert.[868] Bank-, Finanz- oder Handelsunterlagen müssen keine Urkunden darstellen, sodass der Anspruchsberechtigte die Vorlage von Rechnungen, Bankbelegen, Kontoauszügen, Bilanzen, Buchführungsunterlagen und weiteren Dokumenten verlangen kann.[869]

Die Besichtigung umfasst nicht nur die Einnahme des Augenscheins. Erfasst ist jede Maßnahme, die in Abhängigkeit von der Eigenart des Besichtigungsgegenstandes und der aufklärungsbedürftigen Tatsachen zur Aufklärung der vermuteten Schutzrechtsverletzung und der Sicherung etwaiger Beweise

---

864 BT-Drucksache 16/5048, S. 40; *Mes*, PatG, § 140c Rn. 16 ff.; Schulte/*Rinken/Kühnen*, § 140c Rn. 28.

865 Fitzner/Lutz/Bodewig/*Pitz*, § 140c Rn. 22; *Mes*, PatG, § 140c Rn. 16; *Kühnen*, Mitt. 2009, 211 (214).

866 Schulte/*Rinken/Kühnen*, § 140c Rn. 40; *Kühnen*, Mitt. 2005, 211 (214).

867 Benkard/*Grabinski/Zülch*, PatG, § 140c Rn. 19; Fitzner/Lutz/Bodewig/*Pitz*, § 140c Rn. 26; *Mes*, PatG, § 140c Rn. 16; *Kühnen*, Mitt. 2005, 211 (214); *Zöllner*, GRUR-Prax 2010, 74 (75).

868 Fitzner/Lutz/Bodewig/*Pitz*, § 140c Rn. 26; *Mes*, PatG, § 140c Rn. 16; *Kühnen*, Mitt. 2005, 211 (214).

869 Benkard/*Grabinski/Zülch*, PatG, § 140c Rn. 19; Fitzner/Lutz/Bodewig/*Pitz*, § 140c Rn. 27; Schulte/*Rinken/Kühnen*, § 140c Rn. 43; *Kühnen*, Mitt. 2009, 211 (214).

erforderlich ist.[870] Dies umfasst auch Substanzeingriffe, die im Zweifel – gerade bei chemischen Stoffen – auch substanzzerstörende Analysen einschließen.[871]

Als Rechtsfolge stehen dem Berechtigten alle erforderlichen Maßnahmen zu. Diese dürfen jedoch nicht zur allgemeinen Ausforschung der Gegenseite missbraucht werden; denn § 140c PatG gewährt keinen allgemeinen Nachforschungs- oder Durchsuchungsanspruch.[872] Deswegen sind der Besichtigungsgegenstand und die geforderten Maßnahmen konkret im Antrag zu benennen.[873] Dem Antragsteller werden im Zweifelsfall der genaue Besichtigungsgegenstand oder die entsprechenden Unterlagen nicht bekannt sein. Hier genügt eine Beschreibung, die die Gegenstände so genau wie möglich – bei Unterlagen auch unter Verwendung von Gattungsbegriffen – kennzeichnet.[874] Einzelne Mittel der Beweissicherung im Rahmen der Besichtigung können bspw. das Anfertigen von Foto- oder Filmaufnahmen, das Auseinandernehmen des Besichtigungsgegenstandes oder das Herunterladen von Daten sein.[875] Der Vorlage- und Besichtigungsanspruch steht selbstverständlich auch dem Inhaber eines Product-by-process-Anspruchs zu. Dabei können sich allerdings Besonderheiten hinsichtlich des Besichtigungsverfahrens selbst ergeben. Die verfahrensrechtliche Durchsetzung des Besichtigungsanspruchs bedarf gesonderter Behandlung.[876]

II. Testkauf

Bei einem Testkauf geht es darum, das Produkt eines Mitbewerbers zu erwerben, um überprüfen zu können, ob dieser Schutzrechte verletzt. Unvermeidlich ist es dabei, den Zweck des Testkaufs – Sachverhaltsaufklärung wegen vermeintlicher Patentverletzung – zu verbergen.[877] Der Testkauf ist im gewerblichen

---

870 *Mes*, PatG, § 140c Rn. 18; Schulte/*Rinken*/*Kühnen*, § 140c Rn. 32; Schramm/*Oldekop*, Kap. 9 Rn. 130; *Kühnen*, Mitt. 2009, 211 (213); *Zöllner*, GRUR-Prax 2010, 74 (75).

871 *Mes*, PatG, § 140c Rn. 18; Schramm/*Oldekop*, Kap. 9 Rn. 130; *Kühnen*, Mitt. 2009, 211 (213); *Zöllner*, GRUR-Prax 2010, 74 (75).

872 BT-Drucksache 16/5048, S. 40; Cepl/Voß/*Hahn*, § 485 Rn. 61; Schulte/*Rinken*/*Kühnen*, § 140c Rn. 33; *Kühnen*, Kap. B Rn. 70.

873 Fitzner/Lutz/Bodewig/*Pitz*, § 140c Rn. 28; Schulte/*Rinken*/*Kühnen*, § 140c Rn. 33; *Kühnen*, Kap. B Rn. 70; Schramm/*Oldekop*, Kap. 9 Rn. 132.

874 Fitzner/Lutz/Bodewig/*Pitz*, § 140c Rn. 28; *Kühnen*, Kap. B Rn. 74.

875 Vgl. Schulte/*Rinken*/*Kühnen*, § 140c Rn. 32; Schramm/*Oldekop*, Kap. 9 Rn. 131 mit weiteren Beispielen; vgl. *Kühnen*, Mitt. 2009, 211 (213).

876 S.u. II. Das Besichtigungsverfahren.

877 BGH GRUR 1999, 1017 (1019) – Kontrollnummernbeseitigung; *Mes*, PatG, § 139 Rn. 219; Haedicke/Timmann/*Zigann*, § 11 Rn. 41.

Rechtsschutz grundsätzlich zulässig.[878] Trotz der allgemeinen Zulässigkeit können allerdings besondere Umstände zur Sittenwidrigkeit führen.[879] Dies ist der Fall, wenn der Patentinhaber lediglich die Absicht verfolgt, den Betroffenen „hereinzulegen“, oder verwerfliche Mittel einsetzt.[880] Ein „Hereinlegen“ wurde bislang noch nicht gerichtlich angenommen und dürfte nur zu bejahen sein, wenn die Gefahr einer Patentverletzung völlig fern lag und damit praktisch „aus der Luft gegriffen“[881] war.[882] Verwerfliche Mittel dürften bspw. beim Einsatz besonderer Überredungskunst oder psychologischen Drucks in Form von Drohungen und Vergleichbarem vorliegen.[883] Gleiches dürfte gelten, wenn bspw. Vorkehrungen des Wettbewerbers gegen Schutzrechtsverletzungen gezielt umgangen werden; ebenso, wenn Vorarbeiten geleistet werden, die die Schutzrechtsverletzung besonders leicht machen.[884] Verwerfliche Mittel sind insbesondere solche, die in den Bereich der Strafbarkeit fallen.[885] Allerdings werden auch sonstige rechtswidrige Handlungen erfasst, da Rechtsverletzungen nicht deshalb hingenommen werden können, damit konkurrierende Unternehmen ihre Interessen besser verfolgen können.[886] Testkäufe sind ein Mittel, um das Verhalten von Mitbewerbern und Schutzrechtsverletzern zu überprüfen.[887] Deshalb darf es nur um die Feststellung

878 BGH GRUR 1992, 612 (614) – Nicola; Cepl/Voß/*Hahn*, § 485 Rn. 22; *Mes*, PatG, § 139 Rn. 219; *Pitz*, Rn. 35.

879 BGH GRUR 1992, 612 (614) – Nicola; Busse/*Keukenschrijver*, § 139 Rn. 271; Cepl/Voß/*Hahn*, § 485 Rn. 23; *Mes*, PatG, § 139 Rn. 219; Haedicke/Timmann/*Zigann*, § 11 Rn. 37; *Pitz*, Rn. 35.

880 BGH GRUR 1992, 612 (614) – Nicola; vgl. auch BGH GRUR 1999, 1017 (1019) – Kontrollnummernbeseitigung; Busse/*Keukenschrijver*, § 139 Rn. 271; Cepl/Voß/*Hahn*, § 485 Rn. 23; *Mes*, PatG, § 139 Rn. 219; Haedicke/Timmann/*Zigann*, § 11 Rn. 37; *Pitz*, Rn. 35.

881 OLG Düsseldorf, BeckRS 2010, 15661; *Kühnen*, Kap. B Rn. 287.

882 Vgl. Haedicke/Timmann/*Zigann*, § 11 Rn. 37; *Kühnen*, Kap. B Rn. 287.

883 Busse/*Keukenschrijver*, § 139 Rn. 271; vgl. Cepl/Voß/*Hahn*, § 485 Rn. 23; Haedicke/Timmann/*Zigann*, § 11 Rn. 37; *Kühnen*, Kap. B Rn. 288; *Mes*, GRUR 2013, 767 (770).

884 Haedicke/Timmann/*Zigann*, § 11 Rn. 37; *Kühnen*, Kap. B Rn. 289.

885 Busse/*Keukenschrijver*, § 139 Rn. 271; Cepl/Voß/*Hahn*, § 485 Rn. 23; Haedicke/Timmann/*Zigann*, § 11 Rn. 37; *Kühnen*, Kap. B Rn. 290.

886 BGH GRUR 1992, 612 (614) – Nicola; OLG Düsseldorf, BeckRS 2010, 16640; Busse/*Keukenschrijver*, § 139 Rn. 271; Cepl/Voß/*Hahn*, § 485 Rn. 23; *Kühnen*, Kap. B Rn. 290.

887 Haedicke/Timmann/*Zigann*, § 11 Rn. 36; *Kühnen*, Kap. B Rn. 286; *Mes*, GRUR 2013, 767 (769).

gehen, ob das entsprechende Verhalten zum regelmäßigen Geschäftsverkehr des vermeintlichen Verletzers gehört.[888]

Ungeklärt ist darüber hinaus, ob der Testkauf selbst eine patentverletzende Handlung des Verkäufers darstellen kann. Diese Problematik stellt sich, da der Patentinhaber den Kauf veranlasst hat und damit unter Umständen seine Zustimmung zu der konkreten Patentverletzung erteilt hat.[889] Hierzu finden sich verschiedene Ansatzpunkte. Einerseits müsse der Patentinhaber hierfür überhaupt den Willen haben, der Verletzung zuzustimmen.[890] Der Testkauf solle nach seinem Willen jedoch nur belegen, dass eine Verletzung stattfinde oder zumindest, dass der Verletzer hierzu ohne Weiteres bereit ist.[891] Dem Patentinhaber fehle damit schon der Rechtsbindungswille, die Patentverletzung zu erlauben.[892] Demgegenüber wird angeführt, dass die Einheitlichkeit der Rechtsordnung verlange, die Widerrechtlichkeit in einem solchen Fall entfallen zu lassen.[893] Im Strafrecht sei allgemein anerkannt, dass das Vorliegen einer Einwilligung die Widerrechtlichkeit entfallen ließe, und zwar unabhängig davon, ob diese für den Handelnden erkennbar war.[894]

Jedenfalls ist der Testkauf ein wichtiges Instrument zur Sachverhaltsaufklärung, Beweisbeschaffung und -sicherung. Dies gilt auch für den als Unterfall der Erzeugnisansprüche anerkannten Product-by-process-Anspruch.

C. Der Nachweis der Patentverletzung beim Product-by-process-Anspruch

Beim Product-by-process-Anspruch ergeben sich für den Nachweis der Patentverletzung einige Besonderheiten. Die Darlegungs- und Beweislast entspricht derjenigen bei klassischen Erzeugnisansprüchen.[895] Allerdings spiegeln sich hier nicht nur die Probleme der Schutzbereichsbestimmung wider. Durch die Einbeziehung des Herstellungsverfahrens in den Anspruch entstehen ebenso spezielle Anforderungen.

888 Vgl. OLG Düsseldorf, BeckRS 2010, 14415; *Mes*, GRUR 2013, 767 (770).
889 Haedicke/Timmann/*Zigann*, § 11 Rn. 40; *Mes*, GRUR 2013, 767 (770 f.).
890 OLG Düsseldorf, BeckRS 2010, 14415; *Mes*, GRUR 2013, 767 (771).
891 OLG Düsseldorf, BeckRS 2010, 14415; *Mes*, GRUR 2013, 767 (771).
892 *Mes*, GRUR 2013, 767 (772).
893 Haedicke/Timmann/*Zigann*, § 11 Rn. 41.
894 Haedicke/Timmann/*Zigann*, § 11 Rn. 41.
895 *Cepl*, Mitt. 2013, 62 (68); Vgl. hierzu B. Der allgemeine Nachweis der Patentverletzung.

I. Unklarheiten im Patentanspruch

Die Auslegungsproblematik beim Product-by-process-Anspruch schlägt sich auch in den Überlegungen zur Darlegungs- und Beweislast nieder. Dabei bezieht sich die Beweislast zunächst nicht auf das eigene Erzeugnis, sondern auf dasjenige des potentiellen Verletzers und auf die Aufgabe, diesem die Verletzung nachzuweisen.[896] Trotzdem wird das fremde Erzeugnis mit dem patentierten Erzeugnis verglichen. Hierzu müssen die Eigenschaften feststellbar sein, da der Patentinhaber den Schutzumfang des eigenen Rechts darlegen muss.[897] Dabei kann es schnell zu einem Trugschluss kommen: Ergeben sich Probleme bei der Feststellung der Eigenschaften, die das Verfahren dem Erzeugnis verleiht, so mag man diese Unsicherheiten schnell auf den Patentinhaber abwälzen. Er hat schließlich die behauptete Verletzung darzulegen. Eben dieses Problem ist der Existenz des Product-by-process-Anspruchs jedoch immanent.

Beim Product-by-process-Anspruch kann es dazu kommen, dass der Fachmann bei dem Versuch, den Inhalt des Patentanspruchs zu bestimmen, nicht in der Lage ist, die charakteristischen Eigenschaften festzulegen, die das Verfahren dem Erzeugnis verleiht.[898] Solche Unklarheiten können zu einem beschränkten Verständnis des betroffenen Merkmals führen.[899] Verbleiben Unsicherheiten bezüglich eines Merkmals, kann diesem ein beschränkter Sinngehalt, im Zweifel jedoch auch das engstmögliche sinnvolle Verständnis zugewiesen werden.[900] Es wird vertreten, dass dies bei einem Product-by-process-Merkmal dazu führe, dass ihm nur noch ein enger Sinngehalt zukomme, nämlich dass das Merkmal ausschließlich durch das beschriebene Verfahren aufgeprägt werden kann.[901] Werde ein Product-by-process-Merkmal beschränkt verstanden, ergebe sich hieraus also im Zweifelsfall eine faktische Beschränkung auf das angegebene Verfahren.[902] Der BGH hat jedoch selbst darauf hingewiesen, dass ein solches Verständnis nur dann geboten ist, wenn anders der Vorgabe nicht hinreichend

---

896 Benkard/*Grabinski*/*Zülch*, PatG, § 139 Rn. 115; Fitzner/Lutz/Bodewig/*Voß*, PatG, Vorb. § 139 Rn. 126, 128; vgl. *Osterrieth*, Rn. 1096.

897 Benkard/*Grabinski*/*Zülch*, PatG, § 139 Rn. 115; Fitzner/Lutz/Bodewig/*Voß*, PatG, Vorb. § 139 Rn. 126, 128.

898 Vgl. hierzu oben unter IV. Auslegung des Anspruchs; *Cepl*, Mitt. 2013, 62 (67); *Giebe*, FS 80 Jahre Düsseldorf, 125 (133 f.).

899 BGH GRUR 2009, 653 (654) – Straßenbaumaschine.

900 BGH GRUR 2009, 653 (654) – Straßenbaumaschine.

901 Vgl. *Cepl*, Mitt. 2013, 62 (67); vgl. *Giebe*, FS 80 Jahre Düsseldorf, 125 (134).

902 *Cepl*, Mitt. 2013, 62 (67); *Giebe*, FS 80 Jahre Düsseldorf, 125 (133 f.).

Rechnung getragen werden kann, bei der Patentauslegung auch ausreichende Rechtssicherheit für Dritte zu wahren.[903]

Die charakteristischen Eigenschaften des Erzeugnisses müssen durch Auslegung bestimmt werden. Die Frage, was geschützter Gegenstand des Patentanspruchs ist, ist auf Grund des Rechtsnormcharakters von Patenten Rechtsfrage.[904] In der verbindlichen Beantwortung von Rechtsfragen besteht die Aufgabe des angerufenen Gerichts. Hiervon ist es auch dann nicht entbunden, wenn die Rechtsnorm unklar oder die Auslegung schwierig ist.[905] Gerade beim Product-by-process-Anspruch ist die Übersetzung des Verfahrens in die charakteristischen Eigenschaften oft anspruchsvoll. Würde diese Arbeit über die Darlegungs- und Beweislast auf den Patentinhaber abgewälzt, so würde sich das Gericht seiner Aufgabe entziehen.

Etwaige Unklarheiten sind ebenfalls im Rahmen der Auslegung zu beheben.[906] Sie dürfen nicht zu Lasten des Patentinhabers unmittelbar zu einer engen Auslegung des Product-by-process-Anspruchs und damit einer Beschränkung auf das benannte Herstellungsverfahren führen.

> Unbekannte Eigenschaften des Erzeugnisses im eigenen Anspruchswortlaut stellen ein Problem dar, welches sich beim Product-by-process-Anspruch besonders auswirkt. Bestehen Unklarheiten in einem klassischen Erzeugnispatent, besteht ebenfalls die Gefahr, dass das Merkmal im Zweifel eng ausgelegt wird. Trotzdem genießt es noch absoluten unbeschränkten Schutz. Dies ist beim Product-by-process-Anspruch nicht mehr der Fall. Der Anspruch würde bei einer beschränkenden Auslegung auf das unmittelbare Verfahrenserzeugnis begrenzt. Dies würde eine maßgebliche Einbuße des Schutzumfangs bedeuten. Deshalb kann es wichtig sein, dass der Patentinhaber selbst Unklarheiten in seinem Anspruch aufdecken, also die charakteristischen Eigenschaften darlegen und beweisen kann.

Jedenfalls stellt sich diese Problematik erst, wenn das Gericht den Anspruch schon ausgelegt hat. Damit entsteht keine Mehrbelastung des Patentinhabers bei

903 BGH GRUR 2009, 653 (653 f.) – Straßenbaumaschine.

904 BGH GRUR 2004, 1023 (1025) – Bodenseitige Vereinzelungseinrichtung; BGH GRUR 2009, 653 (653 f.) – Straßenbaumaschine; BGH GRUR 2015, 868 (870) – Polymerschaum II.

905 BGH GRUR 2009, 653 (654) – Straßenbaumaschine; BGH GRUR 2015, 868 (870) – Polymerschaum II.

906 BGH GRUR 2009, 653 (654) – Straßenbaumaschine; BGH GRUR 2015, 868 (870) – Polymerschaum II.

der erstmaligen Darlegung seines Anspruchs. Die Klage kann zumindest nicht auf Grund der Zweifel abgewiesen werden.[907]

II. Die zwei Möglichkeiten des Nachweises

Dem Inhaber des Product-by-process-Anspruchs können bei der Darlegung der Patentverletzung zwei verschiedene Konstellationen begegnen. Diese rühren speziell aus der Einbeziehung des Verfahrens in den Anspruch her. Entscheidend für den Nachweis der Verletzung ist, ob der vermeintliche Verletzer das im Anspruch benannte Verfahren verwendet. Der Patentinhaber kann entweder geltend machen, dass der vermeintliche Verletzer das benannte Verfahren verwendet, oder dass die Ausführungsform jedenfalls über die gleichen Eigenschaften wie das geschützte Erzeugnis verfügt.[908]

Der Nachweis findet dabei unabhängig davon statt, ob es sich um einen reinen Product-by-process-Anspruch handelt oder nur einzelne Merkmale mittels des Verfahrens gekennzeichnet sind. So wird der Nachweis entweder für das gesamte Erzeugnis oder nur für die einzelnen Merkmale erbracht. Der Verletzungsnachweis für alle herkömmlich beschriebenen Merkmale richtet sich nach den allgemeinen Regeln.

1. Verwendung des gleichen Verfahrens

In der ersten Konstellation stellt der vermeintliche Verletzer die angegriffene Ausführungsform mittels des kennzeichnenden Verfahrens her. Hier ist der Nachweis der Verletzung scheinbar einfach, da der Patentinhaber lediglich beweisen muss, dass der Verletzer das Verfahren tatsächlich zur Herstellung verwendet.[909] Da dem Produkt seine charakteristischen Eigenschaften durch das Verfahren verliehen werden, kann der Gegner sich dann nicht damit verteidigen, das Erzeugnis weise trotz der Durchführung des Verfahrens nicht die entsprechenden Eigenschaften auf.[910] Der Nachweis der Verletzung ist dann unabhängig von dem Auslegungsergebnis und der Reichweite des Schutzbereichs.

---

907 BGH GRUR 2009, 653 (653 f.) – Straßenbaumaschine.

908 Fitzner/Lutz/Bodewig/*Loth*, PatG, § 14 Rn. 284; Schulte/*Rinken*/*Kühnen*, § 14 Rn. 45; *Kühnen*, s. Fußnote 23 zu Kap. J Rn. 17; *Cepl*, Mitt. 2013, 62 (67); *Fabry*, GRUR Int. 2009, 803 (804); *Giebe*, FS 80 Jahre Düsseldorf, 125 (136 f.).

909 Vgl. *Kühnen*, s. Fußnote 23 zu Kap. J Rn. 17; *Cepl*, Mitt. 2013, 62 (67); *Giebe*, FS 80 Jahre Düsseldorf, 125 (136); *Meier-Beck*, FS König, 323 (328).

910 Fitzner/Lutz/Bodewig/*Loth*, PatG, § 14 Rn. 284; *Cepl*, Mitt. 2013, 62 (67); *Giebe*, FS 80 Jahre Düsseldorf, 125 (136); vgl. *Meier-Beck*, FS König, 323 (328).

Der Product-by-process-Anspruch umfasst immer als Minimum die Ausführungsformen, die mit dem benannten Verfahren hergestellt wurden.[911] Die starke Bindung an das Verfahren bedeutet jedoch auch, dass die Einhaltung der Abfolge der Verfahrensschritte sowie deren Anzahl maßgeblich ist.[912] Werden zwar die gleichen Verfahrensschritte angewandt, jedoch in einer anderen Reihenfolge oder unter Hinzufügung weiterer Schritte, kann nicht ausgeschlossen werden, dass das hergestellte Produkt andere Eigenschaften aufweist.[913] Hierbei ist jedoch nicht jede marginale Abweichung maßgeblich.[914] Eine entscheidende Abweichung kann nur dann vorliegen, wenn es auf die Einhaltung der Reihenfolge und der Anzahl der Verfahrensschritte für die charakterisierenden Eigenschaften auch ankommt.[915] Entscheidend ist hierbei wiederum das Verständnis des Durchschnittsfachmanns.[916]

Liegen Abweichungen vor, ist der Patentinhaber darlegungs- und beweisbelastet. Er muss substantiieren, dass sich die Abweichungen nicht auf die Eigenschaften des Erzeugnisses auswirken.[917]

Dieser Nachweis der Patentverletzung erscheint zunächst simpel. Der Patentinhaber hat sich mit dem Erzeugnis des Gegners nicht einmal auseinanderzusetzen, wenn er nachweisen kann, dass das benannte Verfahren verwendet wird. Damit können aufwendige Analysen und Tests entfallen. Allerdings dürfte der Nachweis, dass der Verletzer das benannte Verfahren in der Praxis verwendet, mit erheblichen Schwierigkeiten verbunden sein. Die Herstellung wird regelmäßig an Orten stattfinden, die dem Kläger nicht zugänglich sind.[918] Hier kann dem Patentinhaber unter Umständen das Besichtigungsverfahren helfen.[919]

Weiter gilt zu beachten: Der Nachweis, dass der Verletzer das kennzeichnende Verfahren verwendet, trägt nur zur Substantiierung der Verwirklichung der Product-by-process-Merkmale bei. Hat der Anmelder das Erzeugnis auch

---

911 *Giebe*, FS 80 Jahre Düsseldorf, 125 (136). Denn selbst der beschränkte Product-by-process-Anspruch umfasst solche Erzeugnisse.

912 *Cepl*, Mitt. 2013, 62 (67); *Mes*, GRUR 2000, 934 (935).

913 *Cepl*, Mitt. 2013, 62 (67).

914 *Cepl*, Mitt. 2013, 62 (67).

915 *Cepl*, Mitt. 2013, 62 (68).

916 *Cepl*, Mitt. 2013, 62 (68).

917 *Cepl*, Mitt. 2013, 62 (68).

918 *Giebe*, FS 80 Jahre Düsseldorf, 125 (137); Produktionsstätten befinden sich dabei üblicherweise nicht nur auf Privatgelände, sondern werden auch Besuchern nur in den seltensten Fällen Zutritt gewähren – geschweige denn die Maschinen untersuchen lassen.

919 S. hierzu unten II. Das Besichtigungsverfahren.

mittels körperlicher Merkmale oder herkömmlicher Parameter gekennzeichnet, muss er für diese Merkmale ebenfalls Beweis erbringen. Hier kann er natürlich nicht darauf verweisen, der Verletzer verwende das kennzeichnende Verfahren.

2. *Verwendung eines anderen Verfahrens*

Es ist jedoch auch denkbar, dass der vermeintliche Verletzer nicht das benannte, sondern ein anderes Verfahren zur Herstellung verwendet. Da der Product-by-process-Anspruch in der Regel unbeschränkten absoluten Schutz bietet, sind auch Erzeugnisse vom Schutzbereich umfasst, die nicht mittels des angegebenen Verfahrens hergestellt werden.[920] Damit besteht für den Patentinhaber auch die Möglichkeit, den Nachweis mittels der angegriffenen Ausführungsform selbst zu erbringen. Dann muss er darlegen, dass diese dieselben charakteristischen Eigenschaften aufweist wie das geschützte Erzeugnis.[921] Hierzu hat er zunächst die charakteristischen Eigenschaften seines eigenen Erzeugnisses zu bestimmen, um darlegen zu können, dass das vermeintliche Verletzererzeugnis dieselben Eigenschaften aufweist.[922] Der Patentinhaber wird die räumlich-körperlichen Merkmale erst einmal herausarbeiten müssen. Da er sie ja gerade nicht mit herkömmlichen Parametern kennzeichnen kann[923], muss er zu einer Umschreibung gelangen, die den Vergleich zulässt. Dabei kann auch die direkte Gegenüberstellung der Erzeugnisse den Beweis erbringen. Wichtig ist jedoch, dass es nur auf die charakteristischen Eigenschaften ankommt, die das Verfahren dem Erzeugnis verleiht. Mitunter kommt es nicht auf alle verliehenen Eigenschaften an.

Kann der Patentinhaber die charakteristischen Eigenschaften seines eigenen Erzeugnisses hinreichend bestimmen, so hat er darzulegen und zu beweisen, dass die angegriffene Ausführungsform dieselben Eigenschaften aufweist.[924] Ein solcher Nachweis kann bspw. durch eine experimentell vergleichende Analyse unter Einbeziehung sonstiger technischer Informationen und Erläuterungen erbracht werden.[925] Entscheidend sind wiederum die Schlüsse, die der

---

920 Vgl. hierzu 4. Teil: Die Bestimmung des Schutzbereichs; zum absoluten Stoffschutz s. auch E. Kritik am absoluten Stoffschutz.

921 Fitzner/Lutz/Bodewig/*Loth*, PatG, § 14 Rn. 284; Schulte/*Rinken*/*Kühnen*, § 14 Rn. 45; *Kühnen*, s. Fußnote 23 zu Kap. J Rn. 17; *Cepl*, Mitt. 2013, 62 (67); *Fabry*, GRUR Int. 2009, 803 (804); *Giebe*, FS 80 Jahre Düsseldorf, 125 (136 f.).

922 *Cepl*, Mitt. 2013, 62 (68); *Fabry*, GRUR Int. 2009, 803 (804).

923 S.o. II. Subsidiarität.

924 *Cepl*, Mitt. 2013, 62 (68).

925 *Cepl*, Mitt. 2013, 62 (68); *Fabry*, GRUR Int. 2009, 803 (804); *Giebe*, FS 80 Jahre Düsseldorf, 125 (137).

Durchschnittsfachmann aus den Ergebnissen und Dokumenten zieht, sodass ein Sachverständigengutachten hilfreich sein kann.[926]

Durch den auf das Erzeugnis bezogenen Nachweis erspart sich der Kläger die Klärung, mittels welchen Verfahrens der Gegner das Produkt hergestellt hat.[927] Dies kann von Vorteil sein, wenn die angegriffene Ausführungsform auf dem Markt erhältlich ist und somit ihre Sicherstellung leichter ist als eine Besichtigung der Produktionsstätte.[928] Auf die Übereinstimmung der verwendeten Verfahren kommt es bei diesem Nachweis nicht an.[929]

Verwendet der vermeintliche Verletzer das benannte Verfahren, so stehen dem Patentinhaber beide Möglichkeiten der Substantiierung offen. Er kann neben dem Nachweis, dass das Verfahren verwendet wird, zusätzlich die Produkte vergleichen und geltend machen, dass die angegriffene Ausführungsform alle Eigenschaften des geschützten Erzeugnisses verwirklicht. Verwendet der Gegner hingegen ein anderes Verfahren oder kann dessen Natur nicht aufgeklärt werden, so verbleibt dem Inhaber des Product-by-process-Anspruchs nur der Verletzungsnachweis durch den Vergleich der Erzeugnisse.

D. Weitere verfahrensrechtliche Fragen

Der Patentverletzungsprozess hält weitere Besonderheiten bereit. Für den Product-by-process-Anspruch kann zunächst über die Beweiserleichterung des § 139 Abs. 3 PatG diskutiert werden. Zudem kann das Besichtigungsverfahren Bedeutung erlangen.

I. Die Beweiserleichterung nach § 139 Abs. 3 PatG

§ 139 Abs. 3 PatG normiert eine Ausnahme von den allgemeinen Grundsätzen der Beweislastverteilung. Die Norm ordnet eine Beweiserleichterung für den Patentinhaber an. Ist hiernach ein Verfahren zur Herstellung eines neuen Erzeugnisses Gegenstand des Patents, so gilt ein gleiches Erzeugnis bis zum Beweis des Gegenteils als nach dem patentierten Verfahren hergestellt. Die Umkehr der Beweislast beruht auf dem Gedanken, dass dem Patentinhaber meist das Verfahrensprodukt, nicht aber das Verfahren zugänglich ist.[930] Kann er darlegen, dass sein Verfahren zu einem neuen Erzeugnis führt, muss er ergänzend

926 *Giebe*, FS 80 Jahre Düsseldorf, 125 (137).
927 *Giebe*, FS 80 Jahre Düsseldorf, 125 (137).
928 *Giebe*, FS 80 Jahre Düsseldorf, 125 (137).
929 *Kühnen*, s. Fußnote 23 zu Kap. J Rn. 17; *Giebe*, FS 80 Jahre Düsseldorf, 125 (137).
930 Benkard/*Grabinski*/*Zülch*, PatG, § 139 Rn. 119.

lediglich die Übereinstimmung der Erzeugnisse nachweisen.[931] Dann erfolgt die volle Umkehr der Beweislast. Liegen die Voraussetzungen von § 139 Abs. 3 PatG vor, muss der Beklagte darlegen, dass er tatsächlich ein anderes Verfahren verwendet.[932] Damit bleibt dem Kläger der Nachweis erspart, dass das Erzeugnis nach dem patentierten Verfahren hergestellt wurde.[933]

Die Norm ist allerdings schon nach dem Wortlaut lediglich auf Verfahrensansprüche anwendbar. Der Product-by-process-Anspruch ist trotz Kennzeichnung durch das Herstellungsverfahren ein Erzeugnisanspruch.[934] Der Inhaber eines Product-by-process-Anspruchs kann sich damit nicht auf die Beweislastumkehr nach § 139 Abs. 3 PatG berufen.[935]

Etwas anderes gilt, wenn das benannte Verfahren in einem eigenen Verfahrensanspruch geschützt ist. Dann kann sich der Patentinhaber für den Verfahrensanspruch auf § 139 Abs. 3 PatG berufen.[936] Für das Erfordernis des neuen Erzeugnisses kann er auf den Product-by-process-Anspruch als Sachanspruch verweisen.[937] Dieser wird schließlich nur für neue Erzeugnisse erteilt.

Der Neuheitsbegriff des § 3 PatG ist strenger als der des § 139 Abs. 3 PatG. Im Rahmen von § 139 Abs. 3 PatG genügt es, wenn sich das Erzeugnis in irgendeiner mit Sicherheit unterscheidbaren Eigenschaft von den am Prioritätstag vorbekannten Produkten abhebt.[938]

In dieser Einfachheit kann dies allerdings nur gelten, wenn es sich um einen reinen Product-by-process-Anspruch handelt. Nur dann steht fest, dass das Verfahren zu einem neuen Erzeugnis führt und nicht lediglich eine Eigenschaft eines neuen Erzeugnisses mitbestimmt.[939] Dies kann jedoch nur für den Nachweis

---

931 Benkard/*Grabinski*/*Zülch*, PatG, § 139 Rn. 119; Fitzner/Lutz/Bodewig/*Pitz*, PatG, § 139 Rn. 253; *Mes*, PatG, § 139 Rn. 419.

932 Benkard/*Grabinski*/*Zülch*, PatG, § 139 Rn. 119; Fitzner/Lutz/Bodewig/*Pitz*, PatG, § 139 Rn. 258; *Mes*, PatG, § 139 Rn. 420.

933 Benkard/*Grabinski*/*Zülch*, PatG, § 139 Rn. 119; Fitzner/Lutz/Bodewig/*Pitz*, PatG, § 139 Rn. 253.

934 S.o. C. Der Product-by-process-Anspruch und dessen Einordnung in die aufgezeigte Systematik.

935 *Cepl*, Mitt. 2013, 62 (68); *Giebe*, FS 80 Jahre Düsseldorf, 125 (138).

936 *Cepl*, Mitt. 2013, 62 (68); *Rogge*, Mitt. 2005, 145 (149).

937 *Cepl*, Mitt. 2013, 62 (68).

938 Benkard/*Grabinski*/*Zülch*, PatG, § 139 Rn. 121; Fitzner/Lutz/Bodewig/*Pitz*, PatG, § 139 Rn. 255; *Mes*, PatG, § 139 Rn. 419.

939 Vgl. hierzu LG Düsseldorf, InstGE 3, 91 (94 f.) – Steroidbeladene Körner; *Cepl*, Mitt. 2013, 62 (68 f.).

einer Patentverletzung des Verfahrensanspruchs gelten. Die Beweislastumkehr des § 139 Abs. 3 PatG greift nie für den Product-by-process-Anspruch selbst.[940]

II. Das Besichtigungsverfahren

Schließlich besteht im Patentrecht die Möglichkeit, eine vermeintlich verletzende Ausführungsform zu besichtigen.[941]

Eine Besichtigung kann erforderlich sein, wenn der Gegenstand oder das Verfahren nicht öffentlich erhältlich oder einsehbar ist. Erzeugnisse sind in der Regel auf dem Markt erhältlich, sodass ein Testkauf zielführend ist. Viele Erzeugnisse sind jedoch nicht frei erhältlich. Dies kann bspw. auf Grund staatlicher Reglementierung der Fall sein oder weil es sich um spezielle Gefahrengüter handelt. Gleiches gilt, wenn es auf die Art und Weise der Produktion ankommt, denn diese wird üblicherweise in der Öffentlichkeit nicht zugänglichen Räumen stattfinden.

1. Allgemeine verfahrensrechtliche Durchsetzung

Der Besichtigungsanspruch kann auf unterschiedliche Weise durchgesetzt werden.

Zunächst ist die Geltendmachung im Wege der Klage denkbar. Hierbei erfährt der Gegner jedoch, dass eine Besichtigung geplant ist, sodass nicht nur jeglicher Überraschungseffekt entfällt, sondern auch die erhebliche Gefahr besteht, dass der Gegner den in seinem Besitz befindlichen Gegenstand verändert oder wegschafft.[942] Zudem dient das Besichtigungsverfahren oft erst dazu, überhaupt eine hinreichende Grundlage für das Verletzungsverfahren zu schaffen, da dem Patentinhaber die entsprechenden Kenntnisse fehlen.[943] Damit wird die Option, den Besichtigungsanspruch im Wege der Klage geltend zu machen, im Großteil der Fälle entfallen oder nicht dem Interesse des Patentinhabers entsprechen.

Eine weitere Option ist die Durchsetzung im Wege des vorläufigen Rechtsschutzes.[944] Dies sieht § 140c Abs. 3 PatG ausdrücklich vor, sodass die Vorwegnahme

940 *Cepl*, Mitt. 2013, 62 (69); *Giebe*, FS 80 Jahre Düsseldorf, 125 (138).

941 S.o. I. Vorlage- und Besichtigungsanspruch.

942 Vgl. Cepl/Voß/*Hahn*, § 485 Rn. 59; Fitzner/Lutz/Bodewig/*Pitz*, PatG, § 140c Rn. 32; Schulte/*Rinken*/*Kühnen*, § 140c Rn. 47; vgl. *Kühnen*, Kap. B Rn. 85.

943 Schulte/*Rinken*/*Kühnen*, § 140c Rn. 47; *Kühnen*, Kap. B Rn. 85.

944 Benkard/*Grabinski*/*Zülch*, PatG, § 140c Rn. 21; Schulte/*Rinken*/*Kühnen*, § 140c Rn. 48; *Kühnen*, Kap. B Rn. 86; Schramm/*Oldekop*, Kap. 9 Rn. 136.

der Hauptsache insofern zulässig ist.[945] Dabei werden – gerade in der Düsseldorfer Gerichtspraxis[946] – an die Schutzfähigkeit des Patents äußerst geringe Anforderungen gestellt. Die Durchsetzung wird dem Patentinhaber nur dann versagt, wenn das Patent angegriffen und mit überwiegender Wahrscheinlichkeit nicht schutzfähig ist oder es sich um ein klares Scheinrecht handelt.[947] Hierbei beachtet das Gesetz auch das Interesse des Patentinhabers, den Gegner vorab nicht über die Besichtigung zu informieren. § 140c Abs. 3 S. 3 PatG sieht ausdrücklich den Fall vor, in dem von einer vorherigen Anhörung des Gegners abgesehen wird. Dabei stellt sich jedoch die Problematik, dass der Beweiswert der erlangten Beweismittel im Zweifel angreifbar ist, wenn der Antragsteller selbst oder ein privater Sachverständiger die Besichtigung durchführt.[948] Handelt es sich um einen Gegenstand oder ein Verfahren, das der Öffentlichkeit nicht zugänglich ist, sind zudem im Regelfall Geheimhaltungsinteressen des Gegners betroffen. Deren Schutz muss nach § 140c Abs. 1 S. 3 PatG gewährleistet sein.[949] Damit kommt die Besichtigung durch den Antragsteller selbst zumeist ohnehin nicht infrage.[950]

Deshalb hat sich in der Praxis die Kombination aus selbstständigem Beweisverfahren und Duldungsverfügung etabliert, wobei in getrennten Verfahren entschieden wird.[951] Diese Kombination wird auch *Düsseldorfer Praxis* genannt.[952]

Ist der vermeintliche Verletzungsgegenstand öffentlich zugänglich, bspw. weil der Antragsgegner den Gegenstand auf einer Messe zur Schau stellt, kann die Anordnung des selbstständigen Beweisverfahrens nach §§ 485 ff. ZPO genügen. Ein Rückgriff auf § 140c PatG ist dann nicht erforderlich.[953]

---

945 BT-Drucksache 16/5048, S. 28; Fitzner/Lutz/Bodewig/*Pitz*, PatG, § 140c Rn. 35; *Kühnen*, Kap. B Rn. 86; Schramm/*Oldekop*, Kap. 9 Rn. 136; *Zöllner*, GRUR-Prax 2010, 74 (77).

946 Zur Besichtigung nach der *Düsseldorfer Praxis* s.u. II. Das Besichtigungsverfahren.

947 Fitzner/Lutz/Bodewig/*Pitz*, PatG, § 140c Rn. 35; *Kühnen*, Kap. B Rn. 21.

948 Fitzner/Lutz/Bodewig/*Pitz*, PatG, § 140c Rn. 38; Schulte/*Rinken*/*Kühnen*, § 140c Rn. 49; *Kühnen*, Kap. B Rn. 86.

949 Schulte/*Rinken*/*Kühnen*, § 140c Rn. 49; *Kühnen*, GRUR 2005, 185 (190).

950 Schulte/*Rinken*/*Kühnen*, § 140c Rn. 49.

951 Dies sei so auch sachgerecht: BGH GRUR 2010, 318 (319) – Lichtbogenschnürung; Benkard/*Grabinski*/*Zülch*, PatG, § 140c Rn. 22; Fitzner/Lutz/Bodewig/*Pitz*, PatG, § 140c Rn. 38; Schulte/*Rinken*/*Kühnen*, § 140c Rn. 50; Schramm/*Oldekop*, Kap. 9 Rn. 140; *Zöllner*, GRUR-Prax 2010, 74 (77 f.).

952 Benkard/*Grabinski*/*Zülch*, PatG, § 140c Rn. 22; Fitzner/Lutz/Bodewig/*Pitz*, PatG, § 140c Rn. 38; Schramm/*Oldekop*, Kap. 9 Rn. 142; *Zöllner*, GRUR-Prax 2010, 74 (77).

953 Benkard/*Grabinski*/*Zülch*, PatG, § 140c Rn. 23; Fitzner/Lutz/Bodewig/*Pitz*, PatG, § 140c Rn. 42; *Mes*, PatG, § 140c Rn. 34; Schulte/*Rinken*/*Kühnen*, § 140c Rn. 55.

Zur Durchführung des selbstständigen Beweisverfahrens muss entweder der Verlust des Beweismittels nach § 485 Abs. 1 ZPO drohen oder, soweit ein Rechtsstreit noch nicht anhängig ist, nach § 485 Abs. 2 S. 1 ZPO ein rechtliches Interesse des Antragstellers bestehen. Dieses kann nach § 485 Abs. 2 S. 2 ZPO insbesondere darin liegen, durch die Feststellungen am Verletzungsgegenstand einen Rechtsstreit zu vermeiden. Eine Schlüssigkeitsprüfung hinsichtlich des vermeintlichen patentrechtlichen Anspruchs findet dabei nicht statt.[954] Im selbstständigen Beweisverfahren setzt der Patentinhaber nicht den Anspruch aus § 140c PatG durch. Stattdessen ordnet das Gericht auf eigenständiger verfahrensrechtlicher Grundlage eine Besichtigung an, welche mit einem Gerichtsgutachten schließt.[955] Hierdurch wird insbesondere der Nachteil des reinen vorläufigen Rechtsschutzes über § 140c Abs. 3 PatG vermieden, an dessen Ende lediglich ein privates Gutachten steht. Die Bestimmung des Gegenstands der Beweisaufnahme und der Beweismittel liegt in der Verantwortung des Antragstellers.[956] Die Beweisanordnung begrenzt den Besichtigungsumfang sowohl im Hinblick auf die konkreten Besichtigungsmaßnahmen als auch auf die technischen Merkmale, die aufgeklärt werden sollen.[957] Dabei gilt es zu beachten, dass vor Anhängigkeit eines Rechtsstreits nach § 485 Abs. 2 ZPO lediglich ein Sachverständigengutachten eingeholt werden kann.[958] Andere Maßnahmen, wie die Vorlage von Urkunden, sind nicht möglich.[959] Das selbstständige Beweisverfahren ist jedoch nur dann hilfreich, wenn die Merkmalsverwirklichung öffentlich erkennbar ist.[960]

Anders stellt sich die Situation dar, wenn sich der Besichtigungsgegenstand in dem Antragsteller nicht zugänglichen Räumen befindet oder die Merkmalsverwirklichung nicht öffentlich erkennbar ist. Dann muss neben der Anordnung des selbstständigen Beweisverfahrens auf Grundlage von § 140c Abs. 3 PatG eine

---

954 BGH NJW 2000, 960 (961); *Kühnen*, Kap. B Rn. 93.

955 Fitzner/Lutz/Bodewig/*Pitz*, PatG, § 140c Rn. 42; *Kühnen*, Kap. B Rn. 87.

956 BGH NJW 2000, 960 (961). So hat der Antrag insbesondere nach § 487 Nr. 2 ZPO die Tatsachen zu bezeichnen, über die der Beweis erhoben werden soll; vgl. auch BGH NJW-RR 2016, 63 (64); Benkard/*Grabinski*/*Zülch*, PatG, § 140c Rn. 25; Cepl/Voß/*Hahn*, § 485 Rn. 59; Zöller/*Herget*, § 487 Rn. 2 ff.

957 Benkard/*Grabinski*/*Zülch*, PatG, § 140c Rn. 25; *Kühnen*, Kap. B Rn. 104.

958 Musielak/Voit/*Huber*, § 485 Rn. 5; MüKo/*Schreiber*, ZPO, § 485 Rn. 14; Prütting/Gehrlein/*Ulrich*, § 485 Rn. 13; *Saenger*, § 485 Rn. 9; Schulte/*Rinken*/*Kühnen*, § 140c Rn. 56; Zöller/*Herget*, § 485 Rn. 6, 8.

959 Musielak/Voit/*Huber*, § 485 Rn. 5; MüKo/*Schreiber*, ZPO, § 485 Rn. 14; vgl. Prütting/Gehrlein/*Ulrich*, § 485 Rn. 13; Schulte/*Rinken*/*Kühnen*, § 140c Rn. 56; Zöller/*Herget*, § 485 Rn. 8.

960 *Mes*, PatG, § 140c Rn. 34; *Kühnen*, GRUR 2005, 185 (189).

Duldungsverfügung beantragt werden.[961] Hierfür müssen wiederum die gegenüber § 485 ff. ZPO strengeren Voraussetzungen des § 140c PatG vorliegen.[962] Das Beweisverfahren nach §§ 485 ff. ZPO kennt keine Zwangsmaßnahmen, sodass es zur effektiven Verwirklichung der Besichtigung der Duldungsverfügung bedarf, die der Zwangsvollstreckung nach § 890 ZPO unterliegt.[963] Die Duldungsverfügung benennt die Personen, denen der Zutritt gewährt werden muss. Sie enthält zudem ein Veränderungsverbot für den Antragsgegner und benennt alle Maßnahmen, die dieser zu dulden hat, wie bspw. das Anfertigen von Foto- oder Filmaufnahmen. Zudem verpflichtet sie die Beteiligten zur Verschwiegenheit.[964] Dabei liegt die Bezeichnung der Beweismittel wiederum in der Verantwortung des Antragstellers, der diese genau zu benennen hat.[965] Maßgeblich ist, dass im Rahmen der Duldungsverfügung der Schuldner prinzipiell nicht zu einem positiven Tun verpflichtet werden kann.[966] Trotzdem umfasst die Verfügung gewisse Mitwirkungshandlungen wie bspw. die Eingabe eines Passworts, die Inbetriebnahme einer Maschine oder das Bereitstellen eines Schlüssels, wenn das Recht auf Besichtigung sonst ins Leere laufen würde.[967] Teilweise soll auch die Angabe des Standorts des fraglichen Gegenstandes umfasst sein.[968]

Zur Wahrung etwaiger Betriebs- oder Geschäftsgeheimnisse wird lediglich den Anwälten und Patentanwälten des Antragstellers gestattet, an der Besichtigung teilzunehmen. Diese werden auch dem Antragsteller gegenüber zur Verschwiegenheit verpflichtet.[969]

---

961 Benkard/*Grabinski/Zülch*, PatG, § 140c Rn. 22; Fitzner/Lutz/Bodewig/*Pitz*, PatG, § 140c Rn. 50; Schulte/*Rinken/Kühnen*, § 140c Rn. 62; *Kühnen*, Kap. B Rn. 106.

962 Benkard/*Grabinski/Zülch*, PatG, § 140c Rn. 27; Fitzner/Lutz/Bodewig/*Pitz*, PatG, § 140c Rn. 39.

963 Benkard/*Grabinski/Zülch*, PatG, § 140c Rn. 27; Fitzner/Lutz/Bodewig/*Pitz*, PatG, § 140c Rn. 51; Schulte/*Rinken/Kühnen*, § 140c Rn. 62; Schramm/*Oldekop*, Kap. 9 Rn. 138; vgl. *Kühnen*, Kap. B Rn. 106.

964 Benkard/*Grabinski/Zülch*, PatG, § 140c Rn. 27, 30; Schulte/*Rinken/Kühnen*, § 140c Rn. 65 f.; *Kühnen*, Kap. B Rn. 110; *Zöllner*, GRUR-Prax 2010, 74 (77).

965 BGH NJW 2000, 960 (961); BT-Drucksache 16/5048, S. 28.

966 OLG Karlsruhe, BeckRS 2013, 19312; *Kühnen*, Kap. B Rn. 61; Schramm/*Oldekop*, Kap. 9 Rn. 132.

967 Vgl. BGH NJW-RR 2007, 863 (864); Benkard/*Grabinski/Zülch*, PatG, § 140c Rn. 16, 28; Fitzner/Lutz/Bodewig/*Pitz*, PatG, § 140c Rn. 20; Schulte/*Rinken/Kühnen*, § 140c Rn. 32; Schramm/*Oldekop*, Kap. 9 Rn. 132.

968 Angedacht von *Kühnen*, Kap. B Rn. 71.

969 Benkard/*Grabinski/Zülch*, PatG, § 140c Rn. 22; *Mes*, PatG, § 140c Rn. 38; *Kühnen*, GRUR 2005, 185 (191).

2. *Die Besichtigung beim Product-by-process-Anspruch*

Da der Product-by-process-Anspruch das Erzeugnis ganz oder teilweise nur mittelbar durch das Verfahren kennzeichnet, führt der Nachweis der Verletzung häufig zu Schwierigkeiten. Auch beim Product-by-process-Anspruch kommt jedoch eine Besichtigung in Betracht.

Zunächst ist auch hier zwischen dem im Einzelfall beschränkten und dem im Regelfall unbeschränkten Product-by-process-Anspruch zu unterscheiden.

Auch beim beschränkten Product-by-process-Anspruch kennzeichnet das Verfahren lediglich das Erzeugnis und wird nicht Gegenstand des Anspruchs. Trotzdem muss der Patentinhaber, um den Verletzungsnachweis führen zu können, darlegen, dass der Gegner genau das benannte Verfahren verwendet. Da eine äquivalente Verletzung der beschränkten Product-by-process-Merkmale nicht möglich ist[970], umfasst der Schutzbereich nur solche Erzeugnisse, die mittels des angegebenen Verfahrens hergestellt wurden. Findet diese Herstellung in verschlossenen Räumlichkeiten statt, kann der Patentinhaber diese Räumlichkeiten besichtigen lassen, auch wenn das Erzeugnis selbst auf dem Markt erhältlich ist.[971] Beim beschränkten Product-by-process-Anspruch ist der Patentinhaber auf die Besichtigung des Herstellungsverfahrens angewiesen, um die Patentverletzung nachzuweisen.[972] Liegen die Voraussetzungen nach § 140c PatG vor, kann der Patentinhaber eines beschränkten Product-by-process-Anspruchs das Herstellungsverfahren bei dem vermeintlichen Verletzer besichtigen, obwohl dieses nicht Gegenstand des Anspruchs ist. Da insbesondere die Beweiserleichterung des § 139 Abs. 3 PatG nicht anwendbar ist[973], ist dies die einzige Möglichkeit, die Verletzung nachzuweisen.

Im Regelfall ist der Product-by-process-Anspruch hingegen unbeschränkt und umfasst alle Erzeugnisse, die die Merkmale des patentierten Erzeugnisses verwirklichen. Auch äquivalente Verletzungsformen werden in den Schutzbereich einbezogen.[974] Da auch Erzeugnisse anderer Herstellungsverfahren vom Schutzbereich umfasst sind, kommt es auf das kennzeichnende Verfahren nicht an. Es sind lediglich die Eigenschaften entscheidend, die das Verfahren dem Erzeugnis verleiht.

---

970 S.o. (b) Äquivalenz beim beschränkten Product-by-process-Anspruch.

971 Vgl. OLG Karlsruhe, BeckRS 2013, 19312; *Cepl*, Mitt. 2013, 62 (69 f.); *Giebe*, FS 80 Jahre Düsseldorf, 125 (138).

972 OLG Karlsruhe, BeckRS 2013, 19312.

973 S.o. I. Die Beweiserleichterung nach § 139 Abs. 3 PatG.

974 S.o. (a) Äquivalenz beim unbeschränkten Product-by-process-Anspruch.

Deswegen wird vertreten, dass eine Besichtigung in der Regel auszuscheiden habe, wenn der Patentinhaber das vermeintlich verletzende Produkt frei am Markt erwerben könne.[975] Jedenfalls könne der Patentinhaber keine Besichtigung verlangen, wenn er lediglich festzustellen versuche, ob der vermeintliche Verletzer das angegebene Verfahren verwendet.[976] Im Regelfall, also beim unbeschränkten Product-by-process-Anspruch, komme es nämlich nicht auf das verwendete Verfahren, sondern auf die dem Erzeugnis verliehenen Eigenschaften an.[977] Hierzu könne der Patentinhaber das Erzeugnis auf dem Markt erwerben und es auf seine Eigenschaften hin untersuchen. Eine Besichtigung sei in einem solchen Fall damit nicht erforderlich.[978] Auch wenn ein solcher Nachweis auf Grund der mittelbaren Kennzeichnung im Anspruch möglicherweise mit Schwierigkeiten behaftet sei, reichten diese nicht aus, um eine Besichtigung zu begründen.[979] Das Besichtigungsverfahren solle dem Patentinhaber lediglich ermöglichen, an die Informationen zu gelangen, die ihm sonst verschlossen bleiben würden.[980]

Diese Beurteilung wird jedoch auch kritisiert.[981] Die Versagung der Besichtigung könne zwar durchaus gerechtfertigt sein, soweit die charakteristischen Parameter der Patentbeschreibung klar zu entnehmen seien.[982] Mit zunehmender Komplexität, was gerade für den Product-by-process-Anspruch typisch sei, sei es jedoch immer weniger gerechtfertigt, dem Patentinhaber die Besichtigung zu verwehren. Diese gebe ihm unter Umständen ein wesentlich leichter zu handhabendes und mit weniger Unsicherheiten behaftetes Angriffsmittel.[983] Das hat auch das OLG Karlsruhe so gesehen.[984]

Gegenstand des dem Urteil zugrundeliegenden Patents war eine flexible Polymerfolie für aufgespannte Strukturen. Das Landgericht hatte den Erlass der einstweiligen Duldungsverfügung versagt.[985] Eine Besichtigung nach § 140c PatG sei nicht zur Begründung etwaiger Ansprüche erforderlich.[986] Verfahrensbeschreibende Merkmale, die keinen Einfluss auf die räumlich-körperlichen Eigenschaften des Erzeugnisses hätten,

975 *Cepl*, Mitt. 2013, 62 (69).
976 *Cepl*, Mitt. 2013, 62 (69).
977 *Cepl*, Mitt. 2013, 62 (69).
978 *Cepl*, Mitt. 2013, 62 (69).
979 *Cepl*, Mitt. 2013, 62 (69).
980 *Cepl*, Mitt. 2013, 62 (69).
981 *Giebe*, FS 80 Jahre Düsseldorf, 125 (138).
982 *Giebe*, FS 80 Jahre Düsseldorf, 125 (138).
983 *Giebe*, FS 80 Jahre Düsseldorf, 125 (139).
984 OLG Karlsruhe, BeckRS 2013, 19312.
985 OLG Karlsruhe, BeckRS 2013, 19312.
986 OLG Karlsruhe, BeckRS 2013, 19312.

müssten so oder so außen vor bleiben. Doch auch wenn das Verfahren dem Erzeugnis charakterisierende Eigenschaften verleihe, so könnten diese am angegriffenen Produkt selbst festgestellt werden, sodass eine Besichtigung nicht erforderlich sei.[987]

Auf die sofortige Beschwerde der Antragstellerin hob das OLG den Beschluss des Landgerichtes auf und ordnete die begehrte Besichtigung an. Dabei stellte das OLG zunächst fest, dass auch eine beschränkende Auslegung der Product-by-process-Merkmale in Betracht komme, dies im Verfahren des Hilfsanspruchs der Besichtigung jedoch nicht abschließend zu entscheiden sei.[988] Dementsprechend überprüfte das OLG für beide Fälle insbesondere die Voraussetzung der Erforderlichkeit der Besichtigung. Hier stellte es zunächst fest, dass der Patentinhaber bei einer beschränkenden Auslegung auf die Besichtigung angewiesen sei, um den Beweis der Patentverletzung erbringen zu können, sodass hier die Erforderlichkeit in jedem Fall zu bejahen sei.[989] Anschließend beurteilte der Senat die Erforderlichkeit bei unbeschränkten Product-by-process-Ansprüchen. Eine Besichtigung sei dann erforderlich, wenn kein einfacherer und ebenfalls zumutbarer Weg zur Gewinnung der Beweise zur Verfügung stehe.[990] Auch wenn beim Product-by-process-Anspruch der Nachweis auch mittels Untersuchungen am Produkt selbst möglich sei, sei dies doch mit höheren Ungewissheiten und Risiken verbunden und damit nicht in gleicher Weise zumutbar.[991] Diese Ungewissheiten und Risiken bestünden deshalb, weil die Frage, welche konkreten Eigenschaften durch das Verfahren verliehen werden, schwierig zu beantworten sei. Das sei ja gerade der Grund, warum ein Product-by-process-Anspruch gewährt worden sei.[992] In einer solchen Konstellation sei es also ein wesentlich sichererer Weg, die Benutzung des Herstellungsverfahrens nachzuweisen.[993] Damit sei die Besichtigung regelmäßig auch beim unbeschränkten Product-by-process-Anspruch erforderlich.[994]

Eine Besichtigung beim Product-by-process-Anspruch kommt damit mindestens in zwei Fällen in Betracht. Dem Patentinhaber steht die Besichtigung zu, wenn das Erzeugnis nicht auf dem Markt erhältlich ist, es also ausschließlich in nicht öffentlich zugänglichen Räumlichkeiten verwendet wird, oder wenn

---

987 OLG Karlsruhe, BeckRS 2013, 19312.
988 OLG Karlsruhe, BeckRS 2013, 19312.
989 OLG Karlsruhe, BeckRS 2013, 19312; vgl. auch oben.
990 OLG Karlsruhe, BeckRS 2013, 19312.
991 OLG Karlsruhe, BeckRS 2013, 19312.
992 OLG Karlsruhe, BeckRS 2013, 19312.
993 OLG Karlsruhe, BeckRS 2013, 19312.
994 OLG Karlsruhe, BeckRS 2013, 19312.

ausnahmsweise ein beschränkter Product-by-process-Anspruch vorliegt.[995] Zumindest das OLG Karlsruhe erkennt auch in dem Fall, dass das Produkt am Markt erhältlich ist, die Möglichkeit der Besichtigung an.

E. Resultat der Überlegungen

Die Durchsetzung von Product-by-process-Ansprüchen führt zu einigen Besonderheiten und Schwierigkeiten. Wo der unbeschränkte Product-by-process-Anspruch auch einer äquivalenten Verwirklichung zugänglich ist, ist dies bei beschränkten Product-by-process-Ansprüchen nicht möglich.

Zum Nachweis der Patentverletzung stehen dem Patentinhaber die üblichen Maßnahmen zur Verfügung. Auch wenn die Beweiserleichterung nach § 139 Abs. 3 PatG nicht anwendbar ist, kann der Patentinhaber in der Regel mit Hilfe seiner Anwälte und einem Sachverständigen das Erzeugnis oder Verfahren besichtigen.

995 OLG Karlsruhe, BeckRS 2013, 19312; *Cepl*, Mitt. 2013, 62 (69); *Giebe*, FS 80 Jahre Düsseldorf, 125 (138).

7. Teil: Jüngster Diskussionsschwerpunkt: Der Product-by-process-Anspruch bei Patenten auf Pflanzen aus im Wesentlichen biologischen Züchtungsverfahren

Der Product-by-process-Anspruch steht im Zusammenhang mit Patenten auf Pflanzen aus im Wesentlichen biologischen Züchtungsverfahren immer wieder im Mittelpunkt der Diskussion.

In diesem Kontext gewinnen sowohl europäische Vorschriften als auch das EPÜ als völkerrechtlicher Vertrag an Bedeutung. Untersucht wird, ob diese Regelungen im Bereich der Biotechnologie zu einem anderen Verständnis des Product-by-process-Anspruchs führen. Möglich ist, dass der Product-by-process-Anspruch auf Grund der speziellen Anforderungen auf diesem Gebiet eine neue Einschätzung erfährt.

Bis hierhin galten die Überlegungen insbesondere der nationalen, d.h. deutschen Ebene. Kernpunkt war die Betrachtung des Product-by-process-Anspruchs im deutschen Patentrechtssystem. Diese Betrachtungen können im Allgemeinen auf die EU-Ebene übertragen werden. Bei den rechtlichen Aspekten, bei denen der Product-by-process-Anspruch auf der Ebene der europäischen Patente anders beurteilt wird, wurde darauf hingewiesen.[996] Diese Vergleichbarkeit liegt auch darin begründet, dass sich die Erteilungsvoraussetzungen auf europäischer und nationaler Ebene nicht unterscheiden. Einzelne Abweichungen entstehen dadurch, dass gewisse Bereiche vorrangig im EPÜ geregelt sind, obwohl das europäische Patent als Bündelpatent in nationale Patente zerfällt und damit nationales Patentrecht anwendbar ist.[997] Dabei können die einzelnen Vorschriften des EPÜ von den nationalen Bestimmungen derart abweichen, dass schon hierdurch europäische Patente eine andere Behandlung erfahren als deutsche. Doch selbst wenn der nationale Gesetzgeber die Vorschriften dem EPÜ weitestgehend angeglichen hat, kann es zu unterschiedlichen Beurteilungen kommen. Dies kommt dann in Betracht, wenn das EPA gewisse Begriffe des EPÜ anders auslegt, als dies die nationalen Gerichte mit den entsprechenden nationalen Normen praktizieren. Darüber hinaus können europäische Regelungen zu Diskrepanzen führen.[998]

---

996 Insb. die Subsidiarität s.o. II. Subsidiarität.

997 S. Art. 2 Abs. 2 EPÜ; Benkard/*Jestaedt*/*Kolle*, EPÜ, Art. 2 Rn. 4.

998 Hierzu 2. Das Verhältnis der Vorschriften zueinander.

A. Einschränkung des Untersuchungsrahmens

Der Product-by-process-Anspruch ist als Erzeugnisanspruch Teil des gesamten Patentrechts. Sind die Voraussetzungen erfüllt, kann damit jeder Anmelder die Anspruchsformulierung des Product-by-process-Anspruchs wählen, unabhängig davon, auf welchem Gebiet er eine Erfindung getätigt hat. Der Anspruch wird rechtlich unabhängig von dem technischen Gebiet beurteilt.

Einigen Erfindungen wird jedoch eine gesetzliche Sonderstellung zuteil. Dies betrifft insbesondere Erfindungen, die den menschlichen Körper, Pflanzen und Tiere sowie im Allgemeinen biologisches Material zum Gegenstand haben.[999] Aus dieser Sonderstellung können sich zu beachtende rechtliche Unterschiede im Vergleich zu Erfindungen auf anderen technischen Gebieten ergeben. Dies könnte sich auch auf die Behandlung des Product-by-process-Anspruchs auswirken.

Der Product-by-process-Anspruch rückt im Zusammenhang mit Patenten auf Pflanzen aus im Wesentlichen biologischen Verfahren immer wieder in den Mittelpunkt der Diskussion. Dieses Problemfeld soll aufgearbeitet werden. Entscheidend ist, ob die speziellen Regelungen auf dem Gebiet der Biotechnologie zu einer angepassten rechtlichen Beurteilung des Product-by-process-Anspruchs führen. Es ist also möglich, dass der Product-by-process-Anspruch auf diesem speziellen Gebiet abweichend von den bisherigen Feststellungen behandelt werden muss.

Anlass zu der Aufarbeitung geben die immer wieder verlautbarten Forderungen nach einer beschränkten Auslegung des Product-by-process-Anspruchs, wenn Gegenstand der Erfindung eine Pflanze ist, die mittels eines im Wesentlichen biologischen Verfahrens gewonnen wurde.[1000]

Bspw. stellten die Fraktionen CDU/CSU, SPD, FDP und Bündnis 90/Die Grünen hierzu einen Antrag an den Bundestag. Dieser möge die Bundesregierung auffordern zu prüfen, ob das Patentgesetz dahingehend geändert werden könne, dass bei „landwirtschaftlichen Nutztieren und -pflanzen die Schutzwirkung von Product-by-process-Patenten auf die Verwendung des im Patent angegebenen Verfahrens beschränkt wird".[1001]

---

999 Vgl. §§ 1a, 2a, 9a-c PatG.

1000 BT-Drucksache 17/8344, S. 2 unten; s. auch Stellungnahme BIO Deutschland, 29.03.2012, S. 3 f.; *Wissenschaftlicher Beirat*, Product-by-Process-Ansprüche auf Biopatente, Oktober 2011, S. 14.

1001 BT-Drucksache 17/8344, S. 2 unten.

B. Allgemeine Feststellungen

Untersuchungsgegenstand sind Patente auf Pflanzen, die mittels eines im Wesentlichen biologischen Verfahrens gewonnen wurden. Hierzu bedarf es der Klärung einiger Begrifflichkeiten.

I. Der Begriff der Biotechnologie

Der Begriff „Biotechnologie" muss anhand der rechtlichen Regelungen bestimmt werden, die ihn direkt verwenden oder sich auf ihn beziehen. Zunächst ist dies die Biopatentrichtlinie[1002] (BiopatentRL). Diese bestimmt, dass ein Erzeugnis, das aus biologischem Material besteht oder dieses enthält, oder ein Verfahren, mit dem biologisches Material hergestellt, bearbeitet oder verwendet wird, Gegenstand biotechnologischer Erfindungen sein kann.[1003]

Ebenso definiert auch Regel 26 Abs. 2 der Ausführungsordnung zum EPÜ (EPÜ AO) die biotechnologische Erfindung.

Das PatG selbst enthält keine Definition der biotechnologischen Erfindung. Allerdings greift § 2a Abs. 3 PatG die Definitionen für „biologisches Material", „mikrobiologisches Verfahren", „im Wesentlichen biologisches Verfahren" und „Pflanzensorte" aus Art. 2 BiopatentRL auf. Kern biotechnologischer Erfindungen ist nach der obigen Definition jedenfalls das biologische Material. Dabei ist biologisches Material jedes Material, das genetische Informationen enthält und sich selbst reproduziert oder in einem biologischen System reproduziert werden kann.[1004]

II. Abgrenzung von Erfindung und Entdeckung

Weiter stellt sich im Bereich der Biotechnologie die Frage nach der Abgrenzung von Erfindung und Entdeckung.

Gemäß § 1 Abs. 3 Nr. 1 PatG und Art. 52 Abs. 2 Nr. 1 EPÜ werden Entdeckungen nicht als Erfindungen angesehen. Für Entdeckungen als solche kann nach § 1 Abs. 4 PatG und Art. 52 Abs. 3 EPÜ kein Patentschutz in Anspruch genommen werden. Dabei versteht man unter einer Entdeckung das Auffinden

1002 Richtlinie 98/44/EG des Europäischen Parlaments und des Rates vom 6. Juli 1998 über den rechtlichen Schutz biotechnologischer Erfindungen.

1003 Art. 3 Abs. 1 BiopatentRL; *Osterrieth*, Rn. 418.

1004 S. § 2a Abs. 3 Nr. 1 PatG, Art. 2 Abs. 1 lit. a BiopatentRL, Regel 26 Abs. 3 der EPÜ AO.

von bereits Vorhandenem.[1005] Entdeckungen fehlt es damit vorwiegend an der Lehre zum technischen Handeln.[1006]

Dass ein Stoff schon in der Natur vorhanden war, hindert jedoch in der Regel nicht die Patentierung.[1007] Der Schutz wird lediglich dann versagt, wenn sich die Bereitstellung des Naturstoffs in dem Hinweis auf dessen bisher unbekannte Existenz erschöpft.[1008] Gibt der Entdecker jedoch eine Anweisung zum technischen Handeln – bspw. wie der Stoff künstlich isoliert und so immer wieder gewonnen werden kann –, wird er zum Erfinder.[1009] Bei Pflanzen aus im Wesentlichen biologischen Verfahren nutzt der Anwender zwar schon vorhandene natürliche Prozesse aus. Er bemächtigt sich dieser jedoch zur Herbeiführung eines bestimmten Erfolgs. Somit belässt er es nicht dabei, den natürlich veranlagten Prozess zu beobachten und davon zu berichten. Auch wenn natürliche Prozesse beteiligt sind, hindert diese Entdeckungsqualität die Patentfähigkeit weder beim deutschen noch beim europäischen Patent.[1010]

III. Abgrenzung von Sortenschutz und Patent

§ 2a Abs. 1 Nr. 1 PatG und Art. 53 lit. b EPÜ bestimmen den Ausschluss von Pflanzensorten, Tierrassen sowie von im Wesentlichen biologischen Verfahren zur Züchtung von Pflanzen und Tieren. Der Ausschluss von Pflanzensorten beruht darauf, dass für diese Art von Erfindungen ein spezieller Schutz geschaffen wurde: das Sortenschutzrecht.[1011] Es geht dem Patentrecht als spezielleres Recht vor.[1012] Das Sortenschutzrecht ist den ausgeschlossenen Erfindungen exakt angepasst, auch wenn es keinen Schutz von Verfahren vorsieht.[1013]

1005 Benkard/*Bacher*, PatG, § 1 Rn. 96; Kraßer/*Ann*, § 11 Rn. 12; *Haedicke*, JuS 2002, 113 (115); vgl. *Hoeren*, AUR 2005, 145 (147).

1006 Benkard/*Bacher*, PatG, § 1 Rn. 96; *Mes*, PatG, § 1 Rn. 104; Kraßer/*Ann*, § 11 Rn. 12.

1007 Vgl. BT-Drucksache 15/1709, S. 10; *Haedicke*, JuS 2002, 113 (115); *Hoeren*, AUR 2005, 145 (147).

1008 BT-Drucksache 15/1709, S. 10; *Haedicke*, JuS 2002, 113 (115); *Hoeren*, AUR 2005, 145 (147).

1009 Vgl. BGH GRUR 2016, 475 (481) – Rezeptortyrosinkinase; BT-Drucksache 15/1709, S. 10; *Haedicke*, JuS 2002, 113 (115); *Hoeren*, AUR 2005, 145 (147).

1010 BGH GRUR 2016, 475 (481) – Rezeptortyrosinkinase.

1011 Benkard/*Melullis*, PatG, § 2a Rn. 18; *Leßmann*/*Würtenberger*, § 1 Rn. 5, 13; vgl. *Hoeren*, AUR 2005, 145 (145).

1012 Benkard/*Melullis*, PatG, § 2a Rn. 22; *Leßmann*/*Würtenberger*, § 1 Rn. 13.

1013 Benkard/*Melullis*, PatG, § 2a Rn. 18; *Metzger*, Pflanzenzüchtungen, 77 (83).

Ein entsprechendes Recht für Tierrassen existiert nicht.[1014] Gleichwohl sind Tierrassen nicht patentfähig und somit vom Schutz ausgeschlossen.

Dabei ist der Ausschluss der im Wesentlichen biologischen Verfahren erforderlich, um zu verhindern, dass über § 9 S. 2 Nr. 3 PatG Schutz für die Sorte selbst erlangt werden kann.[1015]

Damit ist die Abgrenzung von Pflanzen, für die der Anmelder Patentschutz erlangen kann, zu denen, die unter das Sortenschutzgesetz (SortG) fallen, essentiell. Sie war wegen des ursprünglich bestimmten Doppelschutzverbotes sogar unerlässlich.[1016] Dieses bestimmte, dass eine Pflanze nicht nach dem PatG und dem SortG Schutz erlangen durfte.[1017] Obwohl das Doppelschutzverbot aufgehoben wurde, wurde das Patentierungsverbot nach § 2a PatG beibehalten.

§ 2a Abs. 1 Nr. 1 PatG steht nur der Patentierung von Pflanzensorten entgegen.[1018] Pflanzen an sich oder einzelne Pflanzen sind damit nicht allgemein vom Patentschutz ausgeschlossen.[1019] Gemäß § 2a Abs. 3 Nr. 4 PatG ist eine Pflanzensorte eine Sorte im Sinne der Definition der Verordnung über den gemeinschaftlichen Sortenschutz.[1020] Nach Art. 5 Abs. 2 der Verordnung definiert sich die Sorte wie folgt:

„Eine „Sorte“ im Sinne dieser Verordnung ist eine pflanzliche Gesamtheit innerhalb eines einzigen botanischen Taxons der untersten bekannten Rangstufe, die, unabhängig davon, ob die Bedingungen für die Erteilung des Sortenschutzes vollständig erfüllt sind,

- durch die sich aus einem bestimmten Genotyp oder einer bestimmten Kombination von Genotypen ergebende Ausprägung der Merkmale definiert,

---

1014 BR-Drucksache 655/00, S. 20; Benkard/*Melullis*, PatG, § 2a Rn. 18; Busse/*Keukenschrijver*, § 2a Rn. 29.

1015 Benkard/*Melullis*, PatG, § 2a Rn. 18; *Fitzner*/Lutz/Bodewig, PatG, § 2a Rn. 20.

1016 Ursprünglich normiert im Internationalen Übereinkommen zum Schutz von Pflanzenzüchtungen = UPOV; Benkard/*Melullis*, PatG, § 2a Rn. 22; *Leßmann*/*Würtenberger*, § 1 Rn. 13; *Metzger*, Pflanzenzüchtungen, 77 (83).

1017 Benkard/*Melullis*, PatG, § 2a Rn. 22; *Metzger*, Pflanzenzüchtungen, 77 (83).

1018 Benkard/*Melullis*, PatG, § 2a Rn. 21; *Fitzner*/Lutz/Bodewig, PatG, § 2a Rn. 7; *Metzger*, Pflanzenzüchtungen, 77 (82).

1019 Benkard/*Melullis*, PatG, § 2a Rn. 21; *Fitzner*/Lutz/Bodewig, PatG, § 2a Rn. 7; *Metzger*, Pflanzenzüchtungen, 77 (83); vgl. *Kock*/*Zech*, GRUR 2017, 1004 (1005).

1020 Verordnung (EG) Nr. 2100/94 des Rates vom 27. Juli 1994 über den gemeinschaftlichen Sortenschutz. Auf Grund der sachlichen Übereinstimmung der Definitionen in Art. 5 der Verordnung wie auch in § 2 SortG mit Art. 1 UPOV muss § 2a PatG nicht auf die nationale Vorschrift des SortG verweisen; Benkard/*Melullis*, PatG, § 2a Rn. 25.

- zumindest durch die Ausprägung eines der erwähnten Merkmale von jeder anderen pflanzlichen Gesamtheit unterschieden und
- in Anbetracht ihrer Eignung, unverändert vermehrt zu werden, als Einheit angesehen werden kann."

Danach bestimmt sich eine Sorte nach der Übereinstimmung des prägenden Genotyps der einzelnen Individuen sowie der Fähigkeit, die durch den prägenden Genotypen verliehenen Merkmale bei der Vermehrung an die Nachkommen weiterzugeben.[1021] Sortenschutz scheidet nach der Definition bspw. aus, wenn die Erfindung eine höhere taxonomische Einheit betrifft.[1022] Im Sortenschutzrecht wird die immaterielle Gesamtheit der genetischen Informationen und nicht die physische Menge realer Pflanzen unter Schutz gestellt.[1023] Damit genügt es nicht, wenn die Pflanzen einzelne DNA-Sequenzen oder Gene gemein haben.[1024] Eine Pflanzenmehrheit, die nicht in ihrem ganzen Genom identisch ist, ist keine Pflanzensorte und damit patentfähig.[1025] Eine Pflanzensorte ist demnach eine Vielzahl von Pflanzen, die in ihren Merkmalen weitgehend gleich sind und auch nach der Vermehrung innerhalb bestimmter genetisch determinierter Variationen gleich bleiben.[1026]

Sortenschutz und Patentschutz stehen in einer engen Wechselwirkung zueinander.[1027] Der Ausschluss der Patentierung ist geboten, da der Anmelder vorrangig Sortenschutz erlangen kann.[1028] Damit greift der Ausschluss immer dann, wenn der Anmelder nach dem SortG Schutz erlangen kann. Hierbei genügt die

1021 Benkard/*Melullis*, PatG, § 2a Rn. 26; *Mes*, PatG, § 2a Rn. 15; *Leßmann/Würtenberger*, § 2 Rn. 59; Metzger/Zech/*Sabellek*, § 2 Rn. 17,19.

1022 Benkard/*Melullis*, PatG, § 2a Rn. 34; Busse/*Keukenschrijver*, § 2a Rn. 16; *Leßmann/Würtenberger*, § 2 Rn. 59.

1023 Benkard/*Melullis*, PatG, § 2a Rn. 32; *Fitzner*/Lutz/Bodewig, PatG, Anl. § 2a Rn. 3; *Metzger/Zech*, Einf. A – Allgemeines Rn. 1; vgl. *Kock/Zech*, GRUR 2017, 1004 (1010 f.).

1024 Benkard/*Melullis*, PatG, § 2a Rn. 32; Busse/*Keukenschrijver*, § 2a Rn. 23; Metzger/Zech/*Sabellek*, § 2 Rn. 13.

1025 Benkard/*Melullis*, PatG, § 2a Rn. 32; Busse/*Keukenschrijver*, § 2a Rn. 23; Metzger/Zech/*Sabellek*, § 2 Rn. 13.

1026 Benkard/*Melullis*, PatG, § 2a Rn. 32; vgl. Metzger/Zech/*Sabellek*, § 2 Rn. 17, 19.

1027 Benkard/*Melullis*, PatG, § 2a Rn. 24; *Leßmann/Würtenberger*, § 1 Rn. 10 ff.; vgl. *Metzger/Zech*, Einf. A – Allgemeines Rn. 5.

1028 Benkard/*Melullis*, PatG, § 2a Rn. 24; *Leßmann/Würtenberger*, § 1 Rn. 10 ff.; vgl. *Metzger/Zech*, Einf. A – Allgemeines Rn. 5.

reine Möglichkeit. Der Sortenschutz muss also nicht erteilt werden, damit der Patentierungsausschluss greift.[1029]

IV. Kein Schutz im Wesentlichen biologischer Verfahren

Im Wesentlichen biologische Verfahren zur Züchtung von Pflanzen und Tieren sind vom Patentschutz ausgenommen. Hierbei handelt es sich um ein Patentierungsverbot, das unabhängig von den sonstigen Patentierungsvoraussetzungen besteht.

Dabei ist ein Verfahren zur Züchtung von Pflanzen oder Tieren im Wesentlichen biologisch, wenn es vollständig auf natürlichen Phänomenen wie Kreuzung oder Selektion beruht.[1030]

1. Die Verbotsnormen

Das Patentierungsverbot wurde in mehrere Rechtstexte aufgenommen. Art. 53 lit. b EPÜ formuliert den Patentierungsausschluss pauschal: nicht patentierbar sind „im Wesentlichen biologische Verfahren zur Züchtung von Pflanzen oder Tieren". Ebenso bestimmt Art. 4 Abs. 1 lit. b der BiopatentRL das Verbot. Auch das deutsche Patentrecht schließt mit § 2a Abs. 1 Nr. 1 PatG die Patentierung von im Wesentlichen biologischen Verfahren aus.

Das EPÜ sah schon in seiner Grundfassung vom 5. Oktober 1973 den Patentierungsausschluss vor.[1031] Erste ausführlichere Bestimmungen zu Patenten auf dem Gebiet der Biotechnologie bestimmte dann die BiopatentRL aus dem Jahr 1998.[1032] Durch die europäische Richtlinie wurden die Mitgliedstaaten zur Umsetzung verpflichtet.

Die BiopatentRL wurde 2005 in das deutsche Patentgesetz umgesetzt.[1033] Mit § 2a Abs. 1 Nr. 1 PatG übernahm der deutsche Gesetzgeber das Patentierungsverbot aus Art. 4 Abs. 1 lit. b BiopatentRL. Nach § 2a Abs. 1 Nr. 1 PatG

1029 Benkard/*Melullis*, PatG, § 2a Rn. 34a; Busse/*Keukenschrijver*, § 2a Rn. 23; *Fitzner*/Lutz/Bodewig, PatG, § 2a Rn. 5.

1030 Definition in § 2a Abs. 3 Nr. 3 PatG, Art. 2 Abs. 2 BiopatentRL, Regel 26 Abs. 5 EPÜ AO.

1031 Art. 53 lit. b EPÜ in der Fassung vom 5.10.1973.

1032 Weitere die Patentrechte der Mitgliedstaaten harmonisierende Rechtsakte wurden bisher auf EU-Ebene nicht erlassen, BT Ausarbeitung, EU-Biopatentrichtlinie und *clarifying notice* der Kommission, S. 8.

1033 Gesetz zur Umsetzung der Richtlinie über den rechtlichen Schutz biotechnologischer Erfindungen vom 21.01.2005 BGBl. 2005 I S. 146; BT-Drucksache 15/1709; vgl. BT-Drucksache 17/14222, S. 3.

werden Patente nicht erteilt für Pflanzensorten und Tierrassen sowie im Wesentlichen biologische Verfahren zur Züchtung von Pflanzen und Tieren und die ausschließlich durch solche Verfahren gewonnenen Pflanzen und Tiere. Damit erfasst die nationale Vorschrift nicht nur das Verfahren selbst, sondern auch die durch dieses gewonnenen Erzeugnisse. Deutschland hat Art. 4 BiopatentRL mit einer Ergänzung in das nationale Recht umgesetzt.

Aus dieser Diskrepanz der Normen auf EU- und nationaler Ebene ergaben sich bis zum 29. Juni 2017 erhebliche Schwierigkeiten.

Dabei sah auch die nationale Vorschrift vorerst keinen speziellen Ausschluss der Erzeugnisse der im Wesentlichen biologischen Verfahren vor.[1034] Auch § 2a Abs. 1 Nr. 1 PatG formulierte das Verbot zunächst pauschal nach dem Vorbild von Art. 53 lit. b EPÜ und Art. 4 Abs. 1 lit. b BiopatentRL.[1035] Der Bundesgesetzgeber änderte dies jedoch durch das Gesetz zur Novellierung patentrechtlicher Vorschriften und anderer Gesetze des gewerblichen Rechtsschutzes vom 19. Oktober 2013.[1036] § 2a Abs. 1 Nr. 1 PatG wurde durch den Ausschluss der durch solche Verfahren gewonnenen Pflanzen und Tiere ergänzt. Der Gesetzgeber stellte hiermit klar, dass nicht nur die Verfahren, sondern auch die durch solche Verfahren hergestellten Pflanzen und Tiere nicht patentierbar sind.[1037] Die Änderung beruht auf der Auffassung der Bundesregierung, dass Sinn und Zweck des Art. 4 BiopatentRL es gebieten, auch die Erzeugnisse im Wesentlichen biologischer Verfahren von dem Patentierungsverbot zu erfassen.[1038]

2. *Das Verhältnis der Vorschriften zueinander*

Die nationale Vorschrift des § 2a Abs. 1 Nr. 1 PatG resultiert aus der Umsetzungspflicht Deutschlands als Mitgliedstaat der Europäischen Union. Nach Art. 288 AEUV sind Richtlinien jedoch nur hinsichtlich ihres zu erreichenden Zieles verbindlich. Die Wahl der Form und Mittel hingegen ist den Mitgliedstaaten überlassen. Damit hatte der Gesetzgeber die Möglichkeit, die nationale Regelung über den Wortlaut des Art. 4 BiopatentRL hinaus zu gestalten.

Etwas komplexer ist das Verhältnis der BiopatentRL zum EPÜ und EPA. Da es sich um eine europäische Richtlinie handelt, kann sie das EPA prinzipiell

1034 BT-Drucksache 15/1709, S. 3.

1035 BT-Drucksache 15/1709, S. 3.

1036 BT-Drucksache 17/14222.

1037 BT-Drucksache 17/14222, S. 3.

1038 BT-Drucksache 17/14222, S. 3; BT-Drucksache 18/9462, S. 3.

nicht binden.[1039] Die mangelnde Bindung des EPA an Unionsrecht resultiert daraus, dass das EPA als internationale Behörde auf Grundlage eines – von der Europäischen Union und dem EU-Recht losgelösten – völkerrechtlichen Vertrags tätig wird.[1040] Soll Unionsrecht auch für das EPA verbindlich sein, muss es in die hierfür geltenden Vorschriften implementiert werden.[1041]

Die Mitglieder der Europäischen Patentorganisation entschieden sich im Jahr 1999 dazu, auch das EPA durch eine Änderung der EPÜ AO an die Vorschriften der BiopatentRL zu binden.[1042] Ziel dieser Umsetzung war unter anderem, das europäische Patentrecht als Reflex der Verpflichtung der der EPO angehörenden EU-Mitgliedstaaten umzusetzen. Das EPA sollte die BiopatentRL jedoch vor allem wegen des Gebots der Wahrung der Einheitlichkeit des harmonisierten europäischen Patentrechts achten müssen.[1043] Gemäß Regel 26 Abs. 1 der EPÜ AO hat das EPA bei europäischen Patentanmeldungen und Patenten, die biotechnologische Erfindungen zum Gegenstand haben, die BiopatentRL ergänzend heranzuziehen. Die Richtlinie ist somit ergänzendes Auslegungsmittel bei der Prüfung, ob europäische Patentanmeldungen und Patente die einschlägigen Vorschriften des EPÜ erfüllen.[1044] Zusätzlich bestimmen die Prüfungsrichtlinien, dass insbesondere die Erwägungsgründe der Richtlinie zu berücksichtigen sind.[1045] Dabei kann das EPA unterstützend auch Urteile des EuGH zur Auslegung der BiopatentRL heranziehen.[1046] Diese sind nach den Prüfungsrichtlinien für das EPA zwar nicht bindend, es kann sie aber gleichwohl als überzeugend ansehen.[1047]

Schließlich stellt sich die Frage nach dem Verhältnis der nationalen Vorschriften zum EPÜ und der Praxis des EPA.

Die Regelungen des EPÜ haben gemäß Art. 2 Abs. 2 EPÜ Vorrang vor den nationalen Vorschriften.[1048] Hiernach unterliegt ein europäisches Patent nur insoweit den nationalen Vorschriften, als das EPÜ nichts anderes bestimmt.

1039 BT Ausarbeitung, EU-Biopatentrichtlinie und *clarifying notice* der Kommission, S. 11; *Krauß/Kuttenkeuler*, Mitt. 2017, 305 (308).

1040 BT Ausarbeitung, EU-Biopatentrichtlinie und *clarifying notice* der Kommission, S. 17; Benkard/*Jestaedt/Kolle*, EPÜ, Art. 1 Rn. 7.

1041 BT Ausarbeitung, EU-Biopatentrichtlinie und *clarifying notice* der Kommission, S. 7, 18; vgl. Benkard/*Jestaedt/Kolle*, EPÜ, Art. 1 Rn. 7.

1042 ABl. EPA 2016, A104; vgl. Benkard/*Jestaedt/Kolle*, EPÜ, Art. 1 Rn. 7.

1043 ABl. EPA 2016, A104.

1044 ABl. EPA 2016, A104.

1045 Richtlinien für die Prüfung im EPA, Teil G, Kap. II, 5.2.

1046 ABl. EPA 2016, A104.

1047 Richtlinien für die Prüfung im EPA, Teil G, Kap. II, 5.3 iii).

1048 Vgl. auch Benkard/*Jestaedt/Kolle*, EPÜ, Art. 2 Rn. 4.

Besteht eine vorrangige Regelung im EPÜ, so ist das nationale Patentrecht nicht anwendbar.

Die Patentierungs- und Zulässigkeitsvoraussetzungen für europäische Patente sind im EPÜ geregelt. Damit entscheidet es auch über die Ausnahmen von der Patentierbarkeit.[1049] Das EPÜ bestimmt zudem die entsprechenden Widerrufs- und Nichtigkeitsgründe. Gemäß Art. 138 Abs. 1 lit. a EPÜ ist eine Nichtigerklärung europäischer Patente insbesondere dann möglich, wenn der Gegenstand des Patents nicht nach Art. 52–57 des EPÜ patentierbar ist.[1050] Erfüllt ein Erzeugnis die Voraussetzungen dieser Normen und ist kein anderer Nichtigkeitsgrund nach Art. 138 EPÜ einschlägig, so kann kein nationales Gericht das Patent für nichtig erklären.[1051] Das gilt auch dann, wenn die Erfindung nach nationalen Regeln nicht erteilungsfähig gewesen wäre. Damit kann ein europäisches Patent, das für Deutschland erteilt wurde, jedoch als nationales Patent nicht erteilungsfähig gewesen wäre, nicht durch ein deutsches Gericht auf Grund der abweichenden Vorschrift für nichtig erklärt werden.[1052]

§ 2a Abs. 1 Nr. 1 PatG stellt eine solche abweichende Vorschrift dar. Sie schließt ausdrücklich die aus im Wesentlichen biologischen Verfahren gewonnenen Pflanzen und Tiere von der Patentierbarkeit aus. Art. 53 lit. b EPÜ tut dies nicht. Erteilt das EPA auf eine solche Pflanze ein Patent, steht diese Erteilung also im Widerspruch zum nationalen Patentrecht in Deutschland.

Diese Ausführungen haben selbstverständlich keine Auswirkungen auf die nationalen Patente in Deutschland. Diese werden vom DPMA nach den nationalen Regelungen – somit auch § 2a Abs. 1 Nr. 1 PatG – erteilt.

C. Die Entscheidungen der Großen Beschwerdekammer – Tomate und Brokkoli

Die Diskussion um den Product-by-process-Anspruch begann damit, dass das EPA zwei Patente auf Pflanzen aus im Wesentlichen biologischen

1049 Art. 53 EPÜ; vgl. BT Ausarbeitung, EU-Biopatentrichtlinie und *clarifying notice* der Kommission, S. 6.

1050 Vgl. national § 21 Abs. 1 Nr. 1 PatG.

1051 Benkard/*Jestaedt*/*Kolle*, EPÜ, Art. 2 Rn. 4, 14; Fitzner/Lutz/Bodewig/*Kiefer*, EPÜ, Art. 138 Rn. 2.

1052 Vgl. Benkard/*Jestaedt*/*Kolle*, EPÜ, Art. 2 Rn. 4, 14; vgl. Fitzner/Lutz/Bodewig/*Kiefer*, EPÜ, Art. 138 Rn. 2.

Züchtungsverfahren erteilte.[1053] Diese Patente erteilte das EPA nicht nur, sondern hielt sie über die Einspruchsinstanz der Beschwerdekammern sowie letztlich über die Große Beschwerdekammer aufrecht.[1054] Die Entscheidungen der Großen Beschwerdekammer vom 25. März 2015 sorgten für großen Unmut.[1055] Dabei brachte zunächst nur die spezielle Konstellation der Fälle den Product-by-process-Anspruch ins Spiel. Trotzdem entwickelte sich die Diskussion dahingehend, dass die Behandlung des Product-by-process-Anspruchs im Biopatentsektor insgesamt in Frage gestellt wurde.

Die Diskussion über die Patentierbarkeit von Pflanzen und Tieren aus im Wesentlichen biologischen Züchtungsverfahren dreht sich überwiegend um ethische, soziale, politische und wirtschaftliche Interessen. Fokus bleibt hier jedoch der Product-by-process-Anspruch. Auch wenn die Wortführer insbesondere zu diesen Interessen vortragen, wird der Product-by-process-Anspruch doch immer wieder aufgegriffen. Er wird teilweise als geschickt gewählte Formulierung verstanden, die es ermöglicht, den Patentierungsausschluss zu umgehen.[1056]

Maßgeblich sind die erwähnten Entscheidungen der Großen Beschwerdekammer des EPA.[1057]

1053 EP 1 211 926 – Verfahren zur Zucht von Tomaten mit niedrigem Wassergehalt und Produkt dieses Verfahrens und EP 1 069 819 – Verfahren zur selektiven Erhöhung der anticarcinogenen Glucosinolate bei Brassica Sorten.

1054 EPA, T 83/05 – Broccoli v. 22.05.2007 = GRUR Int. 2008, 234; EPA, T 1242/06 – Tomaten v. 04.04.2008 = GRUR Int. 2009, 238; EPA, G 2/07 – Broccoli v. 09.12.2010 = GRUR Int. 2011, 266; EPA, G 1/08 – Tomaten v. 09.12.2010 = ECLI:EP:BA:2010:G000108.20101209; EPA, T 1242/06 – Tomaten II v. 31.05.2012 = GRUR Int. 2013, 432; EPA T 83/05 – Broccoli II v. 08.07.2013 = ECLI:EP:BA:2013:T008305.20130708; EPA G 2/13 – Broccoli II v. 25.03.2015 = GRUR 2016, 596; EPA, G 2/12 – Tomate II v. 25.03.2015 = GRUR 2016, 585.

1055 EPA, G 2/12 – Tomate II = GRUR 2016, 585; EPA G 2/13 – Broccoli II = GRUR 2016, 596.

1056 Vgl. EPA, G 2/12 – Tomate II = GRUR 2016, 585 (595); vgl. BT-Drucksache 17/8344, S. 2; vgl. BT-Drucksache 17/14222, S. 3; vgl. BT-Drucksache 18/10684, S. 4, 6; *Wissenschaftlicher Beirat*, Product-by-Process-Ansprüche auf Biopatente, Oktober 2011, S. 3.

1057 EPA G 2/13 – Broccoli II = GRUR 2016, 596; EPA G 2/12 – Tomate II = GRUR 2016, 585.

I. Der Sachverhalt

Gegenstand der Verfahren vor dem EPA waren zwei Patente, die weitestgehend zusammen entschieden wurden und deshalb auch hier zusammenhängend betrachtet werden.

Eines der Patente betraf ein Verfahren zur selektiven Erhöhung der antikarzinogenen Glucosinolate bei Brassica-Sorten.[1058] Glucosinolate tragen beim Brokkoli zu dessen bitterem Geschmack bei und sollen gesundheitlich besonders förderlich sein, da sie das Krebsrisiko senken sollen.[1059] Weiter beanspruchte das Patent jedoch mittels Erzeugnis- und Product-by-process-Ansprüchen auch die Erzeugnisse dieses Verfahrens.[1060] Das Patent erfasste die Pflanzen selbst, Pflanzenteile sowie Samen.[1061]

Das zweite Patent betraf ein Verfahren zum Züchten von Tomaten mit verringertem Wassergehalt sowie die Produkte dieses Verfahrens.[1062] Dabei verbleiben die Tomaten nach der Reife an der Tomatenpflanze, ohne zu verderben. Hierdurch dehydrieren sie, was für die weitere industrielle Verarbeitung von Vorteil ist.[1063] Das Patent umfasste auch hier die Tomatenpflanze sowie die Tomatenfrucht.[1064]

II. Die Entscheidungen

Problematisch war, dass der Anmelder nicht die Patentierung eines im Wesentlichen biologischen Verfahrens beantragte, sondern seinen Anspruch auf das Erzeugnis eines solchen Verfahrens richtete. Darüber hinaus war dieses Erzeugnis durch das Züchtungsverfahren gekennzeichnet. Es handelte sich damit um einen Product-by-process-Anspruch.

1058 Vgl. Patentschrift EP 1 069 819; EPA, T 83/05 – Broccoli v. 22.05.2007 = GRUR Int. 2008, 234 (240); EPA, G 2/12 – Tomate II = GRUR 2016, 585 (586).

1059 Patentschrift EP 1 069 819 B2, Abs. [0003]; Greenpeace, Der Brokkoli-Fall, 30.03.2015. S. 1.

1060 Patentschrift EP 1 069 819 B2, Patentansprüche S. 11 ff.; EPA, G 2/12 – Tomate II = GRUR 2016, 585 (587).

1061 Patentschrift EP 1 069 819 B2, Patentansprüche S. 11 ff.; EPA, T 83/05 – Broccoli v. 22.05.2007 = GRUR Int. 2008, 234 (234 f.); EPA, G 2/12 – Tomate II = GRUR 2016, 585 (587); *Krauß*, Mitt. 2008, 254 (255).

1062 Vgl. Patentschrift EP 1 211 926; EPA, T 1242/06 – Tomaten v. 04.04.2008 = GRUR Int. 2009, 238 (238); EPA, G 2/12 – Tomate II = GRUR 2016, 585 (586).

1063 Patentschrift EP 1 211 926 B1, Abs. [0010]; *Metzger*, Pflanzenzüchtungen, 72 (89).

1064 Patentschrift EP 1 211 926 B1, Patentansprüche S. 6 ff.; EPA, T 1242/06 – Tomaten v. 04.04.2008 = GRUR Int. 2009, 238 (238).

Zu den zwei in Frage stehenden Patenten entschied die Große Beschwerdekammer in zwei Vorlageverfahren. Dabei wurde zu beiden Patenten in jeweils demselben Verfahren entschieden.

Im ersten Vorlageverfahren beschäftigte sich die Große Beschwerdekammer vor allem mit der Frage der konkreten Definition eines im Wesentlichen biologischen Verfahrens.[1065] Die Große Beschwerdekammer kam zu dem Schluss, dass ein Verfahren zur Züchtung von Pflanzen, das aus Schritten der Kreuzung ganzer Genome sowie der anschließenden Selektion von Pflanzen bestehe, ein im Wesentlichen biologisches Verfahren sei und damit gemäß Art. 53 lit. b EPÜ von der Patentierbarkeit ausgeschlossen sei.[1066] Die Große Beschwerdekammer stellte zudem fest, dass für traditionelle Verfahren der Pflanzen- und Tierzucht keine Patente erteilt werden dürfen. Dies gelte auch dann, wenn zu den traditionellen Züchtungsverfahren ein technischer Verfahrensschritt hinzukomme.[1067] Etwas anderes könne nur gelten, wenn der technische Verfahrensschritt nicht lediglich der Unterstützung der Schritte der Kreuzung und Selektion diene.[1068] Damit entschied die Kammer in beiden Verfahren, dass die geltend gemachten Verfahrensansprüche auf im Wesentlichen biologische Verfahren gerichtet und damit nicht dem Patentschutz zugänglich waren. Offen blieb jedoch, ob damit auch die Erzeugnisse dieser Züchtungsverfahren vom Patentschutz ausgeschlossen sind. Über diese Frage befand die Große Beschwerdekammer im zweiten Vorlageverfahren mit den Entscheidungen vom 25. März 2015.[1069]

In diesem zweiten Vorlageverfahren beschäftigte sich die Kammer schwerpunktmäßig mit der Frage, ob die Erzeugnisse eines im Wesentlichen biologischen Verfahrens patentiert werden können.[1070] Im Zuge der Verfahren hatten die Patentinhaber mehrfach ihre Ansprüche umgestellt.[1071] Zum zweiten Vorlageverfahren verblieben in beiden Patenten lediglich die auf die Erzeugnisse der

1065 EPA, G 2/07 – Broccoli = GRUR Int. 2011, 266; EPA, G 1/08 – Tomaten = ECLI:EP:BA:2010:G000108.20101209; stellvertretend für die jeweils andere Entscheidung wird nachfolgend nur eine der Entscheidungen zitiert.

1066 EPA, G 2/07 – Broccoli = GRUR Int. 2011, 266 (266).

1067 EPA, G 2/07 – Broccoli = GRUR Int. 2011, 266 (266).

1068 EPA, G 2/07 – Broccoli = GRUR Int. 2011, 266 (266).

1069 EPA G 2/13 – Broccoli II = GRUR 2016, 596; EPA, G 2/12 – Tomate II = GRUR 2016, 585.

1070 EPA G 2/13 – Broccoli II = GRUR 2016, 596; EPA, G 2/12 – Tomate II = GRUR 2016, 585 (586); stellvertretend für die jeweils andere Entscheidung wird nachfolgend nur eine der Entscheidungen zitiert.

1071 Vgl. Zusammenfassung in EPA, G 2/12 – Tomate II = GRUR 2016, 585 (586 f.).

Verfahren gerichteten Ansprüche, unter denen sich auch Product-by-process-Ansprüche befanden.[1072]

Die Große Beschwerdekammer entschied, dass Erzeugnisse von im Wesentlichen biologischen Züchtungsverfahren nicht als solche vom Patentschutz ausgeschlossen sind.[1073] Der Verfahrensausschluss in Art. 53 lit. b EPÜ erstrecke sich konkret nicht auf Erzeugnis- und Product-by-process-Ansprüche.[1074]

Art. 53 EPÜ sehe kein System allgemeiner Ausnahmen vor, dass eine breite Auslegung der Ausschlüsse zulasse oder erfordere.[1075] Eine Einschränkung des generellen Anspruchs auf Patentschutz bedürfe einer eindeutigen Rechtsgrundlage im EPÜ.[1076] Regel 27 lit. b EPÜ AO[1077] liege ebenfalls ein eher weit gefasstes Konzept der Patentierbarkeit biotechnologischer Erfindungen zugrunde.[1078] Auch aus dem Wortlaut der BiopatentRL lasse sich herleiten, dass der Ausschluss restriktiv zu verstehen sei. Hierbei sei es egal, ob es sich um herkömmliche Erzeugnis- oder um Product-by-process-Ansprüche handele. Die methodischen Auslegungsweisen ließen nicht den Schluss zu, dass sich der Begriff der „im Wesentlichen biologischen Verfahren" auf Erzeugnisse erstrecke, die durch eben solche Verfahren hergestellt werden.[1079] Der Gesetzgeber habe auch bei den späteren Entwicklungen auf dem Gebiet der Pflanzenzuchttechnik keinen Anlass gesehen, den Verfahrensausschluss auf Erzeugnisse auszuweiten. Auch diese Entscheidung könne nicht ignoriert werden.[1080]

Damit erklärte das EPA Erzeugnisse aus im Wesentlichen biologischen Verfahren nicht nur für patentfähig, sondern ließ in diesem Zusammenhang auch ausdrücklich Product-by-process-Ansprüche zu.

Diese Schlussfolgerung ist systematisch durchaus richtig. Werden herkömmliche Erzeugnisansprüche als zulässig erachtet, so gibt es keinen Grund, Product-by-process-Ansprüche zu untersagen. Gegenstand des Product-by-process-Anspruchs ist lediglich das Erzeugnis selbst. Das Verfahren findet keinen Eingang in den Schutzumfang. Damit wird auch kein Patentierungsverbot umgangen. Auch bei einem Product-by-process-Anspruch

---

1072 Vgl. Zusammenfassung in EPA, G 2/12 – Tomate II = GRUR 2016, 585 (586 f.).

1073 EPA, G 2/12 – Tomate II = GRUR 2016, 585 (596).

1074 EPA, G 2/12 – Tomate II = GRUR 2016, 585 (596).

1075 EPA, G 2/12 – Tomate II = GRUR 2016, 585 (591).

1076 EPA, G 2/12 – Tomate II = GRUR 2016, 585 (591).

1077 Jetzt a.F., geändert durch Beschluss des Verwaltungsrats CA/D 6/17 vom 29.06.2017, in Kraft getreten am 01.07.2017.

1078 EPA, G 2/12 – Tomate II = GRUR 2016, 585 (591).

1079 EPA, G 2/12 – Tomate II = GRUR 2016, 585 (593).

1080 EPA, G 2/12 – Tomate II = GRUR 2016, 585 (593 f.).

ist das Verfahren nicht am Schutzbereich beteiligt, sodass letztlich auch kein Recht an dem Verfahren entsteht.

D. Die Folgen der Entscheidungen des EPA

Die Entscheidungen des EPA führten zu der eingangs erwähnten Diskussion. Es meldeten sich unzählige Stimmen zu Wort, hierunter Rechtswissenschaftler und juristische Vereinigungen, Verfassungsorgane und einzelne Parteien sowie das Europäische Parlament, die Kommission und insbesondere Nichtregierungsorganisationen.

I. Die Reaktionen

Im Bundestag wurde erneut die Konkretisierung und Änderung der BiopatentRL gefordert.[1081] Auch der Bundesrat und das Europäische Parlament forderten ähnliche Maßnahmen.[1082] Die BiopatentRL sollte dahingehend klargestellt werden, dass solche Patente nicht erteilungsfähig sind, die sich auf Erzeugnisse aus im Wesentlichen biologischen Züchtungsverfahren beziehen.[1083] Auch weitere Akteure forderten den Ausschluss der benannten Patente.[1084] Ebenso wurde konkret gefordert, den Schutzbereich von Product-by-process-Ansprüchen auf Erzeugnisse aus dem benannten Verfahren zu beschränken.[1085]

1081 BT-Drucksache 17/8344, S. 2; BT-Drucksache 18/10684, S. 2.

1082 BR-Drucksache 297/15, S. 2; Europäisches Parlament, Entschließungsantrag vom 2.05.2012, 2012/2623 (RSP).

1083 BT-Drucksache 17/8344, S. 2; BT-Drucksache 18/10684, S. 2; BR-Drucksache 297/15, S. 2; ASEED, It is time to stop patents on plants!, 7.11.2016; ebenso: DBV, Entschließung des Präsidiums vom 18.05.2010; *Then/Tippe*, Patente auf Pflanzen und Tiere, S. 46; *Wissenschaftlicher Beirat*, Product-by-Process-Ansprüche auf Biopatente, Oktober 2011, S. 13.

1084 vgl. *Krauß*, Mitt. 2008, 254 (258) m.w.N.; ASEED, It is time to stop patents on plants!, 7.11.2016; DBV, Entschließung des Präsidiums vom 18.05.2010; Greenpeace, Der Brokkoli-Fall, 30.03.2015, S. 2; *Then/Tippe*, Patente auf Pflanzen und Tiere, S. 16; *Wissenschaftlicher Beirat*, Product-by-Process-Ansprüche auf Biopatente, Oktober 2011, S. 13.

1085 S. auch *Metzger*, IIC 2016, 515; *Würtenberger/Loschelder*, GRUR 2015, 970 (970); BT-Drucksache 17/8344, S. 2; BT-Drucksache 18/10684, S. 3; *Wissenschaftlicher Beirat*, Product-by-Process-Ansprüche auf Biopatente, Oktober 2011, S. 14.

Gleichzeitig sprachen sich jedoch auch Stimmen gegen die Änderung der Richtlinie aus.[1086] Den Recht sprechenden Organen solle Vertrauen entgegengebracht werden, auch neue Fragestellungen zu beantworten.[1087] Auch die Beschränkung des Product-by-process-Anspruchs wurde abgelehnt.[1088]

Die Frage nach der Auslegung und dem Schutzbereich stellt sich speziell beim Product-by-process-Anspruch. Dies liegt daran, dass der herkömmliche Erzeugnisanspruch die charakterisierenden körperlichen Merkmale des Erzeugnisses angibt und hierzu keinen Bezug zum Herstellungsverfahren benötigt. Wegen des Bezugs zum Herstellungsverfahren sehen einige Stimmen im Product-by-process-Anspruch eine Umgehungsmöglichkeit des Patentierungsverbots nach Art. 53 lit. b EPÜ.[1089]

II. Das Umgehungsargument

Ist der Anmelder dazu berechtigt, einen Product-by-process-Anspruch zu formulieren, kann er eine andere Kennzeichnung gerade nicht leisten. Während der Schutzbereich des Product-by-process-Anspruchs schon auf anderen Gebieten der Technik immer wieder umstritten ist, ist der Anspruch bei herkömmlichen Züchtungsverfahren noch anfälliger für Kritik.

Das Herstellungsverfahren ist ein im Wesentlichen biologisches Verfahren. Dieses ist nicht nur nicht patentfähig, sondern unterliegt sogar einem Patentierungsverbot. Wäre das Verfahren lediglich nicht patentfähig, weil bspw. nicht erfinderisch, so wäre dies unproblematisch, weil das Verfahren durch den Product-by-process-Anspruch gerade nicht Gegenstand des Patents wird, sondern lediglich der Kennzeichnung dient. Ist das Verfahren jedoch durch ein Patentierungsverbot vom Patentschutz ausgeschlossen, so wird hierin die

---

1086 Stellungnahme BIO Deutschland, 29.03.2012, S. 2; *Würtenberger/Freischem*, GRUR 2016, 574 (574 f.); *Würtenberger/Loschelder*, GRUR 2015, 970 (970); VCI, Biopatente – Argumente und Positionen, 30.11.2017.

1087 Stellungnahme BIO Deutschland, 29.03.2012, S. 2, 5; vgl. *Würtenberger/Freischem*, GRUR 2016, 574 (575); *Würtenberger/Loschelder*, GRUR 2015, 970 (970).

1088 *Kock/Zech*, GRUR 2017, 1004 (1013); vgl. *Würtenberger/Loschelder*, GRUR 2015 970 (970); Stellungnahme BIO Deutschland, 29.03.2012, S. 2, 5.

1089 Vgl. EPA, G 2/12 – Tomate II = GRUR 2016, 585 (595); vgl. BT-Drucksache 17/8344, S. 2; vgl. BT-Drucksache 17/14222, S. 3; vgl. BT-Drucksache 18/10684, S. 4, 6; *Wissenschaftlicher Beirat*, Product-by-Process-Ansprüche auf Biopatente, Oktober 2011, S. 3.

Umgehung des Verbots gesehen, wenn das Verfahren trotzdem in einem Patentanspruch der Kennzeichnung eines Erzeugnisses dient.[1090]

Eine solche Umgehung droht jedoch nicht. Es darf nicht übersehen werden, dass die Voraussetzungen für die Erteilung von Erzeugnis- und Verfahrensansprüchen ganz andere sind.[1091] Das Erzeugnis muss unabhängig von dem Verfahren patentierbar sein, sodass eine Umwandlung von Verfahrensansprüchen in Product-by-process-Ansprüche als bloße Umgehung des Patentierungsverbots ausgeschlossen ist.[1092] Die Große Beschwerdekammer erteilte dem Gedanken der Umgehung zudem ausdrücklich eine Absage. Die Wahl der Anspruchskategorie sei keine Frage der geschickten Anspruchsformulierung, sondern eine Frage der Patentierbarkeitserfordernisse.[1093] Sofern die Erfordernisse der Gewährbarkeit eines solchen Anspruchs erfüllt seien, wähle der Anmelder lediglich eine legitime Möglichkeit, Patentschutz zu erlangen.[1094]

III. Die Mitteilung der Kommission

Als Reaktion auf die benannten Entscheidungen forderte das Europäische Parlament die Kommission auf, insbesondere den Geltungsbereich und die Auslegung des Art. 4 BiopatentRL klarzustellen und dies dem EPA mitzuteilen.[1095] Dem kam die Kommission mittels einer Mitteilung zur Auslegung der BiopatentRL nach.

1. Die Mitteilung

In dieser Mitteilung betrachtet die Kommission das Verhältnis der BiopatentRL zum EPÜ sowie die Entstehungsgeschichte der Richtlinie selbst.[1096] Schließlich

1090 Aufgegriffen in EPA, G 2/12 – Tomate II = GRUR 2016, 585 (594); vgl. BT-Drucksache 17/8344, S. 2; vgl. BT-Drucksache 17/14222, S. 3; vgl. BT-Drucksache 18/10684, S. 4, 6; *Wissenschaftlicher Beirat*, Product-by-process-Ansprüche auf Biopatente, Oktober 2011, S. 3.

1091 *Kunz-Hallstein/Loschelder*, GRUR 2014, 246 (248).

1092 *Kunz-Hallstein/Loschelder*, GRUR 2014, 246 (248).

1093 EPA, G 2/12 – Tomate II = GRUR 2016, 585 (595, 596).

1094 EPA, G 2/12 – Tomate II = GRUR 2016, 585 (596).

1095 Europäisches Parlament, Entschließung des Europäischen Parlaments vom 17. Dezember 2015 zu Patenten und den Rechten von Pflanzenzüchtern, 2015/2981 (RSP); vgl. *Kock/Zech*, GRUR 2017, 1004 (1008); BT-Drucksache 18/9462, S. 4 f.

1096 Mitteilung der Kommission, EU ABl. 2016 C411, S. 4 f.

begutachtet sie auch den Wortlaut der Vorschriften und sammelt mögliche Argumente.[1097]

Zunächst enthalte der endgültige Wortlaut der Richtlinie keinen Ausschluss der in Frage stehenden Erzeugnisse von der Patentierbarkeit.[1098] Auch könne argumentiert werden, dass der Gesetzgeber einen Ausschluss normiert hätte, wenn dieser beabsichtigt gewesen wäre.[1099] Zudem bestimme Art. 3 BiopatentRL gerade die Patentierbarkeit von Erzeugnissen aus biologischem Material.[1100]

Aus einer Gesamtschau der Regelungen und deren Systematik ergebe sich jedoch der Ausschluss von der Patentierbarkeit für Erzeugnisse aus im Wesentlichen biologischen Verfahren.[1101]

Art. 3 Abs. 2 BiopatentRL spreche gegen die Patentierbarkeit. Dieser bestimmt, dass biologisches Material, das mit Hilfe eines technischen Verfahrens aus seiner natürlichen Umgebung isoliert oder hergestellt wird, auch dann Gegenstand einer Erfindung sein kann, wenn es in der Natur schon vorhanden war. Ein Erzeugnis aus einem im Wesentlichen biologischen Verfahren sei weder aus seiner natürlichen Umgebung isoliert worden noch könne bei Selektion und Kreuzung von technischen Verfahren gesprochen werden.[1102]

Hier ist durchaus eine andere Auslegung möglich. Erzeugnisse aus im Wesentlichen biologischen Verfahren sind sicherlich kein biologisches Material, das mit Hilfe eines technischen Verfahrens gewonnen wurde. Auch richtig ist, dass Art. 3 Abs. 2 BiopatentRL auf solche Erzeugnisse keine Anwendung findet. Deswegen ist Art. 3 Abs. 1 BiopatentRL jedoch trotzdem anwendbar. Abs. 2 gilt für solches biologisches Material, das aus seiner natürlichen Umgebung isoliert wurde. Ist dies nicht geschehen, ist Abs. 2 gar nicht anwendbar und es bleibt bei Abs. 1.

Weiter formuliere Art. 4 Abs. 1 lit. b BiopatentRL ausdrücklich das Grundprinzip, dass im Wesentlichen biologische Verfahren von der Patentierbarkeit ausgeschlossen sind. Hieran ändere auch Art. 4 Abs. 2 BiopatentRL nichts, der nur die Patentierung von Pflanzensorten und Tierrassen verhindere.[1103]

Dieses Argument überzeugt nicht. Die Kommission geht davon aus, dass auch das Erzeugnis nicht patentfähig sein kann, sofern die Patentierung des Verfahrens ausgeschlossen ist. Diese Prämisse findet sich so jedoch gerade nicht in Art. 4 BiopatentRL.

1097 Mitteilung der Kommission, EU ABl. 2016 C411, S. 6.
1098 Mitteilung der Kommission, EU ABl. 2016 C411, S. 6.
1099 Mitteilung der Kommission, EU ABl. 2016 C411, S. 6.
1100 Mitteilung der Kommission, EU ABl. 2016 C411, S. 6.
1101 Mitteilung der Kommission, EU ABl. 2016 C411, S. 6 f.
1102 Mitteilung der Kommission, EU ABl. 2016 C411, S. 6.
1103 Mitteilung der Kommission, EU ABl. 2016 C411, S. 6.

Nach Art. 4 Abs. 1 lit. b BiopatentRL sind nur die im Wesentlichen biologischen Verfahren und gerade nicht deren Erzeugnisse ausgeschlossen. Es ist auch nicht ersichtlich, warum der Ausschluss des Verfahrens von der Patentierbarkeit im Umkehrschluss bedeuten soll, dass auch dessen Erzeugnis keinen Schutz genießen kann.[1104] Bei Erzeugnis- und Verfahrensansprüchen handelt es sich um unterschiedliche Anspruchskategorien, mit ganz anderen Erteilungsvoraussetzungen.[1105]

Auch der Erwägungsgrund 32 spreche gegen die Patentierbarkeit und für den Ausschluss.

„(32) Besteht eine Erfindung lediglich darin, daß eine bestimmte Pflanzensorte genetisch verändert wird, und wird dabei eine neue Pflanzensorte gewonnen, so bleibt diese Erfindung selbst dann von der Patentierbarkeit ausgeschlossen, wenn die genetische Veränderung nicht das Ergebnis eines im wesentlichen biologischen, sondern eines biotechnologischen Verfahrens ist."

Hier werde die Absicht des Gesetzgebers offenbar, dass für die Patentierbarkeit einer Pflanze oder eines Tiers das technische Verfahren ausschlaggebend sein soll.[1106]

Dieses Argument überzeugt, jedoch nur aus einem etwas anderen Blickwinkel. Erwägungsgrund 32 bestimmt, dass eine Pflanzensorte selbst dann von der Patentierbarkeit ausgeschlossen bleibt, wenn die vorgenommene genetische Veränderung auf einem technischen Verfahren beruht und nicht ohnehin Ergebnis eines im Wesentlichen biologischen Verfahrens ist. Der Erwägungsgrund kann damit durchaus so verstanden werden, dass die Richtlinie davon ausgeht, dass eine neue Pflanzensorte schon deshalb nicht patentfähig ist, weil sie auf einem im Wesentlichen biologischen Verfahren beruht. Bei einem solchen Verständnis des Erwägungsgrunds bestimmt dieser durchaus, dass Erzeugnisse solcher Verfahren allgemein nicht patentfähig sind.[1107]

Schließlich spreche auch Art. 4 Abs. 3 BiopatentRL für den Ausschluss. Dieser bestimmt, dass der Patentierungsausschluss von im Wesentlichen biologischen Verfahren nicht die Patentierbarkeit von Erfindungen berührt, die ein mikrobiologisches oder sonstiges technisches Verfahren oder ein durch dieses Verfahren gewonnenes Erzeugnis zum Gegenstand haben. Nach Ansicht der Kommission hätte es der Gesetzgeber nicht für erforderlich gehalten, die Erzeugnisse mikrobiologischer Verfahren gesondert in Abgrenzung zu Art. 4 Abs. 1 lit. b BiopatentRL für patentierbar zu erklären, wenn er nicht davon ausgegangen wäre, dass

1104 *Kunz-Hallstein/Loschelder*, GRUR 2014, 246 (248).
1105 *Kunz-Hallstein/Loschelder*, GRUR 2014, 246 (248).
1106 Mitteilung der Kommission, EU ABl. 2016 C411, S. 6.
1107 Anders *Haedicke/Popp*, Mitt. 2018, 1 (4).

die Erzeugnisse von im Wesentlichen biologischen Verfahren nicht patentfähig sind.[1108]

Hier ist auch ein anderes Verständnis möglich. Auf den ersten Blick verfängt die Argumentation der Kommission durchaus. Die Richtlinie nimmt gesondert mikrobiologische Verfahren vom Patentierungsausschluss aus und verweist eigens auf deren Erzeugnisse, die ebenfalls patentfähig sein sollen. Im Umkehrschluss könnte dies bedeuten, dass der Gesetzgeber davon ausging, der Ausschluss nach Art. 4 Abs. 1 lit. b BiopatentRL umfasse selbstverständlich auch die Erzeugnisse, und er deshalb eine gegenteilige Klarstellung und Abs. 3 für nötig befand. Es kann jedoch auch andersherum argumentiert werden. Wäre der Gesetzgeber davon ausgegangen, dass der Ausschluss auch die Erzeugnisse der im Wesentlichen biologischen Verfahren umfasst, dann wäre er folgerichtig auch davon ausgegangen, dass bei der Erwähnung von mikrobiologischen Verfahren in ein und derselben Vorschrift automatisch auch deren Erzeugnisse erfasst sind. Dann hätte er diese gerade nicht gesondert erwähnt. Damit kann die gesonderte Erwähnung auch dafür sprechen, dass der Gesetzgeber nicht von der automatischen Einbeziehung der Erzeugnisse der entsprechenden Verfahren ausging.

Schließlich folgert die Kommission, der Gesetzgeber habe bei Erlass der Richtlinie die Absicht gehabt, solche Erzeugnisse von der Patentierbarkeit auszuschließen, die durch im Wesentlichen biologische Verfahren gewonnen werden.[1109]

2. *Die Verbindlichkeit*

Zur Rechtsnatur und Verbindlichkeit einer solchen Mitteilung der Kommission hat der Deutsche Bundestag eine Ausarbeitung veröffentlicht.[1110] Unabhängig von dem genauen Rechtscharakter einer solchen Mitteilung kann sie jedenfalls dem EPA gegenüber aus sich heraus keinerlei Rechtswirkungen entfalten.[1111] Eine Berücksichtigungspflicht existiert nicht.[1112] Abgesehen davon, dass die Mitteilung der Kommission nicht rechtsverbindlich ist, bestehen auch Zweifel an ihrer Eignung, zur historischen Auslegung der BiopatentRL oder des Art. 53 lit. b EPÜ herangezogen zu werden.[1113] Der Wille des Gesetzgebers kann im Rahmen der

1108 Mitteilung der Kommission, EU ABl. 2016 C411, S. 7.

1109 Mitteilung der Kommission, EU ABl. 2016 C411, S. 7.

1110 BT Ausarbeitung, EU-Biopatentrichtlinie und *clarifying notice* der Kommission.

1111 BT Ausarbeitung, EU-Biopatentrichtlinie und *clarifying notice* der Kommission, S. 17.

1112 BT Ausarbeitung, EU-Biopatentrichtlinie und *clarifying notice* der Kommission, S. 17.

1113 BT Ausarbeitung, EU-Biopatentrichtlinie und *clarifying notice* der Kommission, S. 16.

Auslegung sicherlich festgestellt werden. Dabei darf die Mitteilung jedoch nicht unmittelbar herangezogen werden, denn die Kommission allein bildet nicht den europäischen Gesetzgeber ab und kann nicht 18 Jahre nach Erlass der Richtlinie den ursprünglichen Gesetzgebungswillen bestimmen.[1114]

IV. Reaktion des EPA

Dem EPA gegenüber entfaltet die Mitteilung keine Wirkung. Zunächst ist das EPA Teil des EPÜ und unterliegt damit nicht dem Unionsrecht; dieses wird lediglich ergänzend herangezogen.[1115] Zudem kommt dem EPA die Entscheidungsgewalt über die Frage der Patentierbarkeit zu.[1116] Damit kann nur eine Änderung der Rechtsgrundlagen des EPA wirksam Patente unterbinden, die auf Erzeugnisse aus im Wesentlichen biologischen Verfahren gerichtet sind.[1117]

Trotz mangelnder Bindung teilte das EPA am 12. Dezember 2016 mit, es werde in Anbetracht der potentiellen Auswirkungen der Mitteilung der Kommission alle Verfahren vor den Prüfungs- und Einspruchsabteilungen des EPA bezüglich solcher Erzeugnisse von Amts wegen aussetzen.[1118] Die Auswirkungen der Mitteilung der Kommission auf die Praxis des EPA sowie erforderliche Folgemaßnahmen wurden mit den Vertretern der Mitgliedstaaten der Europäischen Patentorganisation erörtert.[1119]

Am 29. Juni 2017 gab das EPA schließlich bekannt, der Verwaltungsrat habe eine Regeländerung beschlossen, wonach Pflanzen und Tiere, die ausschließlich durch im Wesentlichen biologische Züchtungsverfahren gewonnen werden, von der Patentierbarkeit ausgeschlossen sind.[1120] Diese Entscheidung trage der Mitteilung der Kommission Rechnung. Die Änderung stärke weiter die Einheitlichkeit

---

1114 BT Ausarbeitung, EU-Biopatentrichtlinie und *clarifying notice* der Kommission, S. 16.

1115 S.o. 2. Das Verhältnis der Vorschriften zueinander.

1116 Art. 52–57 EPÜ; BT-Drucksache 18/10684, S. 5; s.o. 2. Das Verhältnis der Vorschriften zueinander.

1117 BT-Drucksache 18/10684, S. 5; vgl. BT Ausarbeitung, EU-Biopatentrichtlinie und *clarifying notice* der Kommission, S. 11.

1118 ABl. EPA 2016, A104; es wurden insgesamt 125 Anmelde- bzw. Einspruchsverfahren ausgesetzt, BT-Drucksache 18/9462, S. 4.

1119 ABl. EPA 2016, A104.

1120 EPA, Pressemitteilung vom 29.06.2017, EPA stellt Praxis im Bereich der Pflanzen- und Tierpatente klar, http://www.epo.org/news-issues/press/releases/archive/2017/20170629_de.html (zuletzt abgerufen am 22.06.2018); vgl. *Kock/Zech*, GRUR 2017, 1004 (1008).

des harmonisierten europäischen Patentrechts und beinhalte eine wichtige Präzisierung der Patentierungspraxis des EPA. Diese verschaffe den Nutzern eine größere Klarheit und Rechtssicherheit.[1121] Geändert wurden die Regeln 27 und 28 der EPÜ AO.[1122] Regel 28 Abs. 2 der EPÜ AO bestimmt nun ausdrücklich, dass Patente nicht für Erzeugnisse im Wesentlichen biologischer Verfahren erteilt werden.[1123] Die Regeln sind zum 01. Juli 2017 in Kraft getreten.[1124]

Damit dürfte das EPA die Diskussion um Patente auf Erzeugnisse aus im Wesentlichen biologischen Züchtungsverfahren beendet haben. Obwohl die Mitteilung der Kommission für das EPA nicht bindend ist und die Kommission nicht den Willen des europäischen Gesetzgebers bestimmen kann, hat das EPA reagiert. Es hat nicht nur praktisch seine Erteilungspraxis geändert, sondern die Änderung der Ausführungsordnung beschlossen. Damit steht fest, dass das EPA zukünftig wohl keine Patente mehr auf die streitgegenständlichen Erzeugnisse erteilen wird. Die Problematik, die durch die Entscheidungen des EPA vom 25. März 2015 entstanden war, hat das EPA nun aufgelöst.[1125]

Es wird somit zukünftig voraussichtlich weder auf europäischer noch auf nationaler Ebene Patente geben, die ein Erzeugnis eines im Wesentlichen biologischen Züchtungsverfahrens zum Gegenstand haben.

E. Die Auslegung des Product-by-process-Anspruchs auf dem Gebiet der Biotechnologie

Auch wenn die Problematik bezüglich der Erzeugnisse aus im Wesentlichen biologischen Verfahren nun zunächst geklärt erscheint, könnten die einschlägigen Vorschriften im biotechnologischen Sektor zu einer auf diesem Gebiet abweichenden Beurteilung des Product-by-process-Anspruchs führen. Dies könnte der Fall sein, da die BiopatentRL in ihren Art. 8–11 eigene Regelungen zum Umfang des Schutzes von Patenten auf biologisches Material trifft.

1121 EPA, Pressemitteilung vom 29.06.2017, EPA stellt Praxis im Bereich der Pflanzen- und Tierpatente klar, http://www.epo.org/news-issues/press/releases/archive/2017/20170629_de.html (zuletzt abgerufen am 22.06.2018).

1122 ABl. EPA 2017, A56.

1123 ABl. EPA 2017, A56.

1124 EPA, Pressemitteilung vom 29.06.2017, EPA stellt Praxis im Bereich der Pflanzen- und Tierpatente klar, http://www.epo.org/news-issues/press/releases/archive/2017/20170629_de.html (zuletzt abgerufen am 22.06.2018); vgl. *Kock/Zech*, GRUR 2017, 1004 (1008); vgl. *Haedicke/Popp*, Mitt. 2018, 1 (6).

1125 Offen bleibt, wie der EuGH den Patentierungsausschluss auslegt; vgl. *Haedicke/Popp*, Mitt. 2018, 1 (6).

Diese Vorgaben der BiopatentRL wurden durch das Gesetz zur Umsetzung der Richtlinie über den rechtlichen Schutz biotechnologischer Erfindungen in den §§ 9a-c PatG umgesetzt.[1126]

Art. 8 Abs. 1 BiopatentRL definiert den Schutzbereich von Erzeugnispatenten, die biologisches Material zum Gegenstand haben. Dessen Umsetzungsnorm im deutschen Patentgesetz – § 9a Abs. 1 PatG – ist gleichlautend. Hiernach umfasst der Schutz eines Patents auf biologisches Material jedes biologische Material, das aus dem geschützten Material durch generative oder vegetative Vermehrung gewonnen wird und mit denselben Eigenschaften ausgestattet ist. Damit trägt das Gesetz den besonderen Eigenschaften von vermehrbaren Stoffen Rechnung.

Eine Einschränkung bestimmt wiederum § 9b PatG. Danach kann der Patentinhaber nicht gegen gewonnenes Material vorgehen, wenn er das Ausgangsmaterial gerade zum Zwecke der Vermehrung in den Verkehr gebracht hat. Privilegiert sind zudem die Landwirte gemäß § 9c PatG.

Es stellt sich damit die Frage, ob sich die Vorschriften aus der BiopatentRL bzw. die umgesetzten nationalen Regelungen auf die Auslegung des Product-by-process-Anspruchs auswirken und dieser unter Umständen im Bereich der Biologie bzw. Biotechnologie anders behandelt werden muss. Möglich ist jedoch auch, dass die Vorschriften generell und von der Art des Erzeugnisanspruchs unabhängig den Schutzbereich von Biopatenten bestimmen.

§ 9a Abs. 1 PatG statuiert, dass der Schutzbereich des Patents auch dasjenige biologische Material umfasst, das aus dem ursprünglichen biologischen Material durch Vermehrung gewonnen wird. Das bedeutet, dass Biopatente einen anderen Schutzbereich haben als Patente auf anderen technischen Gebieten. Unabhängig davon, ob man die Vorschrift als originäre Schutzbereichsbestimmung oder Erweiterung des Schutzumfangs versteht[1127], ist Gegenstand des Patentanspruchs jedoch das ursprüngliche biologische Material. Dieses muss als solches eindeutig identifiziert werden. Kann der Anmelder dieses biologische Material nicht mittels körperlicher Merkmale identifizieren, darf er zunächst auf Parameter und schließlich auf die Angabe des Herstellungsverfahrens zurückgreifen.[1128]

Kann der Anmelder den Gegenstand nur mit Hilfe des Herstellungsverfahrens ausreichend kennzeichnen, wird ihm der Product-by-process-Anspruch zugesprochen. Dessen Schutzbereich ist zunächst ebenso weit gefasst wie bei

---

1126 Gesetz zur Umsetzung der Richtlinie über den rechtlichen Schutz biotechnologischer Erfindungen vom 21.01.2005 BGBl. 2005 I S. 146; Benkard/*Scharen*, PatG, § 9a Rn. 1.

1127 Hierzu *Metzger*, GRUR 2016, 549 (552).

1128 S.o. 1. Formelle Voraussetzungen der Erteilung.

allen anderen Product-by-process-Ansprüchen. Umfasst ist jegliches biologische Material, das die Eigenschaften des Ausgangsmaterials aufweist. Hierbei handelt es sich um den herkömmlichen Schutzbereich von Product-by-process-Ansprüchen. Auch beim Biopatent ändert sich zunächst nichts an der Auslegung des Product-by-process-Anspruchs.

Da das Biopatent nun jedoch nicht nur die Erzeugnisse erfasst, die sich als Ergebnis der Auslegung präsentieren, sondern darüber hinaus nach § 9a Abs. 1 PatG das durch Vermehrung gewonnene Material, entstehen zwei Angriffspunkte für den Auslegungsstreit rund um den Product-by-process-Anspruch.[1129]

Bezüglich des ursprünglichen biologischen Materials kann die Diskussion zum Schutzbereich des Product-by-process-Anspruchs aufgegriffen werden. Weiter ist es auch möglich im Hinblick auf das durch § 9a Abs. 1 PatG einbezogene Material zu diskutieren. Geht es um das biologische Material, das durch Vermehrung gewonnen wurde, kann jedoch unter keinen Umständen mit den Kritikern der Rechtsprechung[1130] eine Beschränkung auf das Herstellungsverfahren angenommen werden. Das würde bedeuten, dass nur solches biologische Material vom Schutzbereich umfasst wäre, das durch eben das angegebene Herstellungsverfahren erhalten wurde. Das angegebene Herstellungsverfahren ist dasjenige Verfahren, mit dem der Erfinder das Ausgangsmaterial erlangt hat. Dass das Verfahren, mit dem das Material nun vermehrt wird, nicht dasselbe Verfahren sein muss, mit dem das Ausgangsmaterial gewonnen wurde – oft sogar sein kann –, bestimmt § 9a Abs. 1 PatG sogar ausdrücklich. Er formuliert, dass dasjenige Material erfasst ist, das durch generative oder vegetative Vermehrung in gleicher oder abweichender Form gewonnen wird. Für den Schutzbereich ist es damit ausdrücklich unbeachtlich, wie das Material vermehrt wird, solange es mit „denselben Eigenschaften ausgestattet ist".[1131]

Damit ist jegliches weitere gewonnene Material unabhängig von der Anspruchsformulierung erfasst. Der Product-by-process-Anspruch hat nur das Ausgangsmaterial zum Gegenstand. An diesem ändert die Vorschrift nichts. § 9a Abs. 1 PatG erweitert den Schutzbereich lediglich und wirkt sich nicht auf den Schutzbereich aus, der durch die allgemeine Auslegung des Patentanspruchs bestimmt wird.

Damit besteht kein Anlass, den Product-by-process-Anspruch abweichend zu beurteilen.

1129 S.o. B. Die Auslegung des Product-by-process-Anspruchs.

1130 S.o. b) Kritiker der Rechtsprechung.

1131 § 9a Abs. 1 PatG.

F. Fazit

Der Product-by-process-Anspruch wurde immer wieder im Zusammenhang mit Patenten auf Pflanzen aus im Wesentlichen biologischen Verfahren diskutiert. Nachdem das EPA diesen Patenten nun endgültig eine Absage erteilt hat, wird es Patente auf Erzeugnisse aus im Wesentlichen biologischen Verfahren in Zukunft nicht mehr geben. Damit wird sich auch die Diskussion um Product-by-process-Ansprüche in diesem Zusammenhang legen.

Unabhängig von dieser speziellen Konstellation gebieten die Vorschriften zum Biopatent keine abweichende Beurteilung des Product-by-process-Anspruchs. Systematisch kann dieser spezielle Anspruch hier wie auch auf allen anderen technischen Gebieten ausgelegt und beurteilt werden. Damit führt auch das Biopatent zu keiner abweichenden Beurteilung des Product-by-process-Anspruchs. Es verbleibt bei den bereits erarbeiteten Grundsätzen und Feststellungen.

8. Teil: Der Product-by-process-Anspruch und das Gebrauchsmuster

Auch das Gebrauchsmuster bezweckt den Schutz von Erfindungen.[1132] Damit ist es dem Patent sehr ähnlich. Dies zeigt auch das Gebrauchsmustergesetz selbst, indem es sowohl auf das Patentgesetz verweist[1133] als auch einzelne Normen[1134] diesem nachgebildet hat.[1135] Der wesentliche Unterschied zum Patent liegt darin, dass das Gebrauchsmuster ein Registerrecht und damit kein geprüftes Schutzrecht ist.[1136] Das Patentamt stellt lediglich fest, ob es sich um einen Gegenstand handelt, der dem Gebrauchsmusterschutz generell zugänglich ist. Nach § 8 Abs. 1 S. 2 GebrMG werden die Neuheit, der erfinderische Schritt und die gewerbliche Anwendbarkeit nicht geprüft. Damit unterliegen die materiellen Schutzvoraussetzungen keiner Untersuchung. Als insofern „ungeprüftes" Recht ist die Eintragung des Gebrauchsmusters erheblich günstiger als die des Patents.[1137] In den materiellen Voraussetzungen unterscheidet sich das Gebrauchsmuster dahingehend vom Patent, dass es lediglich einen erfinderischen Schritt – im Unterschied zur erfinderischen Tätigkeit – fordert.[1138] Zudem kommt dem Gebrauchsmuster nach § 23 GebrMG eine kürzere Schutzdauer von maximal 10 Jahren zu. Den letzten wesentlichen Unterschied zum Patent normiert § 2 Nr. 3 GebrMG: Verfahren sind vom Gebrauchsmusterschutz ausgeschlossen.

1132 Benkard/*Goebel/Engel*, GebrMG, Vorb. Zum GebrMG Rn. 4c; Loth/*Stock*, § 1 Rn. 2; *Mes*, GebrMG, § 1 Rn. 1; Haedicke/Timmann/*Stief/Bühler*, § 13 Rn. 11.

1133 Bspw. § 6 Abs. 1, § 8 Abs. 1, § 9 Abs. 2, § 10 Abs. 3 und 4, § 12 Nr. 3 GebrMG.

1134 Bspw. § 1 Abs. 2 und 3, § 2 Nr. 1, § 3 Abs. 2, 12a GebrMG.

1135 Benkard/*Goebel/Engel*, GebrMG, Vorb. Zum GebrMG Rn. 4c; Fitzner/Lutz/Bodewig/*Einsele*, GebrMG, § 1 Rn. 12.

1136 Benkard/*Goebel/Engel*, GebrMG, Vorb. Zum GebrMG Rn. 4d; Loth/*Stock*, § 1 Rn. 2; Haedicke/Timmann/*Stief/Bühler*, § 13 Rn. 11.

1137 Vgl. Benkard/*Goebel/Engel*, GebrMG, Vorb. Zum GebrMG Rn. 4a, insbesondere, da die Prüfungsgebühr entfällt. S. hierzu die Seite des Deutschen Patent- und Markenamts.

1138 Vgl. DPMA, Richtlinien für die Prüfung von Patentanmeldungen, Kap. 3.3.3.2.4; Loth/*Stock*, § 1 Rn. 2, 162 ff.

Das Gebrauchsmusterrecht kennt zudem keinen Schutz von biotechnologischen Erfindungen.[1139] Dies liegt daran, dass es sich als ungeprüftes Registerrecht nicht für den Schutz biotechnologischer Erfindungen eignet.[1140]

Durch die Nähe des Gebrauchsmusters zum Patent überrascht es nicht, dass der Product-by-process-Anspruch auch im Gebrauchsmusterrecht zulässig ist.[1141] Auch hier müssen jedoch ein paar Besonderheiten beachtet werden.

Dabei bedarf zunächst der Ausschlussgrund des § 2 Nr. 3 GebrMG einer näheren Betrachtung. Auch im Gebrauchsmusterrecht wird gemäß § 12a GebrMG der Schutzbereich durch den Inhalt der Schutzansprüche bestimmt. Entscheidend ist damit der Gegenstand des Gebrauchsmusters, also der Inhalt der technischen Lehre. Gegenstand des Product-by-process-Anspruchs ist lediglich das Erzeugnis, sodass sich § 2 Nr. 3 GebrMG richtigerweise nicht auswirkt. Obwohl der Product-by-process-Anspruch immer nur das Erzeugnis selbst schützt, besteht jedoch die Gefahr, dass dies nicht hinreichend deutlich wird und der Eindruck entsteht, der Anmelder wolle in Wirklichkeit ein Verfahren schützen.[1142] Deswegen sollte in der Anmeldung des Gebrauchsmusters zweifelsfrei zum Ausdruck kommen, dass das Schutzbegehren auf ein Erzeugnis gerichtet ist.[1143] Der Fachmann soll der Anmeldung ohne Weiteres entnehmen können, dass der unter Schutz gestellte Gegenstand ein Erzeugnis ist,[1144] denn sonst besteht die Gefahr der Zurückweisung.[1145]

Weiterhin sollte der Anmelder ein Augenmerk auf die Neuheit des Erzeugnisses richten. Obwohl die Neuheit bei der Eintragung nicht geprüft wird, kann es problematisch sein, wenn sich aus den Unterlagen ergibt, dass das Erzeugnis selbst nicht neu ist.[1146] Dann liegt der Schluss nahe, dass nicht für das Erzeugnis,

---

1139 § 1 Abs. 2 Nr. 5 GebrMG mit Verweis auf § 1 Abs. 2 PatG.

1140 Loth/*Stock*, § 1 Rn. 57; *Mes*, GebrMG, § 1 Rn. 9; BT-Drucksache 14/5642, S. 15.

1141 BPatG BeckRS 2008, 08927; BPatG BeckRS 2009, 88284; BPatG BeckRS 2010, 16260; OLG Düsseldorf, BeckRS 2014, 21755; Benkard/*Goebel*/*Engel*, GebrMG, § 1 Rn. 9; Bühring/*Braitmayer*, § 1 Rn. 157, 177; *Fitzner*/Lutz/Bodewig, GebrMG, § 2 Rn. 18; Loth/*Pantze*, § 4 Rn. 34; *Mes*, GebrMG, § 1 Rn. 7, § 12a Rn. 9; Haedicke/Timmann/*Stief*/*Bühler*, § 13 Rn. 42; *Scharen*, FS Mes, 319 (321); *Tronser*, GRUR 1991, 10 (14).

1142 Bühring/*Braitmayer*, § 2 Rn. 56; Haedicke/Timmann/*Stief*/*Bühler*, § 13 Rn. 42; *Tronser*, GRUR 1991, 10 (14).

1143 BGH GRUR 1965, 234 (236) – Spannungsregler, noch zum Raumformerfordernis; Bühring/*Braitmayer*, § 2 Rn. 60; Haedicke/Timmann/*Stief*/*Bühler*, § 13 Rn. 42.

1144 BPatG BeckRS 2009, 08061.

1145 Haedicke/Timmann/*Stief*/*Bühler*, § 13 Rn. 42.

1146 Bühring/*Braitmayer*, § 2 Rn. 60; *Scharen*, FS Mes, 319 (324); *Tronser*, GRUR 1991, 10 (14).

sondern für das Verfahren Schutz begehrt wird, sodass der Antrag im Zweifel zurückgewiesen wird.[1147]

> Dabei kommt es auch nicht darauf an, ob die Einschätzung des Anmelders zutrifft, das Erzeugnis sei nicht neu, denn er entscheidet über den Gegenstand des Gebrauchsmusters.[1148] Hält er sein Erzeugnis nicht für neu, so versucht er im Zweifel das Verfahren zu schützen.

Dabei setzt der Gebrauchsmusterschutz selbst nicht voraus, dass der Anmelder hinreichend deutlich darauf hinweist, dass er für das Verfahren keinen Schutz begehrt.[1149] Eine eindeutige Formulierung und im Zweifelsfall ein Hinweis darauf, dass der Gegenstand der Erfindung ein Erzeugnis ist, sollen lediglich Missverständnissen und vermeidbaren Zurückweisungen vorbeugen.[1150] Das Fehlen solcher Angaben kann damit für sich genommen nicht zum Ausschluss vom Gebrauchsmusterschutz führen. Wie auch im Patentrecht ist der Inhalt der Ansprüche maßgeblich und damit entscheidend.[1151] Für den Ausschlussgrund nach § 2 Nr. 3 GebrMG kommt es lediglich darauf an, ob Gegenstand des Anspruchs ein Erzeugnis oder ein Verfahren ist und ob dieser Gegenstand unter § 2 Nr. 3 GebrMG fällt.[1152]

Auch im Gebrauchsmusterrecht ist die Subsidiarität des Product-by-process-Anspruchs anerkannt.[1153] Damit ist die Formulierung nur dann gestattet, wenn die anderweitige Kennzeichnung unmöglich oder gänzlich unpraktikabel ist.[1154] Hat der Anmelder die Möglichkeit, seine technische Lehre mit Hilfe körperlicher Merkmale zu kennzeichnen, stellt sich wiederum das Problem, dass der Schutz des Gebrauchsmusters mit der Eintragung entsteht. Wurde

---

1147 Bühring/*Braitmayer*, § 2 Rn. 60; *Scharen*, FS Mes, 319 (324); *Tronser*, GRUR 1991, 10 (14).

1148 *Quodbach*, GRUR 2007, 357 (362); vgl. *Scharen*, FS Mes, 319 (324).

1149 *Scharen*, FS Mes, 319 (320).

1150 Haedicke/Timmann/*Stief*/*Bühler*, § 13 Rn. 42.

1151 § 12a GebrMG; *Loth*, § 12a Rn. 3,5; vgl. *Scharen*, FS Mes, 319 (322).

1152 *Quodbach*, GRUR 2007, 357 (362); im Ergebnis ebenfalls: *Scharen*, FS Mes, 319 (323 f.).

1153 Bühring/*Braitmayer*, § 2 Rn. 60 f.; Loth/*Pantze*, § 4 Rn. 34; *Loth*, § 12a Rn. 269; *Tronser*, GRUR 1991, 10 (14): Deutlich wird dies insbesondere durch den Hinweis, dass bei der Angabe des Herstellungsverfahrens neben Beschaffenheits- oder Strukturmerkmalen deutlich werde, dass eine hinreichende Identifizierung auch ohne das Herstellungsverfahren möglich war und damit auch die Vermutung naheliege, dass für das Verfahren Schutz erlangt werden sollte.

1154 Vgl. hierzu oben II. Subsidiarität.

ein Product-by-process-Anspruch damit zu Unrecht eingetragen, kann das Gebrauchsmuster nur gelöscht werden, wenn das Gesetz einen Löschungsgrund für einen solchen Fall vorsieht. Die normierten Löschungsgründe des § 15 GebrMG lassen dies hingegen nicht zu.[1155] Damit rechtfertigt die mangelnde Subsidiarität nicht die Versagung des Gebrauchsmusterschutzes vor den deutschen Gerichten[1156] und muss somit schon im Erteilungsverfahren zur Zurückweisung führen.[1157]

Auch im Gebrauchsmusterrecht überwiegt die Auffassung, dass der Product-by-process-Anspruch unbeschränkten Schutz verleiht, wobei auf die Rechtsprechung aus dem Patentrecht verwiesen wird.[1158]

1155 *Scharen*, FS Mes, 319 (325).

1156 *Scharen*, FS Mes, 319 (325).

1157 Zu dieser Problematik s. die vertieften Ausführungen zum Patentrecht unter (1) Fehlende Subsidiarität als Widerrufs- bzw. Nichtigkeitsgrund insbesondere cc) Durchsetzungsmöglichkeit.

1158 OLG Düsseldorf, BeckRS 2014, 21755; Bühring/*Braitmayer*, § 1 Rn. 177, § 11 Rn. 27; *Loth*, § 12a Rn. 277.

9. Teil: Forschungsergebnis, Ausblick und Anregungen

Die Auseinandersetzung mit dem Product-by-process-Anspruch ist im deutschen Patentrecht unerlässlich. Erfinder auf allen Gebieten der Technik können auf ihn angewiesen sein, um angemessenen Erzeugnisschutz für ihre Erfindungen zu erlangen. Hiervon sind sicherlich überwiegend die Chemie und Biologie betroffen. Wirkt die Verbindung von Verfahren und Erzeugnis in einem Anspruch auch zunächst abschreckend, so ist doch eine klare Differenzierung möglich. Mag der Product-by-process-Anspruch auch rechtliche Streitigkeiten und ebenso Rechtsunsicherheit mit sich bringen, ist er für ein geschlossenes Patentsystem gleichwohl unverzichtbar.

Der Product-by-process-Anspruch ist ein Erzeugnisanspruch. Er ist klar von Verfahrensansprüchen abzugrenzen und auch sein Schutzbereich gleicht dem des herkömmlichen Erzeugnisanspruchs. Dabei ist er in gleicher Weise auszulegen, wobei diese Auslegung zu dem Ergebnis kommen kann, dass der Schutzbereich beschränkt ist. Der Product-by-process-Anspruch birgt die Tücke, dass er das Erzeugnis nur mittelbar kennzeichnet. Das Herstellungsverfahren wird zwar nicht zum Gegenstand des Patents, doch verleiht es dem Erzeugnis erst eine oder mehrere seiner charakteristischen Eigenschaften. Welche dies sind, ist ebenfalls mit Hilfe der Auslegung festzustellen. Dies kann in der Praxis durchaus problematisch sein. Trotzdem verleiht der Product-by-process-Anspruch in der Regel absoluten Schutz. Sein Schutzbereich umfasst alle Erzeugnisse, die die charakteristischen Eigenschaften des geschützten Erzeugnisses verwirklichen.

Dieser ungeschriebene spezielle Anspruch bringt praktische und rechtliche Unsicherheiten mit sich. Um diese auf ein Minimum zu reduzieren, sollte die Subsidiarität im Erteilungsverfahren verschärft werden. Es sollten nur noch absolute Product-by-process-Ansprüche erteilt werden.[1159] Ist die Kennzeichnung mittels herkömmlicher Parameter lediglich unpraktikabel, sollte der Anmelder auf den herkömmlichen Erzeugnis- oder Verfahrensanspruch verwiesen werden. Damit würden Product-by-process-Ansprüche nur noch denjenigen Erfindern erteilt, die sonst zwangsläufig einer Diskriminierung unterlägen. Dann sind die

---

1159 Absolute Product-by-process-Ansprüche sind diejenigen, bei denen eine Kennzeichnung nur mit Hilfe des Verfahrens möglich ist. Jede andere Kennzeichnung ist absolut unmöglich. Es ist nicht ausreichend, wenn eine anderweitige Kennzeichnung lediglich unpraktikabel ist; s. II. Verschärfung der Subsidiarität.

mit dem Product-by-process-Anspruch einhergehenden Rechtsunsicherheiten für die Allgemeinheit gerechtfertigt und von dieser hinzunehmen.

Irren ist menschlich. Deshalb hängt eine effektive Durchsetzung dieses Vorschlags auch davon ab, ob zu Unrecht erteilte Product-by-process-Ansprüche angegriffen werden können. Derzeit ist dies nicht möglich. Da der Katalog der Widerrufs- und Nichtigkeitsgründe im PatG abschließend ist, bedürfte es einer Gesetzesänderung. Auch wenn der vollständige Widerruf des Patents bei mangelnder Subsidiarität nicht gerechtfertigt wäre, sollte jedenfalls die Patentschrift angepasst werden können. Würde der Anmelder gezwungen, sein Erzeugnis immer wenn irgend möglich mit dessen körperlichen Merkmalen zu kennzeichnen, würde schon dies zu einer deutlich erhöhten Rechtssicherheit führen.

Auch wenn der Product-by-process-Anspruch absoluten Schutz des Erzeugnisses gewährt, kann eine äquivalente Verwirklichung ausgeschlossen sein. Hier führt der Einbezug des Herstellungsverfahrens dazu, dass auch die Möglichkeit der äquivalenten Verwirklichung des Verfahrens selbst in den Blick zu nehmen ist. Der beschränkte Product-by-process-Anspruch kann jedoch nicht durch äquivalente Lösungsmittel oder ein äquivalentes Verfahren verletzt werden. Dies trägt dem Interesse an Rechtssicherheit Rechnung.

Der Patentinhaber kann in der Regel auf zwei verschiedenen Wegen die Patentverletzung nachweisen. Auch wenn er die Beweiserleichterung für Verfahrensansprüche nicht in Anspruch nehmen kann, kann er entweder darlegen, dass der Verletzer das gleiche Verfahren verwendet, oder dass sein Erzeugnis zumindest dieselben Eigenschaften aufweist.

Schließlich scheint das technische Gebiet biologischer Erfindungen den Weg für eine abweichende Behandlung des Product-by-process-Anspruchs zu eröffnen. Nachdem das EPA entschieden hat, keine Patente mehr auf Erzeugnisse aus im Wesentlichen biologischen Verfahren zu erteilen, wird die Diskussion hierzu abklingen. Dabei verlangen jedoch auch die Normen zum Biopatent keine andere Behandlung des Product-by-process-Anspruchs. Auch hier wäre eine generelle Beschränkung des Schutzbereichs auf Erzeugnisse, die mittels des angegebenen Verfahrens gewonnen wurden, unberechtigt. Auch Product-by-process-Ansprüche, die ein Erzeugnis eines im Wesentlichen biologischen Verfahrens zum Gegenstand haben, bieten diesem absoluten Erzeugnisschutz. Ob solche Patente gewollt sind, ist eine andere Frage. Sie sollte jedoch in jedem Fall nicht mit der Beschränkung des Schutzbereichs beantwortet werden. Die biopatentrechtlichen Normen verlangen eine solche Beschränkung jedenfalls nicht. Systematisch bleibt es auch auf dem Gebiet der Biotechnologie bei den angestellten Überlegungen und entwickelten Lösungsansätzen.

Der Product-by-process-Anspruch ist zudem im Gebrauchsmusterrecht zulässig. Hier bedarf es einer besonders sorgsamen Formulierung, da das Gebrauchsmustergesetz den Schutz von Verfahren verbietet.

Schließlich ist der Product-by-process-Anspruch fester Bestandteil des deutschen Patentsystems. Dabei hat der Gesetzgeber darauf verzichtet, ihm eigene Normen zu widmen. Durch die Rechtsprechung und die vielen Autoren, die sich seit Jahren mit dem Anspruch beschäftigen, ist dies jedoch kein Hindernis. Wenn die offenen Fragen auch beantwortet werden können, so besteht gleichwohl die ständige Möglichkeit der Veränderung. Der Product-by-process-Anspruch gerät immer wieder in den Fokus der Fachliteratur und des BGH. Anschaulich zeigt dies die Diskussion um Patente auf Erzeugnisse aus im Wesentlichen biologischen Züchtungsverfahren. Damit dürfte es auch in Zukunft spannend bleiben, welchen Platz der Product-by-process-Anspruch in der weiteren Entwicklung des deutschen Patentsystems für sich behauptet.

Literaturverzeichnis

Ann, Patentwert und Patentnichtigkeit – Wieviel Rechtssicherheit dürfen Patentinhaber beanspruchen?, Mitteilungen der deutschen Patentanwälte 2016, S. 245–252.

ASEED, It is time to stop patents on plants!, 07.11.2016, abrufbar unter http://aseed.net/en/it-is-time-to-stop-patents-on-plants/ (zuletzt abgerufen am 22.06.2018).

Bader/Ronellenfitsch, Beck'scher Online-Kommentar VwVfG, 39. Edition, München 2018.

Bausch, Breaking News: Germany's Federal Constitutional Court pulls Emergency Break on UPC Agreement, 13.06.2017, Kluwer Patent Blog abrufbar unter http://patentblog.kluweriplaw.com/2017/06/13/breaking-news-germanys-federal-constitutional-court-pulls-emergency-break-upc-agreement/ (zuletzt abgerufen am 22.06.2018).

Beil, Anmerkungen zum Beschluss des BGH v. 20.10.1977, in: GRUR 1978, S. 162–166.

Beil, Hundert Jahre Patentierung von Chemie-Erfindungen, GRUR 1977, S. 289–293.

Benkard, Europäisches Patentübereinkommen, 2. Auflage, München 2012.

Benkard, Patentgesetz Gebrauchsmustergesetz Patentkostengesetz, 11. Auflage, München 2015.

BIO Deutschland, Stellungnahme der BIO Deutschland zum interfraktionellen Antrag der CDU/CSU, SPD, FDP und Bündnis 90/DIE GRÜNEN BT-Drs. 17/8344, 29.03.2012, abrufbar unter https://www.biodeutschland.org/de/positionspapiere/stellungnahme-zum-interfraktionelle-antrag-der-cdu-csu-spd-fdp-und-buendnis-90-die-gruenen-bt-drs-17-8344.html?file=files/content/medien/positionspapiere/2012/BIO_Deutschland_Stellungnahme_Biopatentantrag.pdf (zuletzt abgerufen am 22.06.2018).

Bühling, Der „product-by-process-claim" im deutschen Patentrecht, GRUR 1974, S. 299–305.

Bühring, Gebrauchsmustergesetz Kommentar, 8. Auflage, Köln 2011.

Busse/Keukenschrijver, Patentgesetz, 8. Auflage, Berlin 2016.

Cepl, Zur Durchsetzung von product-by-process Ansprüchen im Patentverletzungsverfahren, Mitteilungen der deutschen Patentanwälte 2013, S. 62–70.

Cepl/Voß, Prozesskommentar zum Gewerblichen Rechtsschutz, München 2015.

DBV Deutscher Bauernverband, Entschließung des Präsidiums des Deutschen Bauernverbandes vom 18.05.2010 – Patente auf Tiere und Pflanzen hemmen den Züchtungsfortschritt, abrufbar unter http://media.repro-mayr.de/52/121652.pdf (zuletzt abgerufen am 22.06.2018).

Deutscher Bundesrat, Entschließung des Bundesrates zur Änderung der Richtlinie 98/44/EG über den rechtlichen Schutz biotechnologischer Erfindungen, Drucksache 297/15, 29.06.2015.

Deutscher Bundestag, Antrag der Fraktionen CDU/CSU, SPD, FDP und BÜNDNIS 90/DIE GRÜNEN – Keine Patentierung von konventionell gezüchteten landwirtschaftlichen Nutztieren und -pflanzen, Drucksache 17/8344, 17.01.2012.

Deutscher Bundestag, – Unterrichtung durch die Bundesregierung – Zweiter Bericht der Bundesregierung über die Auswirkungen des Patentrechts im Bereich der Biotechnologie unter anderem hinsichtlich ausreichender Technizität sowie Auswirkungen im Bereich der Pflanzen- und Tierzüchtung, Drucksache 18/9462, 18.08.2016.

Deutscher Bundestag, – Unterabteilung Europa – Fachbereich Europa, Ausarbeitung – EU-Biopatentrichtlinie und *clarifying notice* der Kommission, 19.10.2016, AZ: PE 6 – 3000 – 125/16, abrufbar unter https://www.bundestag.de/blob/485852/00b3b11e765b7e21b4a65d4b38d49ea8/pe-6-125-16-pdf-data.pdf (zuletzt abgerufen am 22.06.2018).

Deutscher Bundestag, Antrag mehrerer Abgeordneter und der Fraktionen BÜNDNIS 90/DIE GRÜNEN und DIE LINKE – Patente auf konventionell gezüchtete Pflanzen und Tiere wirksam unterbinden – Privatisierung genetischer Ressourcen stoppen, Drucksache 18/10684, 16.12.2016.

Eck, Einheitspatent und Einheitspatentgericht – Grund zum Feiern?, GRUR Int. 2014, S. 114–119.

Eggert, Anmerkungen zum Urteil des BGH v. 06.07.1971, in: GRUR 1972, S. 80–89.

Eggert, Chemie-Patentrecht – kein Sonderrecht, GRUR 1972, S. 453–459.

Europäische Kommission, Mitteilung der Kommission über bestimmte Artikel der Richtlinie 98/44/EG des Europäischen Parlaments und des Rates über den rechtlichen Schutz biotechnologischer Erfindungen, Amtsblatt der Europäischen Union 2016, C 411 vom 8.11.2016, S. 3–14.

Europäisches Parlament, Entschließungsantrag vom 02.05.2012, 2012/2623(RSP), B7-0228/2012.

Europäisches Parlament, Entschließung des Europäischen Parlaments vom 17. Dezember 2015 zu Patenten und den Rechten von Pflanzenzüchtern, 2015/2981(RSP), P8_TA(2015)0473.

Europäisches Patentamt, Mitteilung des Europäischen Patentamts vom 24. November 2016 über die Aussetzung von Verfahren aufgrund der Mitteilung der Kommission über bestimmte Artikel der Richtlinie 98/44/EG des Europäischen Parlaments und des Rates vom 6. Juli 1998 über den rechtlichen Schutz biotechnologischer Erfindungen, Amtsblatt EPA 2016, A104.

Europäisches Patentamt, Beschluss des Verwaltungsrats vom 29.06.2017 zur Änderung der Regeln 27 und 28 der Ausführungsordnung zum Europäischen Patentübereinkommen (CA/D 6/17), Amtsblatt EPA 2017, A56.

Fabry, Kein Stoffschutz ohne Verfahrensbenutzung? Zur jüngsten Standortbestimmung des Product-by-Process-Anspruchs in den USA, GRUR Int. 2009, S. 803–807.

Fitzner/Lutz/Bodewig, Beck'scher Online-Kommentar Patentrecht, 8. Edition, München 2018.

Fysh, Die Auslegung von Product-by-process-Ansprüchen, Sonderausgabe Nr. 2 zum Amtsblatt EPA 2003, S. 44–59.

Giebe, Sachansprüche mit product-by-process-Merkmalen im Verletzungsprozess, Festschrift 80 Jahre Patentgerichtsbarkeit in Düsseldorf, Hrsg. Kühnen, 2016, S. 125–140.

Götting, Kritische Bemerkungen zum absoluten Stoffschutz, GRUR 2009, S. 256–260.

Grabinski, „Schneidmesser" versus „Amgen" – Zum Sinn oder Unsinn patentrechtlicher Äquivalenz, GRUR 2006, S. 714–720.

Grabitz/Hilf/Nettesheim, Das Recht der Europäischen Union, EUV/AEUV, 63. Ergänzungslieferung, München 2017.

Greenpeace, Der Brokkoli-Fall – Ein Gemüse schreibt europäische Patentgeschichte, 30.03.2015, abrufbar unter https://www.greenpeace.de/sites/www.greenpeace.de/files/publications/fs-fall-brokkoli-30032015.pdf (zuletzt abgerufen am 22.06.2018).

Gruber/von Zumbusch/Haberl/Oldekop, Europäisches und internationales Patentrecht, 7. Auflage, München 2012.

Haberl/Schallmoser, Einheitliches Patentgericht startet im Dezember 2017 – Vorläufige Anwendung ab Mai 2017 geplant, GRUR-Prax 2017, S. 70–71.

Haedicke, Kein Patent auf Leben? – Grundlagen des Patentrechts und der Schutz biotechnologischer Erfindungen, JuS 2002, S. 113–118.

Haedicke, Absoluter Stoffschutz – Zukunftskonzept oder Auslaufmodell?, GRUR 2010, S. 94–99.

Haedicke/Popp, Patente auf Ergebnisse von Pflanzenzüchtung: Gar nicht so anders und auch sinnvoll!, Mitteilungen der deutschen Patentanwälte 2018, S. 1–8.

Haedicke/Timmann, Handbuch des Patentrechts, München 2012.

Heide, Zwischen Patentverletzung und Patentnichtigkeit – Anspruchsdurchsetzung nach dem Trennungsprinzip, InTer 2013, S. 124–131.

Hoeren, Der Schutz von Pflanzenerfindungen in Europa, Agrar- und Umweltrecht 2005, S. 145–147.

Hoeren, Patent- und Markenverfahrensrecht als besonderes Verwaltungsrecht, Festschrift für Karl-Heinz Fezer zum 70. Geburtstag, 2016, S. 997–1004.

Hövelmann, Alles Fiktion? – Zwei Anmerkungen zum Aufsatz von Tönnies in GRUR 1998, 345, GRUR 1999, S. 476–477.

Hüttermann, Einheitspatent und Einheitliches Patentgericht, Köln 2017.

Kaess, Die Merkmalsanalyse als Maßstab für die Eingriffsprüfung im Patentverletzungsprozeß, GRUR 2000, S. 637–648.

Keukenschrijver, Patentnichtigkeitsverfahren, 6. Auflage, Köln 2016.

Kock/Zech, Pflanzenbezogene Erfindungen in der EU – aktueller Stand, GRUR 2017, S. 1004–1013.

Kraßer/Ann, Patentrecht – Lehrbuch zum deutschen und europäischen Patentrecht und Gebrauchsmusterrecht, 7. Auflage, München 2016.

Krauß, Aktuelles aus der Biotechnologie – Von Brokkoli und Sonnenblumen, wann sind Pflanzen „natürlich" hergestellt?, Mitteilungen der deutschen Patentanwälte 2008, S. 254–261.

Krauß/Kuttenkeuler, Aktuelles aus dem Bereich Biotechnologie – Aussetzung von EPA-Verfahren, die Pflanzen (oder Tiere) betreffen, die durch im Wesentlichen biologische Verfahren erhalten werden, Mitteilungen der deutschen Patentanwälte 2017, S. 305–310.

Kühnen, Die Besichtigung im Patentrecht – Eine Bestandsaufnahme zwei Jahre nach „Faxkarte", GRUR 2005, S. 185–196.

Kühnen, Update zum Düsseldorfer Besichtigungsverfahren, Mitteilungen der deutschen Patentanwälte 2009, S. 211–218.

Kühnen, Handbuch der Patentverletzung, 10. Auflage, Köln 2017.

Kunczik, Die Legitimation des Patentsystems im Lichte biotechnologischer Erfindungen, GRUR 2003, S. 845–849.

Kunz-Hallstein/Loschelder, Amicus Curiae Brief der GRUR im Verfahren G 2/13 – T 83/05, GRUR 2014, S. 246–249.

Leistner/Simon, Auswirkungen des Brexit auf das europäische Patentsystem, GRUR Int. 2017, S. 825–834.

Leßmann/Würtenberger, Deutsches und europäisches Sortenschutzrecht – Handbuch, 2. Auflage, Baden-Baden 2009.

Loth, Gebrauchsmustergesetz Kommentar, 2. Auflage, München 2017.

Maunz/Dürig, Grundgesetz Kommentar, 81. Ergänzungslieferung, München 2017.

Meibom/Nack, Äquivalenz und chemische Produktansprüche, Festschrift für Thomas Reimann - Patentrecht, 2009, S. 551–564.

Meier-Beck, Gegenstand und Schutzbereich von product-by-process-Ansprüchen, Festschrift für Reimar König - Materielles Patentrecht 2003, S. 323–339.

Meier-Beck, Überlegungen zum Übereinkommen über ein Einheitliches Patentgericht und zur Zukunft des Trennungsprinzips in Deutschland, GRUR 2015, S. 929–936.

Mes, Si tacuisses. – Zur Darlegungs- und Beweislast im Prozeß des gewerblichen Rechtsschutzes, GRUR 2000, S. 934–942.

Mes, Testkauf zur Vorbereitung des Prozesses im gewerblichen Rechtsschutz und Wettbewerbsrecht, GRUR 2013, S. 767–774.

Mes, Patentgesetz Gebrauchsmustergesetz Kommentar, 4. Auflage, München 2015.

Metzger, Der Schutzumfang von Patenten auf Pflanzen nach den EPA-Entscheidungen „Brokkoli II"/„Tomate II", GRUR 2016, S. 549–555.

Metzger, Patents on Tomatoes and Broccoli: Legal Positivists at Work, IIC 2016, S. 515–516.

Metzger, Innovationen im Grenzbereich von Patent- und Sortenschutz – Exklusivität oder Kumulation der Schutzrechte?, Rechtsschutz von Pflanzenzüchtungen, Hrsg. Metzger, S. 77–101.

Metzger/Zech, Sortenschutzrecht Kommentar, München 2016.

Meyer-Dulheuer, Möglichkeiten und Grenzen des product-by-process-Anspruches, GRUR Int. 1985, S. 435–440.

Moser v. Filseck, Sonderbehandlung von Chemie-Erfindungen?, GRUR 1969, S. 507–508.

Moser v. Filseck, Das Verhältnis eines Anspruchs für das Herstellungsverfahren zum übergeordneten Stoffanspruch, GRUR 1971, S. 51–53.

Moufang, Stoffschutz im Patentrecht, GRUR 2010, S. 89–93.

Münchner Kommentar zum Bürgerlichen Gesetzbuch, 7. Auflage, München 2015.

Münchener Kommentar zur Zivilprozessordnung mit Gerichtsverfassungsgesetz und Nebengesetzen, 5. Auflage, München 2016.

Musielak/Voit, Zivilprozessordnung mit Gerichtsverfassungsgesetz, 15. Auflage, München 2018.

Neuhaus, Die Prüfung der Verletzungsfrage bei abweichender Ausführung, Festschrift für Thomas Reimann, 2009, S. 339–350.

Nieder, Die Patentverletzung, München 2004.

Osterrieth, Patentrecht, 5. Auflage, München 2015.

Freiherr von Pechmann, Der Schutz für das unmittelbare Verfahrenserzeugnis und der unmittelbare Stoffschutz, GRUR 1977, S. 377–384.

Pitz, Patentverletzungsverfahren, 2. Auflage, München 2010.

Prütting/Gehrlein, ZPO Kommentar, 9. Auflage, Köln 2017.

Quodbach, Mittelbarer Gebrauchsmusterschutz für Verfahren, GRUR 2007, S. 357–362.

Reich, Materielles Europäisches Patentrecht, Köln 2009.

Reimann/Köhler, Der Schutzbereich europäischer Patente zwischen Angemessenheit und Rechtssicherheit – Anmerkungen zu den Entscheidungen des BGH „Kunststoffrohrteil“, „Custodiol I“, „Custodiol II“, „Schneidmesser I“, „Schneidmesser II“, GRUR 2002, S. 931–935.

Rogge, Gedanken zum Neuheitsbegriff nach geltendem Patentrecht, GRUR 1996, S. 931–940.

Rogge, Die Schutzwirkung von „Product-by-Process“-Ansprüchen, Mitteilungen der deutschen Patentanwälte 2005, S. 145–149.

Saenger, ZPO Handkommentar, 7. Auflage, Baden-Baden 2017.

Scharen, Die Behandlung der (so genannten) mittelbaren Patentverletzung in der Rechtsprechung des Bundesgerichtshofs, GRUR 2008, S. 944–948.

Scharen, „Product-by-process“-Anspruch und Gebrauchsmusterschutz, Festschrift für Peter Mes zum 65. Geburtstag, 2009, S. 319–325.

Schickedanz, Die Formulierung von Patentansprüchen, 2. Auflage, München 2009.

Schneider/Walter, Ist der absolute Stoffschutz noch zu retten?, GRUR 2007, S. 831–839.

Schramm, Der Patentverletzungsprozess, 7. Auflage, Köln 2013.

Schrell, Plädoyer für eine international harmonisierte Auslegung von Product-by-Process-Ansprüchen im deutschen Patentverletzungsverfahren, GRUR Int. 2015, S. 119–124.

Schrell/Heide, Zu den Grenzen des „product-by-process"-Patentanspruchs im Erteilungs- und Verletzungsverfahren, GRUR 2006, S. 383–387.

Schulte, Patentgesetz mit Europäischem Patentübereinkommen, 10. Auflage, Köln 2017.

Singer/Stauder, Europäisches Patentübereinkommen, 7. Auflage, Köln 2016.

Then/Tippe, Hrsg. No Patents on Seeds!, Patente auf Pflanzen und Tiere: Jetzt müssen Europas Politiker handeln, 2016, abrufbar unter http://no-patents-on-seeds.org/sites/default/files/news/bericht_patente_auf_saatgut_zeit_zu handeln_2016.pdf (zuletzt abgerufen am 22.06.2018).

Tochtermann, Die Lizenzierung des Einheitspatents aus kollisionsrechtlicher Perspektive, GRUR Int. 2016, S. 721–726.

Tönnis, Als was gilt das "gilt als"? – Zur Funktion der Fiktion im Patentgesetz –, GRUR 1998, S. 345–349.

Tronser, Auswirkungen des Produktpirateriegesetzes vom 7. März 1990 auf das Gebrauchsmusterrecht, GRUR 1991, S. 10–16.

Uhrich, Stoffschutz, Tübingen 2010.

VCI Verband Der Chemischen Industrie e.V., Biopatente – Argumente und Positionen, 30.11.2017, abrufbar unter https://www.vci.de/vci/downloads-vci/top-thema/argumente-positionen-biopatente.pdf (zuletzt abgerufen am 22.06.2018).

Weiden, Aktuelle Berichte – August 2017, GRUR 2017, S. 780–781.

Wiedemann, Richterliche Rechtsfortbildung, NJW 2014, S. 2407–2412.

Wissenschaftlicher Beirat für Biodiversität und Genetische Ressourcen beim Bundesministerium für Ernährung, Landwirtschaft und Verbraucherschutz, Product-by-Process-Ansprüche auf Biopatente in der Tier- und Pflanzenzucht – Voraussetzungen, Problemlagen und Handlungsempfehlungen, Oktober 2011, abrufbar unter http://www.bmel.de/SharedDocs/Downloads/Ministerium/Beiraete/Biodiversitaet/Biopatente-Product-by-Process.pdf?__blob=publicationFile (zuletzt abgerufen am 22.06.2018).

Witt, Die mittelbare Patentverletzung nach deutschem und schweizerischem Recht, Bern 2011.

Wolfram, Aktuelle Entwicklungen zur Patentierung von Lebewesen und Naturgesetzen, GRUR-Prax 2012, S. 502–504.

Würtenberger/Freischem, Stellungnahme der GRUR zur „Änderung der Biopatentrichtlinie 98/44/EG", Mitteilungen der deutschen Patentanwälte 2016, S. 574–575.

Würtenberger/Loschelder, Stellungnahme der GRUR an das BMEL zur Diskussion über eine mögliche Änderung der Biopatentrichtlinie und Übernahme solcher Änderungen in das Europäische Patentübereinkommen, GRUR 2015, S. 970.

Young, Die Auslegung von Product-by-process-Ansprüchen – ein Lehrstück in Sachen rationaler Kompromiß, Sonderausgabe Nr. 2 zum Amtsblatt EPA 2003, S. 20–43.

Zöller, Zivilprozessordnung, 32. Auflage, Köln 2018.

Zöllner, Der Vorlage- und Besichtigungsanspruch im gewerblichen Rechtsschutz – Ausgewählte Probleme, insbesondere im Eilverfahren, GRUR-Prax 2010, S. 74–79.

www.ingramcontent.com/pod-product-compliance
Ingram Content Group UK Ltd.
Pitfield, Milton Keynes, MK11 3LW, UK
UKHW021935290926
8980IPUK00016B/1634

9 783631 773451